LOS SECRETOS QUE LOS HOMBRES GUARDAN

STEPHEN ARTERBURN

CASA
CREACIÓN
A STRANG COMPANY

La mayoría de los productos de Casa Creación están disponibles a un precio con descuento en cantidades de mayoreo para promociones de ventas, ofertas especiales, levantar fondos y atender necesidades educativas. Para más información, escriba a Casa Creación, 600 Rinehart Road, Lake Mary, Florida, 32746; o llame al teléfono (407) 333-7117 en Estados Unidos.

Los secretos que los hombres guardan por Stephen Arterburn
Publicado por Casa Creación
Una compañía de Strang Communications
600 Rinehart Road
Lake Mary, Florida 32746
www.casacreacion.com

Originally published in the U.S.A. by
Integrity Publishers, Inc., Brentwood, Tennessee, U.S.A.
under the title: *The Secrets Men Keep*
Copyright © 2006 by Stephen Arterburn
All rights reserved
Translated and used by permission of Integrity Publishers, Inc.

Traducido por Saulo Hernández Jiménez
Diseño interior por Dimitreus Castro

Library of Congress Control Number: 2007923552
ISBN (13): 978-1-59979-041-1

Impreso en los Estados Unidos de América
07 08 09 10 * 9 8 7 6 5 4 3 2 1

ÍNDICE

SECCIÓN 5: SECRETOS RELACIONADOS CON LA SEXUALIDAD

INTRODUCCIÓN

POR QUÉ LOS HOMBRES GUARDAN SECRETOS

Los secretos no son malos. Si lo fueran, Dios no los tendría. Hay ciertas cosas que Él guarda completamente para Él mismo: "lo secreto", como lo dice la Biblia (Deuteronomio 29:29). Dios tiene más información que revela sólo a "sus siervos los profetas" (Amós 3:7). De hecho, Proverbios 25:2 dice: "Gloria de Dios es ocultar un asunto".

Si se acepta que Dios oculte cosas, que tenga secretos, entonces, ¿por qué no se acepta por completo que los hombres tengan secretos, "que oculten asuntos"?

La diferencia entre el que Dios oculte asuntos, que tenga secretos y que los hombres guarden secretos, revela una de las diferencias esenciales entre ellos dos: el motivo. Al ser perfecto y puro, Dios tiene razones para guardar secretos que reflejen su carácter perfecto. El hombre, al contrario, no es perfecto ni puro. Por lo tanto, los motivos que tiene el hombre para hacer *cualquier cosa* son siempre sospechosos. A raíz de la caída de la naturaleza humana, nosotros somos culpables, teológicamente hablando, hasta que probemos ser inocentes.

Lo que quiero decir es esto (y cada hombre lo sabe): los hombres guardan la mayoría de los secretos a causa del temor: el temor a la vergüenza, la timidez, la culpabilidad, la pérdida de respeto, la pérdida de estatus y el favor, las repercusiones, las reparaciones y cosas similares. En otras palabras, los hombres, por lo general, guardan secretos por las razones equivocadas. Razones comprensibles, pero equivocadas.

No todos los secretos del hombre son pecaminosos. Por ejemplo, no es pecado haber hecho un trabajo poco adecuado al planear su jubilación, ser un comunicador no muy perfecto que digamos con su esposa ni ser tan disciplinado en cuanto a no permitir que se le infle más la barriga como una llanta. Todo esto no es pecado, pero son grietas en la armadura personal del hombre, nada de lo cual está orgulloso de mostrar. El hombre desearía poder contarle a alguien más aparte de Dios; desea recibir libertad y comprensión de un grupo de hermanos. Sin embargo, no puede, ya sea que no tenga nadie a quién contarle o que esté muy avergonzado para admitir ante otros sus fallas y defectos. Como resultado, el hombre los amontona en una esquina oscura de su alma, donde afectan su propia imagen para toda la vida.

Otros secretos son pecados. Y si un hombre encuentra difícil compartir los secretos que no son pecaminosos, ¿cuán difícil es para él compartir aquellos que son pecados?

Sean pecaminosos o no, los secretos del hombre son encubiertos, ponen una barrera y son protegidos con un sin número de evasivas que sirven para un propósito: que él se sienta seguro. Las actividades que lo mantienen ocupado, la obsesión por los deportes, el orgullo, las preocupaciones, el trabajo, la actitud de hombre, las charlas machistas sobre sexo... éstas son sólo algunas de las cercas que pueden rodear el yo interior del hombre. Sin embargo, los secretos pueden ser cualquier cosa menos seguros. De hecho, ellos son las fuerzas más peligrosas dentro de un hombre. Si no resuelve las cosas, los secretos pueden llevar al hombre a lo más bajo o, por lo menos, hacer que su mente vaya en esa dirección. Los secretos pueden consumir la vida de un hombre. Piense en los innumerables pasos que un hombre tiene que tomar para cubrir una infidelidad, indiscreción o inmoralidad. El secreto se convierte en un dictador y un monstruo que dirige y devora su vida. El hombre pasa días preparando comida (razones y excusas) para alimentar las demandas voraces del secreto y mantenerlo así acorralado. Con el tiempo, el esqueleto del clóset se convierte en un chantajista mayor, y amenaza con darlo a conocer como realmente es.

Cada hombre tiene secretos, algunos más que otros. Los secretos son, de igual manera, parte del carácter del hombre como aquellas otras facetas que reciben mucha más atención. Los secretos están en el centro del hombre y prosperan mientras que el hombre los mantenga fuera de la vista o la mente. Ya que están en la sombra, se mezclan con anhelos, esperanzas, deseos y sueños que forman el fundamento del corazón del hombre, su "verdadero" yo. Y mientras procura actuar sobre lo que él cree que es verdadero acerca de él mismo, los secretos de un hombre existen escondidos en un mundo paralelo, pero aún influenciando cada acción.

Si es usted una mujer quien lee esto, puede estar segura que su hombre ha ocultado información que no ofrecerá voluntariamente. Ciertamente es importante, ya sea que sus secretos estén basados o no en un pecado, pero esa no es la preocupación principal. El punto principal es que tal vez no conozca a su hombre tan bien como cree conocerlo. Sin embargo, esa no es una razón para causar desesperación, ya que él espera que usted descubra sus secretos de tal forma que lo logre salvar de él mismo. Al fin y al cabo, él desea que usted lo ayude a convertirse en una persona transparente, alguien que es completamente conocido. (Los secretos, como el pecado, tienen que llegar a ser conocidos antes que el cambio pueda ocurrir.)

EL USO DE LA MÁSCARA

Un buen amigo mío se casó recientemente con una mujer maravillosa que creía en él y su carácter. Ellos salieron juntos por más de dos años, así que ella pensó que conocía al hombre con el cual comprometía su vida. Todos sus amigos los animaban y apoyaban en su relación y planes para la boda.

Mi amigo era considerado como una muy buena pareja. Él amaba la iglesia, y tenía una personalidad simpática y una risa que podía captar la atención de una multitud en un instante. Yo creía que él era uno de los mejores hombres que jamás había conocido, y siempre disfrutaba cuando nos veíamos. Su personalidad encantadora, sus abrazos y su rostro sonriente hacían sentir mejor a las demás personas. Él estaba activo en un grupo de apoyo para hombres y un estudio bíblico semanal, e incluso veía a un terapeuta regularmente como un medio hacia una mayor madurez. No exagero al decir que mi amigo era un hombre extraordinario, un hombre que cualquier mujer sería afortunada de tener como pareja para toda la vida.

La ceremonia nupcial de la pareja fue de un significado profundo mientras ellos intercambiaban votos de fidelidad que incluían no sólo la parte física de su vida, sino también la parte mental y emocional. Yo estaba impresionado. Nunca había escuchado tales votos que expresaran tan obvia premeditación. Mientras ellos se alejaban de la recepción rumbo hacia su luna de miel de dos semanas, yo, en compañía de todos sus amigos, deseaba sólo éxito para esta pareja.

Con una situación como ésta, ya sabe usted a dónde me dirijo: mi amigo no era todo lo que aparentaba ser. Después de unos meses, él me dijo qué tan decepcionante había sido su luna de miel. Ellos se habían abstenido de las relaciones sexuales antes de casarse, así que él esperaba experimentar los mejores momentos de su vida en su luna de miel. Él esperaba por completo que las heridas y los daños sexuales del pasado fueran resueltos en una relación catártica con su nueva esposa.

Pero la novia no pudo cumplir las expectativas. Ella quería ser todo lo que él quería y deseaba, pero las expectativas de él no fueron cumplidas para nada. Sea cual sea la razón —la personalidad de ella, el estrés y la fatiga de la boda, y la timidez de una recién casada— ella no cumplió con la imagen de Afrodita que él pensaba que una esposa debería tener.

Mi amigo había estado previamente casado, y ya tenía varios años de divorciado antes de su nuevo matrimonio. Durante ese periodo (luego descubrí), él se involucró en inmoralidad sexual con casi todas las mujeres con las que salía. A pesar de su participación en todas las cosas cristianas, él mantuvo su estilo de vida inmoral en secreto para todos los demás, incluso para su terapeuta. Yo no sabía nada de esto hasta meses después de su matrimonio. Él veía sus cientos de encuentros sexuales, después de su primer divorcio, como resbalones temporales que Dios entendería. Incluso, racionalizó el sexo fuera del matrimonio como una forma de sanidad sexual de las heridas de la escasez sexual durante su primer matrimonio.

El secreto de mi amigo, ese que él se negaba a admitir a sí mismo, mucho menos ante cualquier otra persona, era que él era un adicto al sexo. Su forma de actuar era alimentar su necesidad inmadura de atención, atrayendo y seduciendo mujeres a través de su carisma. Finalmente, su vida después del divorcio era un ciclo de conquista y búsqueda sexual. Él necesitaba "apropiarse" de las mujeres que atraía para así afirmar su propio valor, un proceso que se completaba al llevarlas a la cama. Mi amigo descubriría después, a través de la terapia, que lo que trataba de hacer era extraer intimidad de esas mujeres para llenar el vacío provocado por su propia madre, distante y obsesionada consigo misma. El dolor de no tener nunca una intimidad real en toda su vida era temporalmente satisfecho después de cada conquista, sólo para convertirse insoportable tiempo después, lo que lo llevaba a otro acto inmoral.

Cuando se comprometió con su nueva esposa, dejó en claro que él había sido sexualmente activo después de su divorcio, pero no aclaró el grado de su actividad. Su confiada prometida creyó que eso había sido una reacción ante su divorcio y que no sería un problema para su matrimonio. La voluntad de él de abstenerse del sexo antes de su matrimonio, le dio a ella un sentido de poder y confianza de que ella sería todo lo que él necesitaría en la recámara.

Lamentablemente, su matrimonio con esta mujer que confiaba en él era simplemente otro acto de adquisición, sin que ella se diera cuenta. Una vez su relación fue consumada y el correr de la adrenalina llegó a su fin (como había sido con sus conquistas anteriores), él se sentía más insatisfecho que nunca. Aún siendo casado, él siguió tan adicto al sexo como lo era antes de casarse. Su disfunción sexual era la misma tanto antes de casarse como después de su matrimonio. El cambio de "personal" era como un adicto a drogas, que cambia del alcohol a las pastillas Valium. Su problema secreto continuaba latente y vivo.

Las cosas se deshicieron rápidamente después que la pareja regresó de su luna de miel. Llegaron a casa un viernes para descubrir que la mamá de ella estaba enferma en otra ciudad. Ambos decidieron que ella debería ir a ayudar a su mamá, mientras que él se quedaba en casa para ayudar al pastor de jóvenes de su iglesia, atender la función del sábado y también asistir a la reunión del domingo con los ancianos. Eso significaba que él estaría solo el fin de semana.

En el evento de jóvenes, él se encontró a una mujer casada, una de las mujeres más atractivas de la iglesia, alguien que le había gustado durante su primer matrimonio. El hecho de que ella estuviera casada no significaba nada para él. Su adicción al sexo tomó acción, y él comenzó su conquista. En pocas semanas, la cortejó hasta terminar en la cama. Pero en esta ocasión, la droga que era el sexo, lo dejó insatisfecho y avergonzado. Él sabía que había echado a perder una buena oportunidad de crear un matrimonio con una nueva esposa maravillosa.

Se dio cuenta que sólo una persona enferma, que da lástima, podía comenzar a andar por un camino de infidelidad al día siguiente de su regreso de luna de miel. Su vergüenza y repulsión se hicieron tan grandes, que tomó el teléfono y me llamó para pedir ayuda. Una vez que escuché la historia, le dije que necesitaba humillarse a sí mismo ante los demás, y que comenzara a asistir al grupo Sex Addicts Anonymous (Grupo anónimo de adictos al sexo). Él consintió, y yo lo acompañé.

Mi amigo era un mar de lágrimas desde el momento en que entró por la puerta hasta el final de la reunión. Entre los sollozos, él le dijo al grupo por qué estaba ahí y lo que había hecho, y el grupo lo apoyó por su deseo de confesar y buscar ayuda. Seis meses después de haberse estabilizado a través de la terapia, él le confesó sus secretos a su esposa. Esa fue una revelación devastadora, por decirlo de una forma no tan fea, en la que ella se dio cuenta que su matrimonio era sólo una forma de satisfacer las necesidades patológicas de su marido. Algo a favor de ella es que se mantuvo a su lado, y hasta la fecha siguen juntos. Si ellos sobreviven como pareja será sólo a través del proceso más doloroso.

LAS MENTES CURIOSAS QUIEREN SABER

Los secretos de mi amigo son un ejemplo del tipo de secretos que son pecaminosos y devastadores. Por supuesto, no todos los secretos de los hombres son como los de él; no todos los secretos son enfermizos o patológicos. Sin embargo, a través de mi amistad con hombres a lo largo de los años, de hablar con los hombres que llaman diariamente a mi programa de radio y a través de reflexionar en las experiencias de mi propia vida personal, he llegado a la siguiente conclusión: todos los hombres tienen secretos de algún tipo. No pasa ni tan sólo un día en el que un hombre no piense en algo que ninguna otra persona conoce más que él, lo cual desea que pudiera por lo menos comentarlo o por lo menos lidiar con eso de una manera práctica. Los hombres desean detener la estática de su mente, ese zumbido que está ahí presente cuando van a dormir y sigue ahí cuando despiertan. Para algunos hombres, el zumbido apenas se escucha, pero para otros es un ruido ensordecedor. Sea como sea, ese sonido está presente en todos los hombres.

Cuando logré entender que yo no era el único hombre con secretos, mis intereses fueron inquietados por descubrir lo que otros hombres estaban pensando, pero que no contaban a nadie más. Me intrigaron los secretos que los hombres consideraban que tenían que guardar. Me intrigaron tanto que mi editorial y yo contratamos una compañía de investigación y encuestas llamada "Zoomerang", a finales del 2005, para que llevara a cabo la "Encuesta de la satisfacción de la vida de los hombres" y reunir las respuestas a veinticinco preguntas que se les hicieron a 3,600 hombres (3,598 para ser exactos), seleccionados al azar y en anonimato en los Estados Unidos. En este libro, he dedicado un capítulo entero para cada una de estas veinticinco preguntas.

Aquí están algunos aspectos generales que debemos tener en mente, antes de adentrarnos a la primera pregunta:

- Menos del 74% de los hombres profesaron ser cristianos.
- El 26% restante simplemente es clasificado como "no cristianos".
- Por lo general, las respuestas de los hombres cristianos sólo difieren ligeramente de las respuestas de los no cristianos (dentro del margen de error en una encuesta de ésta proporción; es decir, un punto o dos fuera de la norma esperada).
- Los tres asuntos de los cuales difieren más los dos tipos de hombres fueron:

1. Los hombres no cristianos reportaron en un 10% más de tener fantasías sexuales intensas y con frecuencia, comparado con los cristianos.

2. Casi un 8% más de los hombres no cristianos se sentían más atraídos por la pornografía en los cines, las revistas y la Internet.

3. Casi un 7% más de los hombres cristianos que de los no cristianos, dijeron que querían sentir más cariño por parte de su esposa.

• Se puede predecir que la mayor discrepancia la hubo en la pregunta de que si los hombres se sentían aburridos con la iglesia o las actividades de la misma. Los hombres no cristianos dijeron sentirse así en un 23% más que los cristianos.

• Del resto de las preguntas, los dos grupos estuvieron de 0 a 6 puntos de porcentaje entre el uno y el otro; un hecho alarmante por sí sólo.

Como podrá darse cuenta en la tabla de contenido, por el título del capítulo y las secciones, la encuesta cubre un rango amplio de temas en la vida de un hombre: finanzas, carrera, familia, sentimientos, espiritualidad, mujeres y sexualidad. La meta era investigar lo más ampliamente posible qué es lo que los hombres se niegan a decir a otros.

En los capítulos, he correlacionado los resultados de la encuesta con otros estudios similares llevados a cabo por una variedad de fuentes. Luego, he discutido la información y el tema desde una perspectiva masculina. Por último, he concluido cada capítulo con algunos pensamientos específicamente para los hombres (llamados "Nuevas direcciones") y para las parejas (llamados "Nuevas conexiones").

Lo hice de esta manera porque creo que tanto hombres como mujeres se beneficiarán con la lectura de este libro. Los hombres descubrirán que no son los únicos que piensan de esa manera, y las mujeres llegarán a una comprensión profunda acerca de la forma de pensar del hombre en su vida, llámese esposo, novio, hermano, tío, papá, abuelo o amigo. El objetivo de este libro es en cuanto a la amplitud y no la profundidad. Es un contexto general, no un estudio.

Permítame también aclarar que este libro no pretende sacar los "trapos sucios" del hombre o "los esqueletos viejos de su clóset". Después de todo, algunos de estos secretos ¡son míos también! En lugar de eso, el libro pretende ser una exploración, un sendero de autodescubrimiento para los hombres y las mujeres que los aman. Y siempre que comenzamos a descubrir más acerca de nosotros mismos, lo primero que nos damos cuenta es que el proceso de autodescubrimiento es un cuento de nunca acabar.

EXAMEN A LIBRO ABIERTO

La primera parte de mi experiencia universitaria fue desastrosa. Tomé elecciones muy malas y, como resultado, estaba tan destrozado que cuando mi vida fue transformada por la gracia de Dios, mis amigos no lo podían creer. Cuando me gradué, decidí hacer una carrera en consejería, para así ayudar a otros a experimentar la misma recuperación que yo tuve.

Nunca olvidaré a uno de mis profesores del seminario quien me ayudó después a confirmar mi decisión. Después de hacer la rutina al inicio del periodo de presentarse a sí mismo, asombró a toda la clase, al anunciar que él sería un libro abierto a lo largo del curso. Teníamos la libertad de preguntarle cualquier cosa, él no tenía nada que esconder, ningún secreto que ocultar. Y si su vida y experiencias personales pudieran ser útiles, dijo él, estaba listo para compartirlas.

Nunca había experimentado antes tanta franqueza. Yo había crecido en un ambiente donde falsificar la verdad era una norma, y cada revelación se calculaba a base del riesgo y la recompensa. Sin embargo, descubrí durante ese semestre que la oferta de mi profesor era honesta y auténtica.

Yo tenía muchos secretos. Una vida de promiscuidad sexual llevó a que un niño naciera fuera de matrimonio, por el cual pagué por un aborto. Yo estaba tan enfermo de pecado, que miré hacia Dios para ser liberado y comencé un proceso de limpiar mi alma del deterioro de una vida egoísta. Cuando vi el poder de la franqueza, como lo hizo mi profesor, sentí el llamado de Dios a ser un "revelador", para ayudar a la gente a sacar sus asuntos a la luz del perdón de Dios, a través de libros, la radio y la televisión. Supuse que si yo era modelo de honestidad, tal vez otros podrían ser animados también a ser honestos. Como resultado, a lo largo de mi vida, he revelado cosas acerca de mí, en las cuales otra gente y ministros gastan gran cantidad de dinero para ocultarlas. Alguna gente ha criticado mi franqueza, pero más se han identificado con aprecio con mis luchas, fallas y éxitos.

A pesar de los años en los que he sido sincero, el trabajar en este libro ha provocado que eche una mirada fresca a los secretos de mi propia vida. Aun cuando ha habido victorias ganadas en el pasado por ser honesto, me he dado cuenta que aún existen más batallas por ganar. Un día, después de trabajar en algo de este material, se me escapó decirle a mi esposa: "¡Yo soy la persona más impaciente que conozco!". A menudo, mi impaciencia la hiere a ella y a otros, y ha causado que pierda momentos importantes de descubrimiento y conexión en la vida. Esa es una falla que me mete en muchos problemas. Como resultado de una necesidad para justificar mi existencia, me comprometo de más y, al hacer eso, pongo presión sobre relaciones preciosas. La impaciencia hace que sea impulsivo, que juegue con Dios en lugar de esperar en Él y en su tiempo.

El ver este asunto otra vez, ha hecho que me humille, y me incita a pedir perdón a mi esposa y los demás. También hizo que me diera cuenta de cuán dependiente soy de la gracia de Dios. Pero eso es común de la dirección en la que nos dirige este proceso de revelación de secretos. No es muy cómodo, pero es necesario. La transformación empieza en el lugar donde lidiamos con los asuntos de los secretos de la vida.

Tal como lo dice 1 Pedro 1:7, el fuego de las pruebas es lo que hace que las impurezas de nuestra vida salgan a la luz y puedan ser eliminadas. Pero, ¿a quién le gusta el fuego? A mi no, y probablemente a usted tampoco. Y por esta razón, nosotros lo evitamos y nos aferramos a nuestras impurezas, a nuestros secretos.

Coloque un mineral de oro en un plato de laboratorio a temperatura ambiente y éste permanecerá igual. Pero encienda fuego y verá que el mineral se convertirá en algo valioso, conforme las impurezas van apareciendo.

El revelar las impurezas es una cosa; el quitar las impurezas de la superficie es otra. Y en lo que se refiere a lidiar con secretos, se necesitan dos niveles de compromiso para ambos procesos: tolerar el fuego para revelar las impurezas, y remover esas impurezas una vez fueron reveladas.

Mi esperanza es que al leer este libro, usted tenga la misma experiencia que yo tuve. Mi oración es que usted esté comprometido a lidiar apropiadamente con secretos y que elimine las impurezas que van saliendo a la superficie. Para aquellos hombres que estén casados, ustedes tendrán que involucrar a sus esposas en este proceso. Pero tenga en mente que quizás al inicio necesite reunirse con un consejero confiable o un amigo, para hablar de sus asuntos y desarrollar una estrategia para un cambio de vida. En cada situación, ya sea que esté casado o no, debemos mantener lo que dice Santiago 5:16 como una premisa que subyace bajo nuestras acciones: confesemos los unos a los otros (las personas apropiadas) nuestros pecados (nuestros secretos), orando los unos por los otros por la gracia restauradora de Dios.

Ese proceso se verá diferente para cada hombre. Tomando eso en consideración, recomiendo la estrategia de vida "Trust God and do the next thing" (Confíe en Dios y haga lo siguiente)1, de Oswald Chambers, autor de *My Utmost for His Highest*. Si es necesaria una terapia profunda para sacar las heridas de vida que fueron provocadas en la niñez o bien una conversación tranquila e íntima con su esposa, sea lo que sea, tiene que llevarse a cabo.

Yo espero que se una conmigo en este proceso de descubrirse a sí mismo para llegar a ser el hombre que Dios quiso que fuera: honesto e íntegro, y que vive una vida de un proceso continuo de autorevelación que lo llevará a la libertad.

SECCIÓN 1

SECRETOS RELACIONADOS CON LAS FINANZAS, LA FAMA Y LA FAMILIA

Capítulo 1

SEGURIDAD FINANCIERA: AHORA Y ANTES

Cuando el reportero llegó, Burt estaba barriendo con el rastrillo unas hojas alrededor del letrero de "se vende", colocado en medio de su jardín de enfrente. Burt había recibido a una hora más temprana una llamada telefónica de este reportero, que le preguntó si podría compartir su historia. Burt aceptó, el reportero escribió la historia, y yo la leí.

Burt había trabajado para la compañía Enron. Había preparado su retiro con acciones de Enron, que en su momento tenían el valor de más de dos millones de dólares. Burt explicó cómo el hecho de tener su fondo de retiro lo hizo sentirse libre, como el hombre que siempre quiso ser. Cuando llegara el momento, él sería capaz de llevar un estilo de vida decente sin ninguna preocupación financiera. Pero en unos cuantos meses, todo se había esfumado, cuando se dio a conocer la noticia del fracaso de Enron. El reportero quería conocer la situación que Burt ahora estaba pasando.

Esto era como ser un tonto, había dicho Burt. Él había pasado del sentimiento de confianza y orgullo de la provisión y los planes que tenía, a sentirse como un tonto por confiar su futuro a Enron. Al inicio, Burt estaba furioso, y quería pelear como un hombre hasta la muerte. Después, cayó en la depresión y quería morir o al menos huir. Pero se sostuvo, puso su casa en venta y empezó a buscar un trabajo. Él explicó que además de perder su casa y su fondo de retiro, había perdido también su hombría. Ahora sólo le quedaba enojo, amargura, tristeza, desesperación y un sentimiento de que todo el arduo trabajo que había hecho fue en vano. Todo esto significó mucho para él.

LO QUE SABEMOS DE LOS HOMBRES Y LA SEGURIDAD FINANCIERA

La revista *Kiplinger's Personal Finance (La finanza personal de Kiplinger)* publicó una lista de trece "escenarios escabrosos" relacionados a las finanzas personales. El número uno en la lista era "No ahorrar suficiente para el retiro"; y el número dos era "Sobrevivir con los ahorros del retiro y aún tener dinero después de morir".

Obviamente, éstos son los dos lados de la moneda, pero son diferentes. El primero tiene que ver con la disciplina de ahorrar, la cual comienza a una temprana edad, mientras que el segundo tiene que ver con la tarea algunas veces desalentadora de saber qué será primero: mi final o el final del dinero. En relación con estos temas, estaba el número seis en la lista: una enfermedad que requiere de cuidado a largo plazo y las implicaciones financieras para tal situación.[1]

Las personas de la revista Kiplinger's deben haber hablado con algunas de las mismas personas o al menos con algunos de los mismos hombres con quien nosotros hablamos. En nuestra investigación, encontramos que la afirmación: "Los hombres están llenos de temor acerca de la seguridad financiera ahora y en el momento del retiro" arrojó un mayor acuerdo que cualquier otra afirmación. Específicamente, el 68.3% de los 3,600 hombres que entrevistamos, estaba de acuerdo. (De los hombres cristianos que entrevistamos, el 69.1% estuvo de acuerdo; del resto de los hombres entrevistados, el 66.2% estuvo de acuerdo.)

¿Qué significa esto? En pocas palabras, *más de dos tercios de los hombres viven en temor de quedarse sin dinero ahora o en el futuro.*

LO QUE LA SEGURIDAD FINANCIERA
SIGNIFICA PARA LOS HOMBRES

El productor de televisión Alan Eisenstock nos narra en su libro *Ten on Sunday: The Secret Life of Men (Diez en domingo: la vida secreta de los hombres)*, la experiencia de comprar la casa de ensueño suyo y de su esposa, en Santa Mónica, California. En 1992, la pareja vivió los tiempos de los disturbios de Rodney King en Los Ángeles, lo que causó que finalmente decidieran que necesitaban cambiarse de vivienda. Ellos encontraron una casa de cuatro mil pies cuadrados con seis baños localizada en varios acres, con un estacionamiento bastante amplio como para jugar un partido de básquetbol de tres contra tres. El precio que pedían era de siete dígitos, pero los vendedores bajaron el precio y ellos firmaron el contrato.

Dejaré que el señor Eisenstock les cuente a partir de aquí:

Está bien. Yo puedo pagarlo. Soy productor coejecutivo de una nueva telecomedia popular [A League of Their Own (Una liga propia de ellos)] *y el dinero está fluyendo sin que se vea un fin.*

Lo que aún no puedo admitir, lo que realmente todavía no sé, al menos no conscientemente, es que no soy feliz.

No es a causa de las dos hipotecas que están sobre mi espalda como dos grandes pianos. Es algo más profundo, un hueco dentro de mí, relacionado con la crisis de la edad media que estoy enfrentando y el sentimiento paralizante de que, a pesar del éxito financiero que he logrado, en sí no he logrado nada. El trabajo que desempeño, el programa de televisión que produzco y los más de cien programas de televisión que en el pasado escribí y produje, hacen que haya un zumbido bajo en mi cráneo, acompañado milagrosamente con la cantidad obscena de dinero que recibo cada semana, una cantidad que no es posible que alguien merezca. Es como si fuera un juego loco en el que me he atorado. En verdad, no quiero hacer esto, pero yo sigo jugando, ellos siguen pagando. Y *me aterra el parar, ya que si paro, me temo que tendré que renunciar a todo lo demás en mi vida. Tendría que vivir mi vida sin garantías.*

Después de firmar el contrato de compra de la casa, Eisenstock y su esposa, Bobbie, platican acerca de sus temores de que tal vez ellos se estaban hundiendo en más problemas de los que podían tolerar:

"Yo pienso que deberíamos romper el contrato", dice Bobbie decididamente, "Si tienes dudas, no lo hagas". Ese es su lema.

"Pero te encanta la casa."

"Así es. Pero es una simple casa."

Sus ojos se cristalizan con la verdad. Los miro profundamente y no veo ningún juicio. Ella me está autorizando a fracasar, me está diciendo que está bien abandonarlo todo.

Pero no puedo.

No me lo permitirá mi educación y mi género. Yo *fui criado a ser la cabeza de la familia. El hombre, maldita sea. No puedo evitar eso. En la década del sesenta, Ricky Nelson era mi modelo a seguir, pero en la del noventa me he convertido en Ozzie.* Yo *soy "El padre". Soy el padre de dos hijos, rey del castillo, dueño de la deuda.*

"Hay que hacerlo."

Pasan seis meses, durante los cuales han remodelado la casa a la cual se mudan después de terminar la remodelación *(el remodelar esta casa requirió de mucho más dinero del que pensábamos. ¿A qué se debe esto? Teníamos un presupuesto. Una cantidad final y limitada que por ningún motivo podíamos exceder, la cual ya nos hemos excedido por más de setenta mil dólares. ¿Cómo sucedió todo eso?).*

Ellos llevaban muy poco de vivir en la casa cuando le sucedió a Alan Eisentock lo que le pasó a Job:

A la mañana siguiente me enteré.

El programa A League of Their Own ha sido cancelado después de tres episodios. [2]

(Job, un hombre con una gran riqueza y quien experimentó el cambio financiero total más famoso en toda la historia, dijo: "Lo que más temía, me sobrevino; lo que más me asustaba, me sucedió" [Job 3:25]).

Espero que haya captado la parte donde dijo que su género no le permitía que abandonara todo. Si es usted un hombre, es probable que entienda esto. Si es usted una mujer, necesita entenderlo para poder comprender a su hombre. Aunque *Ozzie y Harriet* ya no son conocidos (haga una búsqueda en Google si es que usted nació después de 1970), el fantasma de Ozzie Nelson sigue rondando (y el de Ward Cleaver y Jim Anderson también; busque *Leave It to Beaver* y *Father Knows Best* en Google), y les recuerda a los hombres que ¡deben cumplir y ser hombres de verdad! Ser en *el rey del castillo, el señor de la deuda.*

Por supuesto que los padres de las telecomedias de la década del cincuenta y sesenta no inventaron este papel. Alan Eisenstock lo dijo correctamente cuando mencionó que se trataba de algo de géneros y no de generación. El hombre y el dinero han estado unidos de la cadera desde el inicio del tiempo, y básicamente por las razones correctas. Algunas veces, el dinero hace que el hombre se salga fuera de control. Así es, el amor al dinero es la raíz de todos los males. Y sí, la avaricia no es buena, contrario a lo que dice Gordon Gekko de *Wall Street*. Pero, ¿qué exactamente es lo que significa el dinero para los hombres? Para decirlo de una manera sencilla, el dinero es una herramienta en las manos de los hombres razonables. Con dinero, los hombres pueden arreglar las cosas en su dominio; pueden proveerse a sí mismos y a su familia, lo cual forma parte de ser hombre.

Si vive en un núcleo residencial urbanizado o un vecindario que hoy en día representan mucho de los Estados Unidos, (casas del tamaño de una caja de zapatos cuyos estacionamientos dan hacia la calle), intente este experimento: la próxima vez que salga a caminar después de la cena, vea en cuántas cocheras puede encontrar un estante rojo, largo, de metal, de unos 2 ó 3 metros. Ese es un estante clásico de herramientas para un mecánico de autos, el cual puede encontrar en un sinnúmero de estacionamientos cerca de su casa. ¿Su vecindario está lleno de mecánicos? Claro que no, pero está lleno de hombres. Y los hombres aman las herramientas. A pesar de que no trabajan en sus propios carros, ellos coleccionan herramientas así como las mujeres coleccionan zapatos.

Y el dinero es una herramienta. Un hombre se vuelve inseguro cuando no tiene dinero o teme que no tendrá lo suficiente para cuando se retire o tenga que cubrir las exigencias, como lo es una enfermedad de largo plazo. Está bien, entra en pánico. Tal es su pánico que muchas veces hace cosas tontas para conseguir el dinero que cree que necesita.

La nación entera de los Estados Unidos se sorprendió con la historia de diciembre del 2005 acerca de Al Ginglen, un abuelo de sesenta y cuatro años de edad, quien robó en Illinois una serie de bancos pequeños, con el propósito de cubrir su mal estado financiero en el que él mismo se había metido. La parte sorprendente, claro está, era que sus tres hijos, ya adultos, lo delataron después que uno de ellos reconociera la fotografía de su padre, mostrada en un sitio en la red de aplicación de la ley, tomada por un vídeo de seguridad del banco. La parte triste es que un hombre adulto perdió su herramienta principal con la cual los hombres se definen a sí mismos —el dinero— y cometió un crimen para conseguirlo.

Los hijos de Al Ginglen lo delataron, porque su padre les enseñó a hacer lo correcto en la vida. Sin embargo, tanto es el poder del dinero que él mismo fracasó en hacer lo correcto. No puedo evitar pensar que esta clase de robos de aficionados son tan sólo una invitación abierta para que los agentes de seguridad lo atrapen y le pongan un final a su dolor de no tener dinero. Por lo menos, en la cárcel no tiene que pagar ninguna cuenta.

Ningún asunto golpea el corazón masculino con una nota tan disonante como el pensamiento de quedarse sin dinero sea ahora o en el futuro. Claro que no es simplemente el hecho de quedarse sin dinero, es el hecho de no poder asegurar aquellas cosas por las cuales intercambiamos el dinero: comida, refugio y todas las otras necesidades de la vida para nosotros y nuestra familia, sin mencionar todas las cosas que nuestra mente creativa sueña con "tener". Para bien o para mal, el dinero es casi sinónimo de masculinidad. Esto es bueno en el sentido que el hombre se motiva para ganar dinero y poder satisfacer su responsabilidad. Pero es malo cuando el dinero en sí se convierte en un objeto, un fin en lugar de un medio para llegar a un fin. El llamado de todos los hombres es caminar esa línea fina entre los dos.

DIRECCIONES NUEVAS

Si los hombres se sienten seguros cuando tienen en sus manos la herramienta del dinero, entonces no es sorprendente que la mayoría de los hombres de hoy en día se sientan inseguros. Los estadounidenses registraron en el 2005 un índice negativo de ahorros de .05%, sólo por tercera ocasión desde que estos se registran. Las dos veces anteriores que esto sucedió, fueron en medio de la Gran Depresión, en 1932 (-0.9%) y en 1933 (-1.5%). Por lo general, un índice negativo de ahorros no solamente significa que las personas no ahorraron dinero en el 2005, sino que también tomaron de sus ahorros para poder pagar gastos incrementados. (El Departamento de Comercio anunció en enero del 2006 que el gasto del consumidor subió 0.9% en diciembre del 2005, mientras que los salarios subieron 0.4%.)[3]

Con esos hechos en la mano, los hombres que se preocupan por el estado de su economía del presente y el futuro, deben suponer que se les ha dado un llamado a despertar. Es imposible que los hombres puedan aprovechar de su mecanismo incorporado de felicitaciones cuando no son responsables con el dinero. Y el ser responsable significa gastar menos de lo que se gana y dejar a un lado la balanza.

Para un hombre, el dinero ahorrado es como esa caja de herramientas para un mecánico, rojo, largo y de metal que está en el estacionamiento. Significa poder ir al estante y sacar la herramienta necesaria para solucionar el problema. Es una ofensa a su masculinidad cuando un hombre va al estante y no encuentra la herramienta que necesita. Desgraciadamente, el dinero que no se ahorró cuando estaba disponible, no se puede reemplazar tan fácilmente como ir a la ferretería a comprar una llave inglesa nueva.

Entonces, se necesita una nueva dirección práctica. Afortunadamente, no hay una escasez de información disponible para ayudar a los hombres a ganar la delantera en cuanto a la planeación económica. Y el mismo hecho de que la información está tan fácilmente disponible sugiere que el problema no es la falta de conocimiento de cómo hacerlo. Efectivamente, esto sugiere que se necesita algo más: convicción. Y para los hombres de fe: fe.

Se requiere de valor tremendo para mantenerse firme contra las tendencias económicas de estos tiempos. El megaauge de viviendas de los años 2004 y 2005 le dio a la mayoría de la gente la excusa para sacar la equidad de ganancia inesperada de sus casas y gastar el dinero en compras innecesarias o vender su casa, la cual recientemente había aumentado de valor (la cual era adecuada) y mudarse a algo superior, y de esta manera, acumular una rebanada más grande del pastel, además de una hipoteca más opresiva. Por supuesto que no tiene nada de malo el vender cuando está en lo mejor del mercado. Pero la tendencia en la sociedad es de gastarlo, no de ahorrar las ganancias inesperadas, o tan siquiera los excesos bien merecidos por el trabajo.

Es verdad que Jesús nos dijo que no nos debemos angustiar por el mañana (Mateo 6:25-34). Pero esa enseñanza se dio en este contexto: "Más bien, busquen primeramente el reino de Dios y su justicia, y todas estas cosas les serán añadidas" (v. 33). Por lo tanto, la pregunta es esta: ¿Qué significa buscar el reino de Dios *primeramente* para poder recibir su provisión de hoy y mañana en *segundo lugar?*

En cuanto al dinero, esto significa vivir de acuerdo a las enseñanzas de las Escrituras: Vivir vidas modestas, cautelosas y generosas, trabajar y ahorrar con diligencia como una expresión de confianza fiel; reconocer que todo proviene de Dios y, por lo tanto, es de Él; adoptar la actitud de un administrador, un gerente de todo lo que Dios nos ha encomendado; y buscar su aprobación por lo que haces con lo que le pertenece a Él.

CONEXIONES NUEVAS

Sin importar la encuesta que veas acerca de esto, el dinero siempre es uno de los principales asuntos candentes en el matrimonio. Y eso no debería sorprender a nadie. Cualquier cosa que sea un asunto crítico en la vida de la pareja de uno, se va a convertir en un asunto dentro del matrimonio. Si el 68% de los hombres en Estados Unidos tiene temor en cuanto a la seguridad económica ahora y para la jubilación, le puedo asegurar que el 68% de los matrimonios en Estados Unidos tiene una medida de tensión en ellas como resultado de esto.

En 1985, Richard Foster escribió un libro titulado *Money, Sex, and Power: The Challenge of a Disciplined Life (El dinero, el sexo y el poder: el reto de una vida disciplinada)*. Piense en esos tres temas en términos de matrimonio e identificará los tres lugares primordiales donde las parejas se mantienen firmes o buscan llegar a un acuerdo. Demasiadas veces se mantienen firmes, agarrándose con tenacidad a las costumbres o puntos de vista que aprendieron de sus padres o a lo largo de la vida. La mayoría de las parejas comienza su matrimonio pensando acerca del dinero de la misma manera en que pensaban sus padres, manteniendo registros detallados o constantemente teniendo la cuenta con un saldo negativo; una valoración de crédito mala o una valoración buena; siendo ahorradores disciplinados o compradores dedicados; planeando para el futuro o viviendo para el hoy; atesorando cada centavo o disfrutando cada centavo.

El dinero es un muy buen tema alrededor del cual se puede establecer un consenso en su matrimonio, pero se requiere hacer un compromiso y conectar con su cónyuge. El futuro se acerca, le guste o no. Depende de usted y su esposo o esposa decidir cómo lo quiere gastar.

Ipsos Public Affairs condujo una encuesta por teléfono en la cual entrevistaron a 1,016 adultos entre las edades de 45 años y 75 años. Todo indica que los prejubilados no están planeando mucho para el futuro. El 49% de los que fueron entrevistados había pasado cinco horas o menos durante los últimos doce meses planeando su jubilación; el 18% no pasó nada de tiempo en eso. El 31% de los prejubilados dijo que preferiría limpiar su baño o pagar los recibos que planear para su jubilación. El 34% dijo que la parte más desafiante de planear para la jubilación es no saber cuanto dinero necesitarán. [4]

Yo podría citar estadísticas todo el día, pero todas revelarían lo mismo: a la gente no le gusta pensar acerca del futuro, porque representa un desconocido gigantesco. Es más fácil vivir en negación que hacer un compromiso de juntar la información, crear el plan y después hacer los ajustes necesarios hoy para hacer que el plan funcione en el futuro. Si es verdad que dos mentes son mejores que una (y si es verdad), las parejas pueden comenzar a crear su futuro hoy, al hacer el compromiso el uno con el otro para formar su futuro, en lugar de dejar que el futuro los forme a ellos.

En febrero del 2005, Merrill Lynch produjo "La encuesta nueva de la jubilación", la cual puso en una representación gráfica el cambio en el paisaje en cuanto a la jubilación en Estados Unidos, especialmente entre la generación masiva de la explosión de natalidad "baby boomers" que está a punto de jubilarse. Considere algunos hechos que fueron citados:

- El 76% de los "boomers" tiene la intención de jubilarse alrededor de los 64 años y después lanzarse a una carrera o un trabajo completamente nuevo.

- La mayoría de los "boomers" rechaza ya sea el trabajo de tiempo completo o el tiempo libre por completo durante la jubilación. Ellos prefieren una mezcla de trabajo (de medio tiempo o tiempo completo) y de tiempo libre. Sólo el 17% espera nunca volver a tener que trabajar por dinero después de la jubilación.

- El 67% quiere trabajar en algo durante su jubilación para poder tener el reto y la estimulación mental que ofrece el trabajo.

- Una edad fija para jubilarse ha pasado a segundo plano mientras que ahora es más importante jubilarse sólo cuando se han acumulado suficientes recursos. La incertidumbre de los derechos del gobierno está motivando a los "boomers" a planear jubilaciones "creativas" y asumir más su propia responsabilidad.

- No existe unitalla. El acto de jubilarse con un reloj de oro a los 65 años de edad ya pasó a la historia. Las parejas ahora están planeando su futuro con la ayuda de asesores quienes están creando modelos nuevos para vivir en sus últimos años con éxito, creatividad y salud. [5]

¿Qué quiere decir todo esto? No es demasiado tarde para empezar a planear.

Aun si no tiene la pensión tradicional de la que puede depender, no está al máximo su plan de ahorro 401(k) o ha dejado de invertir algunos años en su cuenta de jubilación, no está sólo. Ya que hay muchas personas como usted, el mercado financiero está creando planes y productos para ayudarle a obtener la seguridad que busca.

Después de haber dicho todo eso, lo importante es lo siguiente: no se supone que los hombres ni sus parejas deban vivir con temor de su futuro económico. Me recuerda a cómo el Dr. Bill Bright, el fundador de Campus Crusade for Christ (Campus de cruzada para Cristo), vivió su vida. Aun cuando era el director de una organización que tenía un ingreso anual de cientos de millones de dólares cada año, él y su esposa levantaron su sostén personal así como todo el personal de Campus Crusade, un ingreso modesto a comparación. No eran dueños de un automóvil ni de ninguna propiedad, y cuando el Dr. Bright ganó en 1996 el Templeton Award for Progress in Religion (Premio Templeton por progreso en la religión) de un millón de dólares, puso todo el dinero hacia el desarrollo de una nueva iniciativa del ministerio. Así como todo el personal de CCC, él y Vonette habían ahorrado un fondo de retiro modesto, pero incluso liquidó ese fondo para empezar un nuevo centro de entrenamiento en Moscú. No tenía una cuenta de ahorros, no aceptaba honorarios por sus conferencias. Cuando murió en el año 2003, dejó atrás muy pocos bienes materiales. Sin embargo, Dios le había provisto abundantemente a lo largo de su vida.

Todos los seguidores de Cristo son llamados a una vida de fe, no de temor. Esa vida de fe tal vez se vea diferente de una persona a otra, pero la falta de temor se verá igual. Una combinación de sabiduría, diligencia y confianza será lo que hará posible vivir una vida económica responsable mientras que pone su esperanza fundamental en Él, para el presente y el futuro.

Capítulo 2

ES UN MUNDO DE TRABAJADORES

Mi esposa y yo fuimos los anfitriones de 24 miembros de la familia para festejar una reunión familiar tradicional. Era un grupo maravillosamente variado del cual mi madre dijo que así era como sería en el cielo. Todos los que yo ansiaba tener la oportunidad de ver estaban ahí, con la excepción de una persona: mi padre. Él murió hace más de una década, pero descubrí que estaba perfectamente consciente de su ausencia en la reunión. Mi padre fue uno de los hombres más trabajadores que jamás he conocido. Como dicen, murió con las botas puestas, tuvo un ataque cardiaco mientras llenaba un contrato de bienes inmuebles para una pareja. Trabajó por veinte años en una universidad grande de Texas, al mismo tiempo que era el encargado de algunos autorrestaurantes y vendía bienes inmuebles. Yo pienso que hasta cierto punto se mató por trabajar tanto. Pero fue un gran proveedor, y dejó a mi madre una provisión amplia para los años restantes de su vida.

Mi padre trabajó arduamente porque tuvo un comienzo tardío en construir su carrera. Él era uno de cinco hermanos, y su padre era el dueño de un taller exitoso de máquinas que prosperó durante los años del auge de petróleo en Texas. De alguna forma, mi padre fue elegido para ayudarle a su padre a administrar ese negocio mientras que los otros cuatro hijos fueron a la universidad. Después, cuando el auge petrolero llegó a su fin, el negocio de las máquinas decayó, y mi padre se quedó sin una carrera y educación universitaria.

Las carreras de los hombres comúnmente dan giros, los cuales no tienen planeados. Es fácil que los hombres contraigan gastos y responsabilidades cuando se casan y se sienten "atorados" en sus empleos. Me imagino que más hombres hoy en día sienten que tienen empleos en lugar de carreras, lo cual puede ser un sentimiento debilitante para un hombre que tiene ese gen en su sistema de "cambiar el mundo". Mi padre sacrificó mucho para servir a su padre, y para el resto de su vida trató de recuperar el tiempo perdido. Pero a pesar de su comienzo tardío, logró proveer honradamente a su familia. Y por ese motivo, yo lo respeto muchísimo.

LO QUE SABEMOS DE LOS HOMBRES Y SUS CARRERAS

El gurú de la administración Peter Drucker, escribió acerca de lo que es único de nuestra era moderna con la perspicacia que lo hizo famoso:

"En unos cuantos cientos de años, cuando se ha escrito desde una perspectiva a largo plazo acerca de la historia de nuestros tiempos, yo pienso que es muy probable que el evento más importante que los historiadores recordarán no es la tecnología, ni la Internet, ni el comercio electrónico, sino el cambio sin precedente de la condición humana. Por primera vez, y con eso me refiero literalmente, una cantidad considerable de personas, cantidad que va en aumento rápidamente, tiene opciones. Por primera vez, las personas han tenido que administrarse a sí mismos. Y no estamos preparados en absoluto para eso."[1]

Su punto se basaba en el hecho que, en los tiempos preindustriales, los hombres simplemente seguían en el mismo oficio que sus padres (y en el proceso comúnmente obtenían un apellido: Smith, Baker, Joiner, Butcher, Mason). No había mucho por hacer en cuanto a elecciones personales o administración personal; la vida era un sendero previsible del cual uno se desviaba poco.

¡Pero qué tan diferentes son las cosas hoy en día! El hombre promedio estadounidense tiene opciones en abundancia: la educación, el trabajo, la carrera, la familia, el tener hijos o no. Y como nos dicen los expertos en mercadotecnia, no siempre es bueno tener demasiadas opciones. El incremento de opciones lleva al incremento en la confusión, la pasividad y la inactividad.

Puede que Drucker relacione su propia observación con las de un trío de expertos que han creado un nuevo término para describir al fenómeno entre los trabajadores del nivel de carrera media: adolescencia media. Todos están familiarizados con la confusión que surge en la adolescencia. La adolescencia media es la segunda ronda que está afectando a los empleados de la carrera media, entre los 35 y 54 años de edad. Específicamente, es la aparente confusión mental y emocional que proviene de equilibrar los resultados de todas las opciones que la vida ha extendido tan generosamente: las responsabilidades del trabajo, la familia, el tiempo libre y, sobre todo, el intento por encontrarle nuevo significado en el trabajar. A la mitad de la carrera, la mayoría de los trabajadores se han invertido demasiado como para hacer cambios y se quedan con una respuesta a su carrera de "pensé que sería mejor que esto".

En un artículo de *Harvard Business Review* (Revista de Harvard de negocios) de marzo del 2006, unos investigadores reportaron sus resultados luego de haber entrevistado a 7,700 trabajadores estadounidenses que estaban a mitad de su carrera. Solamente el 43% dijo que se apasionaba por su trabajo, sólo el 33% se sentía con energía a causa de su trabajo, el 36% dijo que estaba en un trabajo sin porvenir y más del 40% está experimentando agotamiento en cuanto a su carrera. Un gran porcentaje está intentando descubrir la forma de cómo cambiar de carrera. Los autores de este estudio identificaron siete fuentes de frustración para este grupo demográfico. Vea con cuantas se identifica usted:

- Atascamiento de carrera: Son demasiados los "baby boomers" que persiguen muy pocos empleos de alto nivel.
- La tensión de trabajo o vida: El cuidado de los hijos y los padres al mismo tiempo.
- Un horizonte prolongado: El prospecto de trabajar por más tiempo para poder financiar la jubilación.
- La extinción de habilidades: El ponerse al día con la era informática.
- La desilusión con el empleador: La inseguridad por las reducciones en las empresas; las frustraciones por la diferencia entre las compensaciones de los ejecutivos y los trabajadores.
- Agotamiento: El haber cumplido veinte años, pero todavía faltar treinta para terminar.
- *La desilusión de la carrera: El cumplimiento de carrera es muy diferente a lo que habían imaginado* (el énfasis es mío).[2]

La adolescencia media afecta el estado de ánimo, el cual afecta la productividad (la cual es el interés principal de la corporación). Pero la adolescencia media también afecta a los individuos que la experimentan, no solamente en el trabajo, sino que también en sus vidas personales y familiares.

Mientras que nuestra encuesta no hizo pruebas con respecto a la adolescencia media, sí preguntamos acerca de una de sus características distintivas: la desilusión de una carrera. Nosotros presentamos esta declaración: "Los hombres están desilusionados por lo que han logrado en sus carreras". El 1% respondió "siempre"; el 26% dijo "con frecuencia"; y el 66% dijo "algunas veces". Esos son casi todos los 3,600 hombres que entrevistamos (93%). Como siempre, podemos descontar los números altos en la categoría de "algunas veces", ¿quién no experimenta a veces alguna desilusión por la manera en que ha resultado su carrera? Pero los números aún sugieren que hay un agotamiento de bajo nivel sucediendo por ahí entre los hombres quienes están desilusionados y decepcionados por lo que han logrado en sus carreras.

LO QUE LAS CARRERAS SIGNIFICAN PARA LOS HOMBRES

Sin duda alguna, los hombres se definen de acuerdo a lo que se dedican a hacer. No pasan más de treinta segundos después de que dos hombres se conocen por primera vez antes de que uno le pregunte al otro: "Bueno, Bob, ¿a qué se dedica usted?". Normalmente, el que está más seguro en lo que "hace" es el que pregunta, el que está más orgulloso de sus logros en su carrera. Este no le teme a la pregunta; le encanta contar de lo que hace. Así que para tener esa oportunidad, él inicia el intercambio, (sabe que la pregunta de regreso será, "¿Y qué de usted, Juan? ¿A qué se dedica?").

Entre mayor sea un hombre, la pregunta de "¿a qué se dedica?" es más amenazante. En esas cuatro palabras existe oculta una invitación a autorrevelarse, una oportunidad para revelar lo que un hombre ha logrado de sí mismo en su carrera.

Obviamente, entre más años pasan desde que un hombre entra en la fuerza de trabajo, más alto debe haber subido en su elegido campo. Tal vez comenzó como un electricista, pero en veinte años debería ya tener su propio negocio de servicio de electricista. Si empezó como un contador, ya debería ser socio en una empresa de contadores públicos certificados veinte años después. Si comenzó como gerente de cuentas en una compañía de Fortune 500, veinte años después debería ser un vicepresidente regional. *O al menos así va la teoría.*

De por sí, es bastante incomodo conocer a un desconocido por primera vez y hacer todos los pasos del baile. Afortunadamente, puede que nunca vuelva a ver al hombre de nuevo, así que si está un poco avergonzado del camino que ha tomado su carrera, por lo menos sólo será momentáneo. Pero lo que es peor aún es cuando regresa a la reunión de 20 ó 30 años de su clase de la preparatoria o universidad. Ahí se encuentra a hombres y mujeres con quienes formó vínculos emocionales profundos, personas que conocía muy bien, personas con quienes compitió en todos los aspectos de adolescencia, especialmente los hombres. Y cuando usted ha estado alejado por dos o tres décadas y aparece en la reunión donde se supone que cada hombre debe sacar su boleta de calificaciones de su carrera, es como estar en las de "mostrar y decir" todo de nuevo. Pero si usted es un hombre que está desilusionado por lo que ha logrado en su carrera, no es una experiencia placentera.

A una mujer o esposa en esta situación le cuesta trabajo comprender la vergüenza de un hombre de relatar "a lo que se dedica" si él siente que debió o, por lo menos, pudo haber hecho algo mejor. Claro que muchas exigencias a lo largo del camino, cosas que estuvieron fuera de su control, impactaron su carrera significativamente. Pero no hay tiempo para entrar en detalle en una fiesta de cóctel o una reunión ruidosa de parrillada. Uno sólo tiene unos cuantos momentos y palabras para describir qué es a lo que se dedica, para decir quién es. Y los hombres que están desilusionados consigo mismos aprietan los dientes, al pensar que tienen que revelarse a sí mismos de una manera poco favorecedora.

Me vienen a la mente las palabras de Henry David Thoreau, cuando los hombres se hacen una autoevaluación de su puesto en la vida: "La mayoría de los hombres llevan vidas de desesperación silenciosa". Algunas veces, es una desesperación que nace de un sentimiento de estar atrapado, de la adolescencia media que mencionamos anteriormente. Otras veces, puede ser un sentimiento de desesperación que resulta cuando un hombre se da cuenta que ha invertido todo en algo equivocado y necesita mucho una corrección de rumbo.

Este fue el tipo de desesperación con la que se enfrentó Bob Buford cuando estaba en la cumbre del éxito como presidente de la compañía de televisión de cable de su familia. La compañía había crecido a un índice anual compuesto de un 28% en los doce años que Buford había sido presidente de Buford Television, Inc. Aquellos fueron días embriagantes para el empresario joven, y se sentía bien económicamente a causa del orgullo de sus realizaciones. Pero fue devuelto a la realidad por dos palabras que le dijo Peter Drucker. Él y Drucker estaban platicando al final de lo que Buford le llama "un día largo y positivo". Buford dijo: "Yo pienso que la mayoría de las personas darían su brazo izquierdo para estar en mi lugar". Drucker contestó: "Yo no". Buford nunca olvidó esas dos palabras. Esa conversación formó parte de una serie de eventos que llevó a Buford a despojarse de la compañía y comenzar una transición del "éxito hacia la importancia".[3]

Pero Bob Buford es una excepción. Él tenía recursos económicos que le permitían dejar lo que estaba haciendo y comenzar a hacer algo diferente. La gran mayoría de los hombres no está en esa situación. Ellos tienen que vivir con la "desesperación silenciosa" que sienten, y se esfuerzan por entender o cambiar a lo largo del tiempo.

En el capítulo anterior, escuchamos una parte de la historia de Alan Eisenstock, un guionista exitoso de Hollywood. Eisenstock se había detenido a la mitad de su carrera para considerar hacer algo diferente, algo que representaría más de sus valores personales que simplemente escribir guiones para comedias de televisión. Entonces, se detuvo. Pero para poder seguir pagando las cuentas, consintió a escribir con alguien más un guión para una película. Uno se puede dar cuenta de la parálisis, el temor, la duda de sí mismo que existen en sus palabras, las cuales asaltan a un hombre que se da cuenta que no ha logrado lo que él cree que debió haber logrado:

Cada mañana en punto de las diez y media, mi compañero escritor escala las escaleras a mi oficina, y va equilibrando su portafolio con una bandeja de cartón con dos Lattés grandes que sobresalen como dos postes anchos de poliestireno, y de lado tiene una rosca o un panecillo, y en ciertas mañanas decadentes, un pedazo de tarta. Nos instalamos y [platicamos] acerca de los deportes y el mundo del espectáculo mientras comemos. El tiempo se va muy rápido. Tomamos un descanso para almorzar. Leemos sobre el comercio. Nos vamos a caminar.

Lo que no hacemos es trabajar.

De alguna manera, no logro encontrar las palabras ni la motivación. A pesar de mi necesidad desesperada de ganarme la vida, estoy paralizado. Esta no es una crisis de la edad media. Esta es una crisis de la vida entera, basada en una posibilidad profunda y pulsante de que todo lo que he hecho en mi vida de trabajo durante los últimos veinte años, resultará haber sido un error brutal. Estoy aturdido de que ahora estoy metido en este lugar, y me he quedado impotente y mudo. ¿Qué sucedió? ¿Cómo llegué a estar en este lugar? Quise simplificar mi vida. Pero en lugar de eso, me he extendido de más, y me he comprometido a trabajar en algo que obviamente no quiero hacer. ¡Rayos!, que no me puedo forzar a hacer. En cambio, estoy aquí congelado, viendo cómo porciones de mis ahorros se despegan y caen al espacio como tablillas que caen de un techo que se está deteriorando... [Nosotros] entregamos el guión en diez días y nos retiramos a mi oficina, donde esperamos la reacción de Martin; esperamos las

notas para el segundo borrador; esperamos que nuestro agente nos consiga otra película que podamos escribir; *y, sin decir nada, yo espero que cesen los gritos en mi cabeza* [las itálicas son mías].[4]
Cada hombre que está desilusionado con lo que ha realizado en su carrera, tiene sus propias razones. Tiene su propio blanco al que no le atinó, algo que sólo él entiende. Es posible que no pueda explicarlo a otra persona, pero sabe que no le atinó, y por cuanto, por la forma como se siente con respecto a su vida. El sabe si se está alejando o acercando al blanco, como el juego que jugó cuando era niño: "Te estás acercando...más caliente...ahora más frío, más frío...está bien, te estás acercando de nuevo". Estos cambios de temperatura suceden lentamente, pero suceden. Y un día despierta y se da cuenta que no está en el lugar donde pensó que estaría después de haber trabajado por décadas en su área de trabajo.
Cada hombre que se siente así, debería intentar pensar lo mejor que pueda acerca de lo que él pensaba que iba a lograr. Como un lugar para empezar, aquí hay seis cosas para considerar:

1. El placer
Hay muy pocos movimientos repetitivos en la vida (como ir a trabajar todos los días) que se mantienen absolutamente emocionantes. Algunas cosas las hacemos porque es lo correcto, no necesariamente porque son divertidas. Hay elementos de repetición en la carrera de todo hombre.

2. La fama
¿Ante los ojos de quién es más importante ser "famoso"? Un hombre que es un esposo y padre fiel, tiene el tipo de fama más importante. La fama pública puede tener cierto atractivo, y no hay nada de malo obtenerla, pero ciertamente no es el nivel más importante.

3. Los logros
El estatus profesional, el nivel de ingresos, la realización técnica son todas metas legítimas. La desilusión tal vez sea simplemente el mensajero, que le recuerda a un hombre que se necesitan perseverancia y tenacidad. Si no vale la pena dedicar toda la vida a un logro, tal vez no sea tan importante como lo había pensado originalmente.

4. El dinero
El valor neto, la acumulación material, las probabilidades de jubilarse, el financiamiento de las educaciones universitarias, todos estos le dan un golpe fuerte al sentimiento de valor de un hombre (correcta o incorrectamente). Todo hombre tiene que averiguar dónde encaja el dinero en su sistema personal de valores.

5. El legado
Puede ser que algunos hombres quisieron crear una vida que impactaría a las generaciones por venir. Pero la fama después de la vida es igual a la fama durante la

vida; es fugaz en el mejor de los casos. El legado de uno debe ser medido en términos de profundidad, no de amplitud.

6. La contribución

Puede que algunos hombres sean visionarios y soñadores, pero nadie los escucha. Tal vez otros lean libros y tomen notas en sus horas libres sobre temas que no sean relacionados a su profesión. Les encantaría tener la oportunidad de hacer una contribución en algo que realmente les importa.

DIRECCIONES NUEVAS

El hombre que se siente desilusionado con lo que ha logrado en su carrera, debería pensar en las razones detenidamente y con oración. Yo no creo que se refleje bien la imagen de Dios en cualquier hombre que está empañado por la frustración y el disgusto. Algunas razones de la desilusión pueden ser carnales como, por ejemplo, el deseo de ser rico para así poder aumentar el ego propio o su posición social entre sus iguales. Si ese es el caso, se deberían reconsiderar tales razones; puede que un sistema más espiritual de valores alivie un poco esa desilusión.

Por otro lado, otras desilusiones pueden ser completamente legítimas, e incluso algunas pueden ser tratadas. Hay muchos hombres que tienen una carrera por las razones equivocadas. Tal vez los influenciaron sus padres. Tal vez comenzaron una carrera recién salieron de la universidad, porque no sabían a que más se podían dedicar. Tal vez no tuvieron la oportunidad económica para recibir la preparación que se necesita para la carrera que realmente deseaban tener. O tal vez simplemente tuvieron una experiencia de "¡eureka!" a la mitad de su vida y descubrieron un llamado que hasta este momento les era desconocido. En tales casos, un cambio de carrera, si es posible, podría ser una búsqueda completamente legítima.

Algunas desilusiones se pueden resolver al ajustar las expectativas, especialmente si para empezar, la expectativa era irrazonable o ilegítima. Pero el reducir la barra en una expectativa legítima no lleva a un camino de realización. Es mucho mejor poner en movimiento los pasos hacia lograr aquello que traerá un sentimiento de realización que trabajar otras dos o tres décadas en un estado de desilusión.

El reto es hacer los cambios cuando se está en la edad mediana. Si usted tiene posibilidades económicas para cambiar de carrera o hacer algunos ajustes a mitad de curso, pues, mejor. Pero si tiene obligaciones económicas tan rígidas que no se puede mover, entonces el proceso será más largo. Se necesitará de paciencia y creatividad. Pero vale la pena intentarlo por el bien de escapar de la desilusión.

CONEXIONES NUEVAS

Nadie tiene más poder que su esposa sobre la libertad de un hombre para escapar de la desilusión de su carrera. Cuando un hombre piensa en hacer algunos cambios, su primer pensamiento es: "¿Qué dirá mi esposa?". Si un hombre presiente o sabe que su esposa se va a resistir a la sugerencia de un cambio, es probable que nunca plantee el tema. Él preferiría vivir con la desilusión que crear una confrontación que podría tener efectos negativos duraderos.

Por esta razón, la buena disposición de una esposa para explorar los cambios que llevarían a la realización de su esposo en su carrera es un regalo inesperado para un hombre. Esto le permite saber que ella está dispuesta a considerar opciones, alternativas e incluso cambios. O al menos está dispuesta a discutir el tema.

En la película del 2000 llamada *The Family Man*, el esposo, Jack (actuado por Nicholas Cage), está considerando abandonar el negocio de llantas de su suegro para seguir su sueño de una carrera en Wall Street. Su esposa (Téa Leoni) está en contra de la idea, pero después se le acerca y le dice estas palabras:

Tal vez estaba siendo ingenua, pero yo creí que nos haríamos viejitos juntos en esta casa. Que pasaríamos juntos aquí las vacaciones, y que nuestros nietos nos vendrían a visitar. Tenía una imagen de nosotros, con canas y arrugas, y de mí trabajando en el jardín y tú pintando de nuevo el balcón. Si necesitas esto, Jack, si realmente lo necesitas, yo sacaré a estos niños de una vida que les encanta, me iré de la única casa que hemos compartido juntos y me mudaré a donde sea que tú necesitas ir. Lo haré porque te amo. Te amo, y eso es más importante para mí que nuestra dirección. Yo elijo a nosotros.[5]

"Yo elijo a nosotros." Esas son palabras poderosas de una esposa hacia un esposo. Lo curioso es que cuando Jack vio el amor de su esposa, se dio cuenta de que su desilusión en su carrera no tenía fundamento. Él tenía más realización en el amor de su esposa y su familia que cualquier otra persona que conocía. Él perdió su desilusión, y obtuvo una nueva felicidad cuando su esposa le dio la libertad para elegir.

Capítulo 3

LAS EXPECTATIVAS DE LOS PADRES: UNA CARGA PESADA INCLUSO PARA LOS HOMBRES

Soy uno de los hombres afortunados que tuvo un gran padre. Entre más crecía, más me daba cuenta de qué tan bendecido era de tenerlo en mi vida. Así como todos los adolescentes, juré nunca ser como mi padre, pero por supuesto que lo fui. Pero no fue un mal hombre a imitar. Me guió hacia la fe en Cristo, y me enseñó la diferencia entre ser masculino y ser un hombre.

Un regalo inestimable que mi padre me dio fue la confianza. De alguna manera, me convenció que yo podía hacer lo que sea que quisiera hacer y ser lo que sea que yo eligiera ser. No tuve ningún negocio familiar que heredara del él, así que me animó a recoger los pedazos y seguir adelante.

La frase de él que sigo escuchando en mi mente, que se repite como un casete es: "Estoy orgulloso de ti, Steve". Siempre que nos despedíamos por teléfono o en persona, esas palabras estaban entre las últimas que me decía. De hecho, no recuerdo una sola vez que me haya despedido de él cuando no me dijo qué tan orgulloso estaba de mí. Cuando veo el pasado, no había hecho mucho de qué enorgullecerme, pero de todos modos él seguía amontonando el orgullo. Después de haber logrado algunas cosas que creo que hubiera disfrutado ver, me da tristeza que no esté aquí para disfrutarlas conmigo. Pero eso no importa, porque sé que hubiera estado orgulloso.

A pesar de todo lo que dije cuando estaba creciendo en cuanto a que no sería como mi padre, había una manera en que planeaba imitarlo exactamente, al decirle a mi hijo recién nacido: "Estoy orgulloso de ti, Solomon".

LO QUE SABEMOS DE LOS HOMBRES Y LAS EXPECTATIVAS DE SUS PADRES

Todos han escuchado el dicho: "Árbol que nace torcido, jamás su rama endereza". Eso es una verdad no sólo de los árboles, sino también de los seres humanos.

Cuando un joven crece en nuestra cultura moderna, ¿cuándo termina la influencia de sus padres? Estados Unidos es una de las pocas culturas en el mundo donde los jóvenes no experimentan un rito de pasar del mundo de la adolescencia al mundo de la edad adulta. Pero aun si todos los hombres en Estados Unidos experimentaran un rito así, eso no hace que sea haga un borrón del desarrollo y cuenta nueva; no significa que cesa en automático la influencia de los padres de uno. Aun cuando un hombre se va de su hogar y comienza su propia vida con una familia y un trabajo, es imposible borrar los casetes que todavía están puestos en su mente. La influencia de un padre puede ser positiva en ese sentido o puede ser negativa.

A fines del 2005, un activista político en Washington, D.C, llamado Jack Abramoff, estuvo bajo sospecha por negocios fraudulentos que implicaban millones de dólares. Y en enero del 2006, fue declarado culpable por varios cargos de delito. Antes de que se revelaran sus negocios, él y su "familia" de personal joven y socios jóvenes, quienes la mayoría fueron reclutados de otras oficinas prominentes del Congreso, estaban viviendo la vida en grande, y el dinero estaba fluyendo. Se les estaba pagando de $200,000 a $300,000 al año a sus socios jóvenes, según un reportaje del periódico *Washington Post*. Uno de los activistas le dijo al *Post* que "[Abramoff] contrató a un grupo de hombres blancos, de clase media y que eran católicos irlandeses que querían exceder las expectativas de sus padres. Él siempre estaba presionando, exigiendo".[1] Obviamente, los muchachos "irlandeses de clase media" por lo regular no ganan de $200,000 a $300,000 dólares al año. Así que, "el exceder las expectativas de sus padres" hubiera sido una oportunidad demasiada buena para renunciar, aún si eso significaba esquivar o violar la ley.

Aparentemente, una gran cantidad de hombres no ha podido deshacerse del padre pequeño que está sentado en su hombro, el que le susurra: "¡Haz que me sienta orgulloso de ti!", mucho después de que el hombre se ha ido de la casa y supuestamente se convierte en un individuo. Muchos hombres viven con la culpa de no haber logrado que mamá y papá se sintieran orgullosos. Muchos hombres viven frustrados porque están haciendo lo que sus padres quisieron que hicieran con su vida, en lugar de hacer lo que ellos mismos querían hacer. Muchos hombres, ya siendo adultos, viven con el temor de escuchar las mismas críticas que escucharon cuando eran niños. Si una calificación de niño de 9.8 debió haber sido un 10, de adulto, una promoción a vicepresidente debió haber sido una promoción a vicepresidente ejecutivo. A muchos hombres les gustaría vivir en libertad algún día, libres de las expectativas de sus padres.

Esto salió como resultado de las respuestas de los 3,600 hombres a la frase que estaba en nuestra encuesta: "Los hombres tienen un temor profundo de no vivir de acuerdo a las expectativas de los padres". Enteramente, una cuarta parte de los hombres contestó "siempre" (4%) o "con frecuencia" (21%). Otro porcentaje de 51% indicó que "algunas veces" experimenta ese temor.

LO QUE LAS EXPECTATIVAS DE LOS PADRES SIGNIFICAN PARA LOS HOMBRES

En este capítulo, voy a reducir a una palabra el tema de las expectativas paternales: aceptación. Si un joven adulto no siente o sabe (siendo optimistas) que ha sido completamente aceptado por sus padres, y más importante que cualquier otra cosa, su padre, entonces potencialmente la nube de la expectativa paternal estará sobre su cabeza por el resto de su vida. Si un joven adulto no sabe que sus padres lo aceptan, y repito, más importante que cualquier otra cosa, su padre, éste tiene muy poca esperanza de realizar su meta de autoaceptación. Un hombre busca escuchar las palabras de su padre: "Eres bueno...eres un hijo maravilloso... Confío plenamente en tus habilidades para poder tener éxito en la vida". Si él no escucha esas palabras cuando es un adolescente, puede que se vaya de la casa físicamente para comenzar su propia vida, pero se va sin una conclusión y sin la confianza de que está listo y es capaz de guiar su propia vida.

¿Qué significa si un joven no escucha esas palabras de afirmación? La lógica de la mente humana dice: "Debe haber algo que no he hecho correctamente, así que seguiré intentando; seguiré esforzándome para demostrar que sí lo puedo hacer bien. Lo seguiré haciendo hasta que escuche que estoy bien...que soy un hombre". Y así es como la mayoría de los hombres de nuestra cultura salen de sus hogares, con el temor de que aún no han cumplido las expectativas de sus padres. Es trágico cuando uno considera cómo esto se repite de generación en generación. Un hombre se siente con la libertad de decirle a sus propios hijos, en el momento apropiado, que ellos son hombres, siempre y cuando éste ha escuchado que su propio padre le haya dicho que es un hombre. La aceptación no puede ser otorgada por alguien que ni siquiera ha conocido la aceptación.

Gordon MacDonald comparte un poco de sus percepciones personales relacionadas a este tema:

Tengo un amigo que siempre parece estar contando historias de papá. Recuerda y dice: "Mi papá una vez dijo..." o "Recuerdo aquella vez que mi papá me pidió que..." o "Sabes, mi papá siempre lo hacía de tal forma que...". Me encantan las historias de papá de mi amigo. Siempre transmiten una gotita de sabiduría. Pero lo que es más, me recuerdan de la conexión que se supone que debe existir entre las generaciones, una conexión marcada con afecto, comprensión, estabilidad y dirección. Supongo que casi no existe un hombre quien no ansiaría una bandada de historias positivas de papá como parte de su herencia.

Mi observación es que los hombres que tienen historias positivas de papá tienden a ser una minoría. Francamente, la mayoría de historias de papá que yo escucho son principalmente historias de remordimiento o enojo: "En realidad, nunca conocí a mi papá" o "Mi papá nunca parecía estar presente en el momento correcto" o "Mi papá nunca me pudo dar la más pequeña impresión de que estaba feliz de ser mi padre, que aprobaba cualquier cosa que yo hacía".[2]

Al parecer, las observaciones de MacDonald son paralelas a nuestros propios resultados de la encuesta. Existen muchos hombres que no tienen tantas "historias positivas de papá" como debieran tener. Si los tuvieran, no tendrían ese temor persistente de que en alguna parte, sus padres están acostados en una cama por la noche, deseando que su hijo estuviera haciendo algo mejor con su vida.

Debe haber una conexión entre el hecho de que Jesús de Nazaret parece haber sido la persona más segura que jamás ha caminado sobre la faz de la tierra y lo que su Padre le dijo cuando Él comenzó su vida pública: "Éste es mi Hijo amado, estoy muy complacido con él." (Mateo 3:17). Hay dos cosas en esa declaración sencilla que cada hombre necesita saber de su padre: que es amado y que es grato. Al pronunciar una bendición como esa sobre cualquier joven u hombre de cualquier edad, se libera esa ansiedad reprimida que constantemente quiere saber: "¿Qué tal me va, papá?".

Patrick Means dice esto acerca de lo que dijo el Padre de Jesús:

"El modelo de la Bendición del Padre que se da en Mateo 3 es aún más impresionante, ya que el Padre le da su bendición incluso antes de que Jesús hubiese comenzado su ministerio, antes de que se 'mostrara digno' o que 'lograra' algo. Cuando se da en este tipo de espíritu saludable e incondicional, la Bendición del Padre afirma su persona única del hijo, en lugar de exigir que sea transformado en la imagen de su padre antes de que se pueda dar la bendición."[3]

Al crecer, los hombres jóvenes escuchan principalmente una aceptación condicional de sus padres. Si es que se expresaba aceptación o afirmación, por lo regular, era en conexión con algún logro como académico, atlético, de Boy Scouts o un trabajo cívico. Los logros en estas áreas definitivamente son recomendables. Pero si un joven sólo escucha la afirmación cuando logra algo, abandona su hogar "entrenado" a realizar cosas para poder seguir escuchando las palabras de aceptación que necesita tan desesperadamente para concluir que él está "bien".

Cuando un joven es bendecido por su padre, éste es puesto en libertad para convertirse en su propio hombre. El padre dice: "Se han terminado mis días de entrenamiento e influencia. Siempre estaré aquí para ayudarte si es que fueras a necesitar algo que yo puedo proporcionar. Pero en este momento, me retiro de mi puesto *sobre* ti para asumir un puesto *junto* a ti. En lugar de ser tu maestro y reprendedor, ahora soy tu consejero y amigo. Yo confío que estás bien preparado para lograr todo aquello que sea el deseo de tu corazón. Tienes mi bendición no por lo que creo que realizarás, sino por lo que sé que eres tú. Mi único sueño y expectativa para ti es que logres todos tus propios sueños, a tu manera, de acuerdo a tu propio horario".

MacDonald ha resumido cinco cosas que un joven necesita de su padre:

1. Identidad

El sentido de identidad más básico en la vida es genético. Cuando Alex Haley publicó su novela llamada *Roots* (*Raíces*), ésta provocó un interés en la genealogía en Estados Unidos que hasta el día de hoy permanece sin decrecer. Todos quieren saber quiénes son y a quiénes pertenecen. Tiempo atrás, en otras culturas, esta tradición familiar y este legado se enseñaban en las piernas de un padre o alrededor de la fogata de la aldea, como está pintado en el libro Roots. Vemos el listado de genealogías en la Biblia que establecen un sentido de tiempo y lugar, un sentido de pertenencia. Incluso, aún en el mundo de hoy, un joven busca a su padre para que le diga quién es su "gente" y lo que creen.

2. Tres confianzas: pertenencia, valor y competencia

Todas estas tres partes declaratorias estaban en la afirmación que se les hizo a Pedro, Santiago y Juan cuando presenciaron la transfiguración de Jesús: "Éste es mi Hijo amado; estoy muy complacido con él. ¡Escúchenlo!" (Mateo 17:5). Las palabras "mi hijo" le dicen a un hijo que pertenece; "estoy complacido" comunica valor; y "Escúchenlo" expresa competencia. El hijo que escucha estos mensajes de su padre con regularidad, creerá que es querido, que tiene valor y que tiene algo para ofrecer al mundo.

3. Modelo a seguir

Un joven necesita poder observar a su padre por muchos años para aprender cómo manejar los sentimientos, cómo controlar sus emociones y cómo responder a las vicisitudes de la vida. ¿Un joven sabe cómo hacer estas cosas de manera innata? Por supuesto que no. Lo único que se necesita hacer es mirar alrededor a las multitudes de jóvenes enojados en nuestra cultura, especialmente aquellos que han ido a dar en nuestras cárceles amontonadas, para ver que muchos están creciendo sin un modelo a seguir.

4. Presentación

Un joven necesita a su padre para que lo presente "a los hombres de la aldea", los amigos de papá, quienes refuerzan lo que el padre ha enseñado. Cuando un joven es aceptado por estos hombres, en sentido figurado si no literalmente, desarrolla un sentido adicional de pertenencia que va más allá de lo que su padre por sí solo puede proveer. Esto se cumple literalmente en ceremonias de rito de graduación en las culturas africanas, pero puede influenciar informalmente nuestra propia cultura de una forma positiva. El incluir a un hijo en la vida del padre y sus amigos, en sus eventos vocacionales, religiosos, políticos, sociales y recreativos, expresa aceptación por el mismo grupo, por lo cual el joven siente asombro.

5. Liberación

El logro de la liberación variará en el cómo y el cuándo. Pero hay muchas oportunidades que abarcan desde cuando un hijo se va a un campamento de verano por dos semanas, al servicio militar o la universidad, incluso hasta el día de su boda. Estos y otros eventos de transición deben ser marcados por la bendición del padre, lo cual es una forma para que el padre exprese niveles cada vez más altos de confianza y afirmación hacia el joven.[4]

La comunicación de estas bendiciones de un padre hacia un hijo no es un asunto de blanco y negro; ningún padre expresa perfectamente todo lo que debe en todo momento. Pero a lo largo del período de la vida de un joven, entre más se expresa este tipo de afirmación, es menos probable que un hombre, siendo adulto, viva en temor de no cumplir con las expectativas de sus padres.

DIRECCIONES NUEVAS

La pregunta obvia en esta discusión es: ¿Qué debe hacer un hombre adulto que no recibió estos obsequios de su padre y ve muy pocas posibilidades de recibirlos alguna vez? ¿Qué tal si a pesar de su crecimiento cronológico, él todavía se mira como un niño que se esfuerza por cumplir las expectativas de sus padres?

Claro que lo más importante es no darse por vencido en cuanto a la posibilidad de una reconciliación. Muchos hombres que ya están bastantes grandes, han experimentado una reunión de sanidad con un padre que nunca afirmó a su hijo como lo debió haber hecho. Tal vez no supo cómo o él mismo no estaba lo suficientemente bien emocionalmente para otorgarle una bendición sobre su hijo. Pero las personas y las circunstancias cambian. Hay una sabiduría que proviene con la vejez, y muchos padres, en los años del ocaso de su vida, han descubierto maneras de expresar bendiciones, amor, aceptación y afirmación a sus hijos quienes crecieron con una carencia de esos elementos.

Sin embargo, puede que para algunos esto nunca suceda. Un hombre se puede quedar sin oportunidad, por muchas razones, de obtener la conclusión emocional y física que necesita de su propio padre. En ese caso, se vuelve aún más crítica la afirmación y bendición que siempre está disponible de su Padre Dios. Un niño aprende la aceptación y afirmación de una manera subconsciente; un adulto debe elegir creer que ya ha sido aceptado por Dios por medio de Cristo. Leanne Payne lo dice de esta manera en su libro *Crisis in Masculinity (La crisis en la masculinidad)*:

Sin duda alguna, la masculinidad y el ser verdadero tienen una relación especial con la voluntad del hombre. Oswald Chambers escribió: "Lo profundo de un hombre es su voluntad... La voluntad es el elemento esencial en la creación de Dios del hombre". La voluntad es aquello en el hombre que elige ser o no ser. Es con la voluntad que elegimos el cielo por venir o el infierno del fracaso.[5]

Cuando un hombre elige creer eso, a pesar de cómo se sienta, él ha sido aceptado por Dios completamente, es libre para aceptarse a sí mismo. En otro de sus libros, Payne cita al filósofo, teólogo, católico romano Romano Guardini, quien escribió: "El acto de la autoaceptación es la raíz de todas las cosas. Debo convenir ser la persona que soy. Convenir tener los requisitos que tengo. Convenir vivir dentro de las limitaciones puestas para mí... La claridad y la valentía de esta aceptación es el fundamento de toda la existencia".[6]

Patrick Means sugiere tres preguntas con las cuales un hombre puede identificar si ha avanzado más allá de las expectativas de sus padres o no:

1. ¿Me comunicó mi padre que yo era "amado"?
2. ¿Me hizo saber que estaba "muy complacido" con quien era yo?
3. ¿La bendición fue incondicional?[7]

En términos de las expectativas paternales, la última es la más importante para mí. Cuando los padres, o un padre, le dice a un joven (en cualquiera de las miles de formas): "Te amaré si o cuando...", entonces se han puesto condiciones que lo atormentarán por el resto de su vida. Means cuenta de un amigo pastor que no estaba contento con su ministerio, no estaba seguro si estaba haciendo lo que debía hacer. El padre de este pastor había sido un exitoso pastor y fundador de iglesias y siempre le había dicho verbalmente a su hijo: "Yo quiero lo que sea mejor para ti, hijo, lo que sea que Dios quiera para ti". Pero cuando el padre hablaba a grupos de jóvenes, él decía: "Jóvenes, si Dios te llama a ser pastor, ¡no te rebajes a ser un rey!"[8]

¡Ahí lo tiene! Un mensaje sutil que el hijo sólo se podría realizar al convertirse en pastor o predicador, lo que su padre consideraba era el llamado más grande. ¿Qué tal si en lugar de eso, él quería ser un rey?

Lo maravilloso de la gracia de Dios en Cristo es que somos aceptados por Dios sin ninguna condición. Cristo cumplió todas las expectativas que Dios tenía para la raza humana, lo cual nos permite ser liberados de nuestro propio fracaso de estar a la altura (es decir, nuestros pecados). Tenemos libertad de explorar nuestro destino dirigido por Dios, de cumplir nuestros sueños y ambiciones dadas por Dios, al saber que tenemos un Padre amoroso que nos anima a lo largo del camino. Todo hombre fue creado por Dios para pararse de pie rectamente y mirarlo a la cara para encontrar una identidad verdadera. Cuando miramos las caras imperfectas de los padres humanos, únicamente podemos recibir un reflejo imperfecto. Incluso los hombres criados por los padres terrenales más amorosos aún necesitan experimentar la aceptación y afirmación fundamental en Cristo. Si deseamos vivir libres de las ataduras de las expectativas de otros en cuanto a nuestras vidas, es vital que avancemos más allá de la autoridad de nuestros padres terrenales hacia nuestro único y verdadero Padre celestial.

CONEXIONES NUEVAS

Los esposos y las esposas que no están libres de las expectativas de sus propios padres viven con el peligro de intentar de ser padre el uno del otro. Las esposas tratan a sus esposos como niños que entran a la casa con los zapatos llenos de lodo, y los esposos usan la frase: "Yo soy la autoridad en esta casa", como una excusa para forzar a las mujeres a conformarse. La imposición de tales expectativas solamente crea un ambiente listo para el fracaso que se ve con demasiada frecuencia en nuestra cultura actual.

Usted y su cónyuge pueden ayudarse mutuamente a liberarse de las expectativas paternales que persisten al no amontonar más expectativas suyas. Todos vivimos con expectativas, expectativas de obedecer la ley, de ser moralmente honrado, de ser responsable económicamente y más. Esas las consideramos dadas, y el vivir "libre de expectativas" no se debe tomar como una licencia para vivir en un estado perpetuo de crisis de la edad media, en el cual sale a gastar todos los ahorros de su familia en un automóvil deportivo.

Estoy hablando acerca de ser libre del tipo de expectativas que los padres imponen a los hijos cuando están pequeños: "Párate derechito; come tus verduras; mete tu camisa al pantalón". Y cuando crecen y están más grandes son: "Sé un doctor, un líder; haz que estemos orgullosos; sé un pilar en la comunidad; vive en nuestra ciudad de origen y forma parte de nuestros clubes". Estaba en lo correcto el presidente George H. W. Bush cuando finalmente rechazó el brócoli, a pesar de los activistas de comida: "No me gusta el brócoli. Y no me ha gustado desde que era niño, pero mi mamá me hacía que lo comiera a la fuerza. Y ahora soy presidente de los Estados Unidos y ya no voy a comer más brócoli". Incluso lo prohibió de la cocina de la Casa Blanca y el avión Air Force One, y lo sustituyó por los famosos frijoles de jalea del Presidente Reagan, con salsa y chicharrones de puerco de Texas. El presidente Bush decidió, como presidente de los Estados Unidos y hombre que tenía más de sesenta años, que era tiempo de liberarse y convertirse en su propia persona, por lo menos en lo que se refiere a verduras y tentempiés.

Cuando usted y su pareja puedan identificar y reírse de las acciones repetitivas que hacen, que se han aplazado de sus años de crianza, aprenderán a relajarse en la aceptación y afirmación de su pareja y perseguir la vida que *usted* quiere vivir.

Capítulo 4

¿QUIÉN TRAE EL DINERO A CASA?

Bob Mecca es un asesor financiero certificado en Mt. Prospect, Illinois, fuera de Chicago. Él dice: "cuando comencé como un asesor financiero hace veinte años, casi no había parejas en esta situación. Ahora el 40% de las parejas que entran a mi negocio, tiene una esposa que gana más que su esposo".[1]

¿Qué implica esto? Stephanie Coontz del *Council on Contemporary Families* (*Consejo de las familias contemporáneas*) dice: "Las mujeres tienen poder para ganar dinero, entonces están menos atentas en buscar a un esposo que tenga muchos ingresos y están más interesadas en encontrar a alguien que sea una buena pareja en todos los aspectos. Y los hombres están soltando la idea de: 'Yo debería ganar más o tener el empleo con más prestigio porque soy el hombre'. En lugar de eso, ambos están diciendo: 'Hay que hacer lo que sea mejor para todos nosotros'".[2]

Querido lector, no mire ahora, pero los tiempos siguen cambiando, aun cuatro décadas después de que Bob Dylan recién lo dijera. De hecho, algunos de los cambios que siguen evolucionando en nuestra cultura comenzaron cuando Bob Dylan empezó su carrera como un comentarista cultural a través del canto.

LO QUE SABEMOS DE LOS HOMBRES Y LOS INGRESOS DE SUS ESPOSAS

En 1963, el Presidente John Kennedy firmó el Equal Pay Act (Acta de igualdad de salarios), la cual hizo que fuera ilegal que los empleadores pagaran diferente salarios a las personas que hicieran el mismo trabajo. El acta se enfocaba principalmente en las mujeres que habían entrado a la fuerza laboral *en grandes cantidades* durante la Segunda Guerra Mundial, cuando los hombres se fueron a luchar al extranjero. Durante la guerra (en 1942), el National War Labor Board (El consejo nacional de trabajo de la guerra) había incitado a los empleadores a igualar voluntariamente el salario de los hombres y las mujeres. Cuando ignoraron la sugerencia, el Equal Pay Act (EPA) finalmente fue promulgado.

Pero a pesar de toda su legalidad, el EPA se ha tomado en sí casi como una sugerencia. La brecha en los salarios entre hombres y mujeres se ha vuelto más estrecha desde 1963, pero aún sigue ahí. En aquel entonces, las mujeres ganaban un 58.9% de los salarios que se les pagaban a los hombres por hacer el mismo trabajo, y en el 2004, ellas ganaban un 76.5%, un aumento de menos de medio centavo por año.3 Y la brecha no es nada más entre los trabajadores de salario mínimo o por hora. En 1999, las mujeres médicos sólo ganaban un 62.5% del salario semanal mediano de los hombres médicos.4

A través de cálculos, una mujer de 25 años que trabaja de tiempo completo y se jubile a los 65 años, ganará $523,000 dólares menos que un hombre que sigue el mismo camino en su carrera. Así como está el índice actual de cambio en la brecha del salario entre los hombres y las mujeres, las mujeres trabajadoras lograrán un salario igual a los hombres en algún tiempo después del año 2050.5

A pesar del hecho de que el salario total de la mujer aún no es igual al de los hombres, en las décadas recientes se han llevado a cabo cambios significativos que involucran a las mujeres, el dinero y las estructuras familiares. Por ejemplo, la revista *Money (Dinero)* entrevistó a 1,000 cónyuges (500 hombres, 500 mujeres, no en parejas) y descubrieron que las esposas trabajadoras ahora contribuyen más de una tercera parte de los ingresos de una familia típica. Y algo que tiene aún más significado a los propósitos de este capítulo, en un tercio de los hogares de matrimonios *las esposas ganaban más dinero que los esposos.* En contraste con esta nueva tendencia, está el hecho que la gran mayoría de las parejas casadas aún dividen las labores económicas con las mismas líneas tradicionales: las mujeres manejan los gastos diarios y el presupuesto mientras que los hombres planean e invierten a largo plazo.6

Cuando los valores tradicionales se encuentran con tendencias nuevas es como un sistema de gran presión y otro de baja presión, un frente frío y uno caliente que chocan sobre el núcleo. Las alteraciones de los ciclos del clima se vuelven muy probables. Y eso es lo que ha sucedido en algunos matrimonios.

La idea de que las mujeres se salgan de sus roles tradicionales, trabajando fuera del hogar y ganando el salario más grande de ambos, es amenazador para algunos hombres. ¿De cuántos hombres estamos hablando? En nuestra encuesta de 3,600 hombres, encontramos que una cuarta parte de los hombres (24.3%) dijo que se sienten amenazados por el hecho de que sus esposas ganen más dinero que ellos, ya sea "siempre" (3%) o "con frecuencia" (21%). Añada el 50% que algunas veces se siente amenazado por esta situación y estamos mirando a tres cuartas partes de la población masculina. (No interpreto estos números para significar que tres cuartos de nuestros encuestados son hombres casados que ganan menos que sus esposas. Eso no estaría en sintonía con el tercio de los matrimonios donde la esposa sí gana más que el esposo. Más bien, interpreto que nuestros encuestados están diciendo: "Me siento amenazado por la idea de que mi esposa trae o tal vez traiga a casa un salario más grande que el mío [algunas veces, con frecuencia, siempre].")

En este capítulo, hablaremos del área gris del dinero y el matrimonio, y por qué tantos hombres abrigan un secreto de que se sienten amenazados por el éxito económico de su esposa.

LO QUE LOS SALARIOS DE LAS ESPOSAS
SIGNIFICAN PARA LOS HOMBRES

¿Por qué los hombres se sienten amenazados por los salarios crecientes de sus esposas? Basado en las estadísticas de la "brecha de sueldos", hoy en día todo hombre con vida en Estados Unidos (y prácticamente alrededor del mundo) creció en la era en la cual los hombres, al ser utilizado el sueldo como una medida, han sido valorados en el lugar de trabajo más que las mujeres. Y los sueldos más grandes traían poder, incluyendo el poder sobre las mujeres que ganaban menos y quienes llenaban los últimos espacios de la gráfica de organización. Básicamente, lo único que tenía que hacer un hombre para sentirse más valioso en su vida vocacional era presentarse. Por supuesto que su empleo no estaba garantizado. Pero si perdiera el trabajo debido a una incompetencia, era muy probable que fuera reemplazado por otro hombre, no una mujer.

Yo pienso que la mayoría de los hombres no se da cuenta de qué tanto se ha extendido este paradigma cultural o qué tan arraigado está en nuestro inconsciente. Las mujeres esperan que se les pague menos y los hombres esperan que se les pague más. Cuando un hombre se encuentra en una situación donde el campo de la realidad está al revés, siente que algo está fuera de orden. Si la cultura normalmente valora a los hombres más que a las mujeres y, de repente, el hombre descubre que es valorado menos que una mujer, la implicación es que él debe ser seriamente inferior. Y si así es como, por lo general, un hombre tal vez piensa en el lugar de trabajo, piense en lo que esto podría significar si su esposa, basado en su salario más grande, es la que ahora es más valiosa (más poderosa, más importante) que él.

Es posible que un hombre pudiera ser la causa de su propio fracaso, al tratar de estar al día con las mujeres en cuanto a los ascensos y el pago. Pero también es cierto que muchas otras variables forman parte de las matrices de la decisión que dan resultado a que las mujeres ganen un salario más grande: habilidades, experiencia, las cuotas del gobierno, la cultura empresarial, la mezcla de los géneros y demás. Cuando un hombre responde emotivamente a ser "rebajado de categoría" en su matrimonio, de cabeza de familia a ser asistente a la cabeza de familia, significa que él no está analizando los hechos. Se ve a sí mismo como una excepción a la regla cultural bien establecida: se les debe pagar más a los hombres que a las mujeres.

Déjeme aclarar bien en este momento que lo que ya he dicho, y lo que diré en este capítulo, no está basado en una postura o un punto de vista en cuanto a la legitimidad de que una mujer gane más que un hombre. Mi meta es sostener un espejo de dos caras a nuestra cultura, una cara reflejando las tradiciones (el pasado) y la otra el presente (y el futuro), y hablar acerca de lo que se ve. Uno de los puntos principales de controversia en cualquier matrimonio es qué se debe hacer con el dinero. Añádale los elementos adicionales de tener que decidir, basados en quién gana cuánto y ahora tiene una receta para un conflicto aún mayor.

La siguiente historia de una pareja demuestra qué tan confusas se pueden poner las cosas cuando realidades nuevas impactan una escena tradicional y no hay una estrategia de juego establecida para ajustar ambas partes:

Jenny ahora tiene 45 años de edad y está a cargo de su propia empresa de asesoría en administración de empresas en Nueva Jersey. Ella y Bob comenzaron sus carreras como compañeros de trabajo, pero cuando decidieron casarse, ella decidió cambiarse a otra parte de la compañía. "Todos lo trabajos disponibles eran para un puesto de un grado más alto, de nivel de funcionario. Luego aprendí que mi carrera estaba avanzando bien mientras que la de Bob no. Yo no quise lastimar su ego, así que medité: 'Si lo puedo hacer aquí, puedo ir a donde sea', y le dije a Bob: 'Hay que buscar otro lugar en donde empezar nuestra familia'."

Entonces ella fue la primera en ser contratada para un nuevo trabajo, lo cual dejó a Bob a asumir "el papel de la esposa", vender la casa y hacer los preparativos para que se mudaran. Bob, un licenciado agresivo de Wharton con una especialidad en administración de empresas, se tardó seis meses en encontrar un puesto.

Jenny recuerda: "Llegó a tal grado donde no le estaba contando nada acerca de mis aumentos de sueldo o los beneficios relacionados con mi nuevo trabajo, porque no quería que se sintiera mal. Pero se volvió más difícil ocultarlo, ya que teníamos una cuenta bancaria conjunta. Cuando se daba cuenta de un incremento en mi talón de cheque de pago, yo actuaba como si no fuera gran cosa, pero cada deposito era un recordatorio de que a mí me estaba yendo mejor que a él. Él nunca le comentó a su familia de mis ascensos ni celebraba mis aumentos de salario. Ahora puedo ver que eso era porque él veía que mi éxito se reflejaba mal en él, en lugar de ser un triunfo para nosotros como pareja."

Jenny estaba aliviada cuando por fin le ofrecieron a Bob un puesto como vicepresidente en un banco muy grande. "En su mente, él había logrado un cierto nivel de estatus. Él hizo su papel de vicepresidente al máximo, incluyendo el engañarme con otra." Desgraciadamente, dice Jenny, "su imagen se volvió más importante para él que su matrimonio o su nuevo bebé que estaba en camino".

Se separaron. Entonces Bob la demandó, y ganó la mitad de la pensión de Jenny y sus ahorros. Después, se casó con una profesional de un nivel más bajo con quien, dice Jenny, no tiene que competir.

Mirando al pasado, Jenny puede ver que "muchos de los problemas en mi matrimonio tuvieron que ver con lo que yo había logrado, comparado con Bob. Por fin, me di cuenta que él estaba compitiendo y no estaba ganando."[7]

Este no es un caso aislado. El número de mujeres casadas en el mundo laboral aumentó de un 35% en 1966 a un 61% en 1994. Las mujeres con hijos menores de 3 años aumentaron aún más rápidamente durante el mismo período, de 21% al 60%.

Asimismo, el modelo tradicional del "esposo cabeza de familia" y "esposa ama de casa" está siendo reemplazado por la pareja con un salario doble, un aumento del 39% al 61% de todas las parejas casadas desde 1970 hasta 1993. (Interesantemente, los matrimonios con un salario doble llegaron a su máximo en 1999, con un porcentaje de un poco más de 60%, y desde entonces han comenzado a disminuir, compensándose con un aumento de matrimonios donde el esposo es el único que gana un sueldo.) Con estos cambios, la proporción de matrimonios con doble salario en el cual la esposa gana más que el esposo aumentó de un 16% en 1981 a un 23% en 1996.[8]

Para algunos, estos cambios son un problema, pero para otros no. En una encuesta de la Internet, conducida por la revista *Redbook*, "las esposas cabezas de familia" contribuyeron con la siguiente información:

- El 46% dijo que ambos cónyuges en su matrimonio están igualmente contentos con el arreglo. Pero el 30% de las mujeres admitió que ellas están más contentas con tal arreglo que sus esposos.
- El 26% de las mujeres que ganan bien informaron que sus amigos o familiares han lanzado indirectas o dicho directamente que su situación es rara.
- La mayoría de las parejas con una esposa cabeza de familia, comparten las decisiones en cuanto a las compras grandes.
- El 41% de esposas que reciben salarios grandes dijo que aún hacen más de la mitad de los deberes del hogar y el cuidado de los hijos.
- El 35% de las esposas cabezas de familia admiten que quisieran que sus esposos se esforzaran más en ganar más dinero.
- La mayoría de las cabezas de hogar femeninas no cambiarían sus salarios por los de sus esposos.[9]

Un estudio de *Psychology Today (Sicología de hoy)* cita a varios terapeutas y sicólogos con respecto al impacto que la esposa cabeza de familia tiene sobre su esposo:

- Dr. Ronald Levant, terapeuta y profesor de Harvard: "Los hombres han respondido más despacio al cambio de los papeles de las mujeres, en parte porque desafía las nociones del privilegio y derecho masculino. Los varones no están listos para renunciar a su ventaja en cuanto a las ganancias y el poder social. La idea de que las mujeres tengan la ventaja en lo que sea, amenaza la identidad masculina".
- Dr. Barry Dym, sicólogo familiar: "[El hecho de que una esposa gane más] viola las imágenes que tenemos de nosotros mismos como los proveedores. El dinero es muy emotivo en la cultura estadounidense. Es nuestra única forma para calcular el estatus. Las personas están más dispuestas a hablar conmigo acerca de su vida sexual que de sus ingresos".
- Dr. Lori Gordon, terapeuta familiar y para matrimonios: [Cuando la esposa gana más, el esposo] considera a su pareja como 'el contrincante'. Él la critica a ella para sentirse mejor".
- Dr. Dorothy Cantor, sicóloga: "La norma social aún dice que algo anda

mal con el esposo si la mujer está ganando más dinero. Pero conforme más parejas ganen salarios iguales, la brecha se comenzará a cerrar, y tales nociones empezarán a desaparecer."[10]

Tal vez sea cierto y tal vez no. Después de haber observado nuestras normas de la sociedad, es el momento para hacer preguntas acerca de los asuntos que un espejo cultural no revelará. Específicamente, ¿por qué le importaría a un hombre lo que gana su esposa? Si se gana el dinero honradamente y nadie, incluyendo los hijos, es perjudicado en el proceso, ¿por qué el esposo sentiría algo diferente aparte de estar agradecido por los esfuerzos y las recompensas de su esposa?

DIRECCIONES NUEVAS

Efectivamente, no es problema para muchos hombres. Pero para muchos más, algunas veces, con frecuencia o siempre es un problema. Para un esposo que se aferra a la fe cristiana, hay otro espejo que puede explorar con más profundidad que el espejo de las tendencias culturales en el gobierno e investigaciones académicas fijadas en la Internet: la Biblia. El apóstol Santiago comparó la "perfecta ley de la libertad" a un espejo que nos permite medirnos a nosotros mismos contra los ideales de Dios (Santiago 1:22-25 RV). El apóstol Pablo dice que la Biblia es "viva y poderosa y más cortante que cualquier espada de dos filos. Penetra hasta lo más profundo del alma y del espíritu, hasta la médula de los huesos, y juzga los pensamientos y las intenciones del corazón" (Hebreos 4:12).

Desgraciadamente, la Biblia no dice explícitamente si una esposa debiera trabajar fuera del hogar o no; ni tampoco menciona las dinámicas que pueden surgir si lo hace y si sus ingresos son más que los de su esposo. Lo ideal sería que los esposos y las esposas planearan con cuidado y oración para los "qué tal si" en la vida y tomar decisiones basadas en los valores en las que se ponen de acuerdo. Pero, ¿"qué tal si" una esposa se va a trabajar cuando la pareja no tiene hijos, experimenta ascensos rápidos que nadie pudo prever, resulta obtener un salario mayor al de su esposo, y luego se embaraza inesperadamente... y así sucesivamente? Las cosas suceden, y los esposos deben asegurar que sus respuestas estén basadas en amor y honor, en lugar de celos, envidia, resentimiento o enojo.

Para nosotros los hombres, eso comúnmente requiere que nosotros lleguemos al núcleo de cómo nos valoramos a nosotros mismos (ya sea correcto o incorrecto). La mayoría de nosotros sabemos, de manera intuitiva, que debemos apoyar a nuestra esposa en cualquier empeño que les permita prosperar con sus talentos y habilidades dadas por Dios. Pero cuando eso resulta en una recompensa mayor que la nuestra, la situación se convierte en la piedrita en el arroz. En el campo de juego del mismo nivel, una esposa que es recompensada generosamente por la excelencia de su trabajo, debe ser festejada. La Escritura nos exhorta a "[alegrarnos] con los que están alegres" (Romanos 12:15).

Obviamente, no le puedo ordenar a usted y su esposa exactamente cómo deben desarrollar todos los detalles de su propio matrimonio y el dinero que ambos ganan. Pero existen algunos principios que puede considerar mientras se enfrenta a los retos que pueden surgir:

1. Piense a largo plazo, no a corto plazo. Si el salario de su esposa comienza a exceder el suyo, no entre en pánico. Siéntese y platique con ella acerca de lo que esto puede significar en cuanto a su futuro como pareja.

2. No de nada por hecho. Es poco probable que las cosas de hoy permanezcan para siempre como están ahora. Es posible que usted esté completamente contento con ser el único o la principal cabeza de familia ahora, pero su esposa tal vez se sienta reprimida. La única manera de aclarar todas las suposiciones es...

3. Comunique todo. ¿Recuerda el punto principal de la celebración Festivus de Frank Costanza en *Seinfeld*, de "desahogarse"? El dinero seguramente califica como un tema que finalmente usted o su cónyuge tal vez tengan que tratar siendo completamente honestos. Sólo asegúrese de desahogarse de una forma honrada.

4. No base el valor en el dinero. Para un hombre, esto es mejor decirlo que hacerlo, dadas las expectativas culturales que ya comentamos en este capítulo. Sin embargo, es vital que se recuerde a sí mismo de esta verdad fundamental. La persona que gana la mayor parte del dinero en un matrimonio no es la persona más importante, más talentosa, más valiosa o poderosa. ¿Usted piensa que es fácil para su esposa que se dedica al hogar cumplir todas las necesidades de sus tres hijos las 24 horas los 7 días a la semana? Adelante, intente seguir sus pasos por un día, una semana, un mes. Entonces, verá qué tan "valiosa" es. ¿Cuál es el punto principal? No se quede atrapado en basarse en cuánto "vale" usted o su esposa con respecto a la cantidad monetaria que se gana. Es un juego tonto. Asimismo...

5. No compita. Lo único que se necesita para arruinar una gran relación es que dos amigos comiencen a competir. Al inicio, es fácil reír al respecto, pero en el instante que dejan de reírse es cuando saben que han cruzado la línea.

6. Esfuércese por conseguir la unidad. Si realmente no importa que usted o su esposa reciba el reconocimiento por algo, llegarán más lejos juntos. Ustedes son una pareja, y cada pareja tiene papeles y responsabilidades diferentes, pero pegadas para formar una unidad adherente que es más fuerte que cualquier individuo. Muchas parejas han resuelto el asunto de "quien gana más" al tener una sola cuenta bancaria de cheques en la cual se depositan todos los ingresos. Le aconsejo a hacer lo mismo. Cuentas de "él" y "ella" no pintan una imagen muy clara de unidad.

7. Planee para el futuro. Si es usted un hombre soltero quien está leyendo esto, piense en el asunto de salarios desiguales. ¿Usted sólo estará cómodo con una perspectiva tradicional en cuanto a ganar un sueldo o es usted más

flexible, dispuesto a aceptar y hacer cambios conforme vayan apareciendo? Si este tema es importante para usted, asegúrese de que sea un tema de conversación antes de que llegue al altar.

CONEXIONES NUEVAS

Todos los que están casados, saben que un cónyuge es una persona distinta cinco, diez, quince años después de la fecha de matrimonio. El cambio es una progresión normal y saludable tanto de un individuo como también de una pareja casada. Pero uno de los temas más volátiles que puede dividir a una pareja durante estos cambios, puede ser quién gana el dinero y cuánto. Puede ser una fuente de gran placer en el calidoscopio de la vida que siempre está cambiando como es visto a través de la lente del matrimonio o puede ser una espina constante en el lado de relación colectiva. Si las parejas se comprometieran que la santidad de su unión es más importante que cualquier dimensión singular de ésta, ellos pueden lidiar con los cambios económicos.

El dinero es como cualquier otro asunto. No es una enfermedad; es un síntoma. Si los asuntos de dinero revelan tensión y desacuerdo en su relación, el dinero no es el problema. Si no está seguro cuál es el problema verdadero, busque ayuda para encontrarlo. No se puede llegar a un acuerdo si se está en desacuerdo en cuanto al dinero. Así como la tierra, el aire y el fuego son fuerzas poderosas de la naturaleza, así también el dinero, el sexo y el poder se deben manejar con delicadeza en un matrimonio. Es esencial que resuelvan y estén de acuerdo en los temas que son tan importantes como éstos. Si no, un acuerdo para un desacuerdo fácilmente puede convertirse en un acuerdo para disolverse.

Capítulo 5

EL "TIEMPO PARA MÍ" DE LOS HOMBRES

Cuando recién empecé a leer los cuatro Evangelios en el Nuevo Testamento, varias cosas me impactaron: Jesús no sanó a todos; Él estuvo dispuesto a decir "No" de una manera que hoy en día sería considerada de mala educación. Con frecuencia, abandonaba los lugares públicos para poder descansar, algunas veces solo y otras con sus discípulos. La imagen popular de Jesús como un hombre pasivo que no podía decir "No" y que estaba a la disposición de todos está equivocada. Para alguien que era el Hijo de Dios, es asombroso qué tan humano era Jesús. Él discutía, utilizaba lenguaje fuerte, decía "No" y se alejaba. De hecho, cuando se trataba de tomarse tiempo para sí mismo, Él era mucho más equilibrado en ese aspecto que nosotros.

O considere a alguien como la Madre Teresa de Calcuta que está más en la escala humana. Este pequeño dínamo pasó la mayoría de su vida cuidando a los pobres y los indigentes en India, aparentemente sin tomar un descanso. Pero si lo hizo, tuvo que comer y dormir y descansar. Si no lo hiciera, hubiera muerto mucho antes de cuando lo hizo. Todos, incluyendo los hombres que son esposos y padres, tienen que tomar tiempo para "descanso y relajación", para poder recobrar nuevas fuerzas y una perspectiva renovada acerca de las labores a la mano.

Los hombres han respondido bastante bien a la mentalidad actual de nuestra cultura que sugiere que los hombres necesitan estar más "involucrados" en el hogar. Hacen las labores de la casa, cambian pañales, compran la despensa, juegan con los niños, salen con sus esposas y ayudan con la tarea. Cuando adoptan esa mentalidad, muchos hombres se sienten culpables de tomar de su tiempo libre para sí mismos. No me refiero a un viaje a Colorado para esquiar. Me refiero más a tomar tan sólo unas cuantas horas de vez en cuando para reagruparse. Con frecuencia, los esposos se quedan con los hijos, mientras que sus esposas se reúnen con "las chicas", pero no planean eventos similares para ellos mismos. La mayoría de los hombres piensa que sus esposas necesitan el descanso, pero ellos no, y eso es un error grave.

LO QUE SABEMOS DE LOS HOMBRES
Y SU TIEMPO PRIVADO

En ambas revoluciones comerciales importantes en la historia de nuestro país, la Revolución Industrial y la Revolución Digital, algo sucedió que no se esperaba.

En la Revolución Industrial, las máquinas supuestamente debieron incrementar la productividad humana de una manera tan mensurable, que la fuerza de trabajo de Estados Unidos pudiera tener una vida más equilibrada y calmada. En la Revolución Digital, se suponía que la "oficina sin papeles" y un surtido impresionante de herramientas digitales y aparatos nos ahorrarían cantidades masivas de tiempo.

Nunca sucedió. Cuando se introdujeron las máquinas, en lugar de que los trabajadores produjeran los mismos mil aparatos y se fueran a casa temprano, todos se quedaban en el trabajo produciendo 1,500 aparatos. Lo mismo sucedió con todos los aparatos digitales que ahora habitan las oficinas en Estados Unidos. Después de restar el número de horas mal gastadas todos los días por lidiar con las computadoras y otras maravillas de la tecnología, cualquier tiempo ahorrado por el uso de ellas se utiliza en crear más trabajo. Una versión de Parkinson´s Law (La ley de Parkinson), "El trabajo se expande para llenar el tiempo disponible para su terminación", siempre está obrando. A pesar de dos revoluciones que fueron destinadas a cambiar nuestra vida, los estadounidenses aún trabajan más horas por semana que los trabajadores en cualquier otra nación desarrollada.[1]

Usted pensaría que con tanto trabajo, estaríamos nadando en efectivo, ¿no es cierto? Todos sabemos que ese no es el caso. En 1974, la deuda del consumidor (incluyendo hipotecas) en el país era de $627 mil millones de dólares. En 1994, era de $4.2 billones de dólares y en el 2004 era de $9.7 billones. El gobierno federal anunció en el segundo cuarto del 2005, que la proporción del servicio de deuda de la nación (pagos de deuda personal como un porcentaje de los ingresos personales neto) era de 13.6%, el porcentaje más elevado desde que el gobierno federal comenzó a investigar la proporción en 1980. En octubre del 2004, el periódico USA Today reportó que la deuda personal promedio por hogar en Estados Unidos era de $84,454 dólares (incluyendo la hipoteca). La parte de cada hogar era de $473,456 de la deuda nacional.

Está bien, estamos trabajando más que nunca y nos estamos endeudando cada vez más. Y como resultado, el estrés debe estar aumentando. La encuesta de The National Consumers League (La liga nacional de consumidores) del 2003 a 1,074 adultos, encontró que el 80% de los encuestados tiene problemas con el estrés, incluyendo un 76% de hombres. El 57% de los encuestados dijo que su nivel de estrés está más alto de lo que les gustaría que fuera. Aquí están las fuentes principales del estrés que encontraron entre los encuestados:

- 74% se preocupa por su propia salud y la de su familia.
- 70% se preocupa por su economía familiar.

- 68% se preocupa por la seguridad.
- 58% dice que no duerme lo suficiente.
- 41% siente agotamiento y sobrecarga de trabajo.
- 25% está sobrecargado con demasiadas participaciones y compromisos.[2]

Aquí tenemos un ejemplo de qué tan malo se ha vuelto el estrés para los hombres: la International Spa Association (La asociación internacional de spa) reporta que los hombres ahora conforman el 29% de los que asisten a los spa a nivel nacional.[3] Los hombres están descubriendo que el tiempo de descanso callado y tranquilizante de un spa les está ayudando a liberarse de la presión de un estilo de vida sobrecargada que están viviendo. Y esto me lleva al propósito de este capítulo.

Todos sabemos que la vida en Estados Unidos está más ajetreada que nunca, pero se está traduciendo en algo nuevo que los hombres están buscando: tiempo privado. El tiempo privado básicamente significa tiempo lejos de la familia, y aquí está el porqué de ello. La mayoría de los hombres ve el trabajo como un compromiso obligatorio de cuarenta a cincuenta horas semanales. Es algo que tienen que hacer sea que lo quieran hacer o no, pero el resto del día es lo que se está volviendo frustrante para los hombres.

Dividamos el día en tres tercios tradicionales: ocho horas para trabajar, ocho horas para dormir y ocho horas para "todo lo demás". Esta última categoría es en la que muchos hombres sienten que los están timando. La mayor parte de ese tiempo (lo que sobra después de viajar del trabajo a la casa) se gasta en el hogar, cortando el pasto, pagando las facturas, comiendo, lavando el automóvil, haciendo reparaciones en la casa y pasando tiempo con su esposa e hijos. Algunos hombres que tienen hijos en su hogar, ven que su tiempo discrecional se consume por completo por las actividades domésticas. Y ellos necesitan tiempo para escaparse.

Obviamente, hay muchas mujeres que son esposas y madres que se sienten igual, pero, por alguna razón, siempre hemos sabido que las mujeres necesitan una "noche para ir a tomar un café con las chicas". Eso se mantuvo igual de aquellos tiempos cuando había más amas de casa y pasaban su día conversando en el idioma infantil y necesitaban terreno común con adultos. Y porque los hombres tenían interacción con adultos en la oficina, se daba por sentado que ellos estaban bien y sin necesidad de algo más cuando llegaban a casa después del trabajo.

Pero los tiempos y las personas cambian. En la encuesta que llevamos acabo, 22% de los hombres dijo que "siempre" (3%, o "con frecuencia" (19%) "desearían tener más tiempo privado alejados de su familia". Agregue la respuesta de "algunas veces" (60%) y (otra vez) estamos hablando de mucho más de tres cuartas partes de los hombres que estuvieron de acuerdo con esta declaración.

LO QUE EL TIEMPO PRIVADO SIGNIFICA
PARA LOS HOMBRES

Las mujeres que están viendo estos porcentajes podrían preguntar: "¿Por qué necesitan ese tiempo los hombres? ¿Qué piensan hacer? Si no van a salir a platicar de sus sentimientos con sus amigos, ¿o sí?". Es cierto, puede que eso no sea lo primero que tengan pensado. Pero de lo que sí estamos hablando es de *alejarnos* de algo (la vida casera), no *ir hacia* algo. Definitivamente, los lugares a donde están yendo los hombres son importantes —a los deportes, al aire libre, un concierto, el gimnasio, las carreras automovilísticas, la sección de herramientas de Home Depot— pero lo más importante es de lo que quieren descansar.

Los hombres y las mujeres de hoy en día tienen muy poco tiempo libre. A causa de la revolución digital y la revolución de comunicaciones, todo en la vida sucede en tiempo real. Hubo un punto en la historia de nuestra nación cuando el correo y las noticias tardaban varias semanas para viajar de una costa a otra. La gente no se quedaba sin hacer nada durante esas semanas, pero esos retrasos indicaban cómo la vida funcionaba en aquel entonces. Había más tiempo para pensar; no se tomaban decisiones al instante. Gradualmente, el tiempo se redujo a una semana conforme los camiones y trenes reemplazaban a los barcos y las diligencias, y después de unos cuantos días cuando los aviones comenzaron a acarrear el correo. Entonces, FedEx nos dio la entrega de la noche a la mañana. En alguna parte dentro de ese tiempo, los telegramas y los teléfonos hicieron que las decisiones inmediatas fueran comunes y corrientes ("¡Compra! ¡Vende!"), y la idea de que el trabajo era un pasatiempo desapareció.

Ahora, con los fax (minutos) y correo electrónico (segundos), estamos viviendo con un ritmo completamente diferente. Ni siquiera tenemos que esperar los quince segundos necesarios para marcar y conectar a la Internet. Ahora siempre están encendidas nuestras conexiones al mundo. Las conexiones de Internet de banda ancha han hecho que el mundo sea una red gigantesca con cada computadora como un punto central. No hay ningún retraso, y con la ausencia del retraso perdemos el tiempo para pensar y reflexionar. Por más que odiamos el tiempo que nos trasladamos en automóvil, esas horas se han vuelto un santuario semanal para el trabajador moderno. No es un muy buen santuario, ya que existe la ira al manejar y demás; sin embargo, es un santuario.

Piense en aquel tiempo cuando un hombre montaba un caballo o se subía a una carroza para ir al pueblo por provisiones. Si el viaje era de dos millas y andaba con paso lento a una velocidad máxima de dos millas por hora, eso le daba una hora de tiempo privado, sin radio ni tocador de discos compactos, sin celular, sin bocinas de automóvil, sin ira al manejar. Solamente existía el placer sencillo del santuario más puro de todos, la naturaleza, donde podía pensar, reflexionar y ordenar sus pensamientos. Hoy en día, nos tardamos dos minutos por carretera para viajar dos millas, y durante ese tiempo ya hemos hablado con un par de amigos a través del teléfono móvil mientras escuchamos música o programas de radio. Eso no es tiempo suficiente para ordenar nuestros pensamientos y mucho menos hacer algo con ellos.

Estoy usando ejemplos absurdos para resaltar mi punto. No estoy sugiriendo que deberíamos regresar a la época de los caballos y carrozas. Pero estoy haciendo ver que nuestra vida hoy tiene muchos menos espacios vacíos en ella, espacios que han sido una parte natural de la vida en otras eras. Y ya que la necesidad de estos espacios (esos "momentos privados") no desaparece (como se vio en nuestra encuesta), si el espacio no se crea naturalmente en el flujo y reflujo de la vida, nosotros lo tenemos que crear. Tenemos que programar un espacio para la diversión y el tiempo libre.

Repito, la mayoría de esto no es un secreto del pasado reciente de nuestra era moderna en cuanto a mujeres se refiere. Lo que sí es nuevo es que los hombres también están sintiendo la necesidad de este espacio.

En su libro acerca de los hombres escrito para las esposas, Patrick Morley da una lista de cinco "espinas" que ponen presión creciente en los hombres de hoy en día, lo cual resulta en la necesidad de tiempo privado para relajarse alejados de su familia:

1. Tiempo

Morley cita al médico Richard Swenson de su libro *Margin* (Margen):

Algo anda mal. Las personas están cansadas y fatigadas. Las personas están ansiosas y deprimidas. Las personas ya no tienen tiempo para sanar. Existe una inestabilidad psíquica en nuestra época que impide que la paz se implante firmemente en el espíritu humano. Y a pesar de los escépticos, esta inestabilidad no es el mismo verdugo viejo rehecho en la vida moderna. Lo que tenemos aquí es una enfermedad completamente nueva... Es la enfermedad de vivir sin márgenes.

Margen es la cantidad permitida más allá de lo que se necesita. Es algo que se mantiene en reserva para contingencias o situaciones inesperadas. Margen es la brecha entre el descanso y el agotamiento, el espacio entre respirar con libertad y la asfixia. Es la libertad que alguna vez tuvimos entre nosotros y nuestros límites. Margen es lo contrario a sobrecarga.

Margen es el espacio que los hombres están buscando tener en su vida.

2. Dinero

Las estadísticas de deuda personal que cité anteriormente han creado otra categoría de gasto con el que los hombres (y las mujeres) luchan: el seguro. Hemos acumulado tantas cosas, y debemos tanto dinero por ellas, que todo tiene que ser asegurado para proteger nuestra deuda, sin decir nada de protegernos a nosotros. Existen el seguro de vida, seguro médico, seguro médico de gastos mayores, seguro automovilístico, seguro de casas, seguro de incapacidad, seguro para deudas, seguro para embarcaciones, seguro para negocios y otros más. Simplemente con ver la lista, nos indica qué tan complicada se ha vuelto la vida económica del hombre.

3. Trabajo

La presión del dinero aumenta la presión para trabajar. Aun si los hombres trabajan en un empleo con salario donde el hecho de trabajar más horas no resulta en más ingresos, siempre existe la presión por cumplir. La mayoría de los hombres no nada más *quiere* cumplir bien (una presión interna que la mayoría de las mujeres no entienden), sino que también existe la presión de cumplir para poder sobrevivir. Y para aquellos hombres que trabajan por su propia cuenta o son pagados basado en comisiones, las tentaciones de "una venta más" con frecuencia son demasiadas fuertes de resistir.

4. Gente
Los hombres son distintos en cuanto a este punto, pero demasiados hombres dicen "Si" a más personas de las que debieran. Desgraciadamente, la mayoría de los hombres se compromete tanto con el trabajo y la familia que tiene muy poco tiempo para comprometerse con otros. Pero es mejor enfrentar la realidad y mantenerse equilibrado que comprometer la última porción de margen en nuestra vida, algo con lo cual no nos podemos dar el lujo. Si queremos estar involucrados con la gente, se tendrá que eliminar algo más para poder hacer espacio.

5. Religión
Si hay una parte de la semana cuando muchos hombres sienten la opción de faltar, es el domingo en la mañana. Es el último día de la semana, y una semana normal ha dejado a los hombres agotados y con una necesidad de tomar un tiempo para recuperar el aliento. Francamente, muchos hombres no ven la iglesia como un buen lugar para refrescarse (ver capítulo 12). El domingo por la mañana es su última oportunidad para tomar un minuto para ellos mismos, antes de que empiece la presión de nuevo el lunes. No obstante, los hombres tienen una orientación de características y beneficios por las críticas de las esposas y los pastores. Ellos van a confiar en que Dios les dará ese descanso si se quedan en casa, aún si otros no lo hacen.[4]

NUEVAS DIRECCIONES
A pesar de las presiones en su vida, no es fácil que un hombre justifique su tiempo para sí mismo. Un hombre tiene la imagen de salir manejando de su casa y dejar parados en la puerta a una esposa cansada e hijos con deficiencia de papá. Claro que eso es un poco melodramático, pero la mayoría de los hombres carga con un peso de culpabilidad de "solicitar" tiempo libre alejado de la familia para tener unas horas a solas o con otros hombres. El siquiatra Scott Haltzman propone que los hombres llenen el pequeño cuestionario a continuación, para ver a cuantas preguntas pueden contestar "No":

1. Paso más tiempo por semana haciendo mis propias cosas que el tiempo que mi esposa pasa haciendo lo suyo.   Sí   No
2. Comúnmente, cuando le digo a mi esposa que llegué tarde porque estaba trabajando, en realidad, estaba en la oficina pasando el tiempo y platicando con mis compañeros de trabajo.   Sí   No

3. Le he mentido a mi esposa acerca de trabajar más tarde, cuando la verdad es que me detuve en un bar para tomar rápido un trago con unos amigos antes de llegar a casa, o peor. Sí No

4. Borro mis correos electrónicos o mis mensajes telefónicos, porque no quiero que mi esposa se entere de mis intereses fuera del hogar. Sí No

5. En los últimos tres meses, me he quejado cuando mi esposa anuncia sus planes y siento que entran en conflicto con mis planes personales. Sí No

6. En los últimos tres meses, mi esposa y yo hemos intercambiado palabras fuertes con respecto a cómo estoy utilizando mi tiempo libre. Sí No

7. Mi esposa está de acuerdo con la siguiente oración: Mi esposo hace más cosas divertidas con sus amigos que yo con las mías. Sí No

8. Cuando estoy en casa, más del 50% del tiempo lo ocupo en una actividad a solas (como ver televisión o sentarme a la computadora). Sí No

9. Incluso cuando estoy en casa después de trabajar, la carga de las labores del hogar y el cuidado de los niños aún le corresponde principalmente a mi esposa. Sí No

El Dr. Haltzman sugiere que si usted registró más respuestas de "No", entonces usted tiene una mejor relación con su esposa en cuanto a mantener un equilibrio entre su necesidad de tiempo privado y las necesidades de ella. Si tuvo más respuestas de "Sí", entonces usted necesita tener más cuidado al demandar tiempo personal a costa de su familia.[5]

Me gustan las ideas del Dr. Sam Keen con respecto a cómo un hombre puede cultivar tiempo privado al cultivar soledad. Es decir, no siempre es necesario irse de la casa y gastar dinero que no tiene para poder tomar un descanso de la rutina. Demasiado seguido, tales actividades sólo constituyen una forma más de mantenerse ocupado y distraerse, restando de la meta real de reflexionar y refrescarse espiritual y emocionalmente.

Aquí están sus pensamientos en cuanto a maneras creativas, en casa y fuera de la misma, para lograr el descanso que necesita (he añadido algunos de mis pensamientos a los puntos de él):

- Tome vacaciones separadas, no en lugar de las vacaciones familiares, sino como una fuente de descanso esporádica y barata. Existen muchos recursos cercanos para que usted y su esposa tomen descansos separados e individuales de las presiones de la vida: una cabaña de alquiler en un parque estatal, un monasterio, una pensión. Busque una manera barata para descargar y así poder cargar de nuevo.

- Diseñe un santuario de soledad, una esquina en el sótano, una esquina en la parte trasera del jardín, una mesa solitaria en la biblioteca, un sillón cómodo favorito en la librería local donde puede tomar una hora de vez en cuando para leer, tomarse una siesta, escribir en su diario u orar.

- Mantenga un diario. Un diario es un relato de un viaje, el viaje de su vida. Es una manera significativa para "hablar" con alguien aun cuando solo.
- Preste atención a sus sueños. Desgraciadamente, eso es algo desconocido para muchos hombres modernos. Pero el trabajo que nuestra mente hace durante las horas que estamos dormidos, puede contarnos lo que está sucediendo internamente después de despertar. Esas son seis u ocho horas de datos perdidos si no hacemos caso al contenido de nuestros sueños.
- Camine. Keen escribe: "El filósofo Friedrich Nietzsche alguna vez dijo que las únicas ideas que valían la pena eran aquellas que se le ocurrían cuando estaba caminando bajo un cielo abierto". Aparte de ser una forma de ejercicio excelente, el caminar sólo es una manera perfecta y gratuita de aprovechar la estimulación aeróbica del cerebro. Al parecer, ponemos en marcha la creatividad cuando caminamos.[6]

CONEXIONES NUEVAS

Las esposas que leyeron este capítulo tienen que resguardarse de cualquier resentimiento que pueda surgir, al pensar que sus esposos necesitan "tiempo privado". Tampoco quiero decir con esto que las esposas no lo necesitan. La idea nueva que tenemos aquí es que los hombres necesitan esto tanto como las mujeres. El discutir juntos este pensamiento es una oportunidad excelente para que una pareja evalúe sus horarios y necesidades e intencionalmente crear el espacio individual que se requiere para que cada uno sea tan saludable como les sea posible.

La vida en nuestra cultura, especialmente durante los años de criar hijos y estar a mitad de carrera, no se va a volver más lenta o más tranquila. Si ha de suceder algo, será que en el futuro sólo se volverá más agotadora. Esa realidad hace que sea imperativo crear tiempo privado tanto para los hombres como las mujeres. Es una manera de que los individuos se vuelvan más fuertes como un fin en sí, no solamente como un medio para lograr el fin de un matrimonio más fuerte (aunque eso probablemente sucederá). Este capítulo es un llamado a los individuos a renovar su estilo único, a través de escaparse de las maneras conformistas de nuestra cultura y profundizarse más dentro de sí mismos. Ya sea que se haga sólo como una búsqueda de soledad o en una situación de compañerismo con amigos cercanos, el tiempo privado es una necesidad para una buena salud mental, espiritual y emocional.

Nada nos oculta de quiénes somos realmente y en quién nos estamos convirtiendo, como el clamor de estar ocupados.

Capítulo 6

PAPITO QUERIDO

En 1990, me convertí en padre, algo que había deseado por mucho tiempo. No simplemente quería ser un padre, sino que quería ser un buen padre. Yo sabía que al ser un buen padre, me convertiría en un mejor hombre. Aunque no soy perfecto en cualquiera de las dos categorías, he visto la verdad de esa correlación a lo largo de los años. La paternidad hace que un hombre se salga de sí mismo a la fuerza y entre a la vida de otro ser humano.

He escuchado a muchos padres expresar remordimiento por haberse perdido mucho de la experiencia de la paternidad, porque estaban ocupados dejando su huella en el mundo. La ironía en esa realidad es que no existe una manera más fuerte o más permanente en que un hombre puede dejar su huella en el mundo que invertirse a sí mismo en sus hijos.

Mi hija y yo hicimos un viaje a África junto con otra pareja de padre e hija, en conjunto con una organización misionera. Una noche, mientras cenábamos, el otro padre le pidió a mi hija que le contara qué era lo que apreciaba más de mí, su padre. ¡Uy! Uno nunca sabe lo que una quinceañera podría decir, o querrá decir, acerca de sus padres, si tuviera la oportunidad. Pero esto fue lo que Madeline dijo: "Primero, sé que me ama. Segundo, siempre ha estado ahí cuando lo he necesitado. El tercer señalamiento aún no se ha determinado, y se desconoce el cuarto".

Todos nos reímos juntos de los números tres y cuatro, pero estaba aguantando mis lágrimas por los números uno y dos. No pudo haber dicho nada mejor para bendecirme o humillarme como su padre, porque eso era lo que he querido hacer por ella: amarla y estar ahí cuando me necesite.

He cometido bastantes errores siendo el padre de Madeline. He dicho cosas equivocadas y no he dicho cosas correctas. He sido insensible. He forzado mi cuadrícula adulta masculina sobre su personalidad adolescente femenina. Pero aun los errores dan resultado cuando estoy ahí para reconocerlos, pedir disculpas y pedir su perdón. A eso me refiero cuando hablo de la paternidad, al convertirme en un hombre mejor. ¿Dónde más se puede humillar uno como lo hace cuando le está pidiendo perdón a alguien de siete años de edad?

En el 2005, comencé un nuevo viaje hacia la paternidad cuando dos niños pequeños se convirtieron en mis hijastros. James y Carter han aportado mucho a mi vida. Son muy inteligentes y amorosos. Es un gran privilegio ser su "Papá extra", como le llamamos nosotros. Es una experiencia distinta, porque mi papel se trata más de sólo ponerle el glaseado al pastel que fue preparado por los excelentes padres antes que yo. Había escuchado que el ser padrastro podría ser un papel muy difícil, pero hasta ahora no ha sido nada más que una bendición. El ser padre adoptivo (Madeline) y padrastro han sido fuentes de gozo y realización para mí. Ahora con el nacimiento de Solomon, me he convertido en padre biológico, ha hecho que yo sea un hombre tres veces bendecido, y creo que no menos de tres veces un mejor hombre también.

LO QUE SABEMOS DE LOS HOMBRES Y LA PATERNIDAD

Algunas cosas que sabemos de la paternidad hoy en día son buenas y otras no tan buenas. Comencemos con lo bueno, lo cual está vinculado con una porción de buenas noticias de la encuesta de hombres que llevamos acabo. De las 25 declaraciones que pedimos que 3,600 hombres contestaran, las dos cifras más bajas en las que estuvieron de acuerdo fueron estas dos declaraciones:

Número 24: "Los hombres desean haberse casado con alguien más que no sea su esposa".

Número 25: "Los hombres se aburren o se impacientan con su papel como padre".

Si me hubieran pedido que eligiera las dos declaraciones que yo desearía que los hombres en Estados Unidos respondieran con más negatividad (lo cual es algo positivo en cuanto a la encuesta), serían estas dos que tienen que ver con el matrimonio y la paternidad. Esto realmente es una buena razón para celebrar en términos de cómo los hombres se sienten con respecto a su esposa e hijos.

Hablé 'sobre la pregunta número 24 en el capítulo 20, y en este capítulo echaremos un vistazo a la pregunta 25, referente a los hombres y la paternidad. En nuestra encuesta, sólo 1% de los hombres dijo que "siempre" se aburren o se impacientan con ser padre, y 10% dijo que "con frecuencia". Si yo fuera a ignorar la categoría de "algunas veces" de cualquier pregunta, este sería (56%). ¿Qué padre no se aburre algunas veces después de haber leído por quincuagésima vez *Curious George Visits the Zoo* (*George el curioso visita el zoológico*)? Y qué padre no tiene que pedir paciencia mientras observa y espera que su hijo de cuatro años se amarra los tenis l-e-n-t-a y c-u-i-d-a-d-o-s-a-m-e-n-t-e, mientras que se le hace tarde para llegar al trabajo. Así que, en esta ocasión, no fastidiaremos a los que dijeron "algunas veces"; esto viene con el territorio de la paternidad.

Aunque aparenta ser que la gran mayoría de los padres en nuestra encuesta están bastante comprometidos a apoyar a sus hijos, el escenario de la paternidad por lo general no es tan positivo. El libro Father Facts (Hechos paternales), publicado por la National Fatherhood Initiative (La iniciativa nacional de la paternidad), está repleto de 182 páginas de información acerca del estado del arte de la paternidad en Estados Unidos. En su sitio web, tienen una lista del libro de los diez primeros hechos acerca de los padres:

1. Veinticuatro millones de niños (34%) viven ausentes de su padre biológico.
2. Casi 20 millones de niños (27%) viven en hogares con su madre soltera.
3. En el 2000, 1.35 millones de nacimientos (33% de todos los nacimientos) ocurrieron fuera del matrimonio.
4. El 43% del matrimonio de quienes se casan por primera vez, se disuelve dentro de quince años, alrededor del 60% de parejas que se divorcian, tienen hijos, y aproximadamente un millón de niños experimentan el divorcio de sus padres cada año.
5. Más de 3.3 millones de niños viven con un padre que no está casado y con la pareja que cohabita con el padre. El número de parejas que cohabitan con niños casi se ha duplicado hoy desde 1990, de 891,000 a 1.7 millones.
6. Los padres que viven con sus hijos son más probables a tener una relación cercana y duradera con sus hijos en comparación con aquellos que no. El mejor pronóstico de la presencia del padre es el estado civil. En comparación con los hijos que nacen dentro del matrimonio, los hijos que nacen cuando los padres sólo cohabitan son tres veces más probables a experimentar la ausencia de su padre; y los hijos que nacen de padres no casados y que no cohabitan son cuatro veces más probables a vivir en un hogar donde esté ausente el padre.
7. Alrededor del 40% de niños que viven en hogares donde el padre está ausente, no han visto a su padre para nada durante este año; el 26% de padres ausentes viven en un estado diferente que sus hijos; y el 50% de niños que viven ausentes de sus padres, nunca han entrado en la casa de su padre.
8. Los hijos que viven ausentes de sus padres biológicos, por término medio, son al menos dos a tres veces más probables a ser pobres; a usar drogas; a experimentar problemas educativos, de salud, emocionales y de comportamiento; ser víctimas de abuso infantil y actuar de manera criminal a comparación con niños que viven con sus padres biológicos (o adoptivos) y casados.
9. De 1960 a 1995, la proporción de niños que viven en hogares con una madre soltera aumentó el triple, de un 9% a un 27%, y la proporción de hijos que viven con padres casados disminuyó. Sin embargo, de 1995 al 2000, la proporción de hijos que viven en un hogar con una madre soltera disminuyó un poco, mientras que la proporción de hijos que viven con dos padres casados permaneció estable.
10. Los niños que tienen padres amorosos e involucrados, son significativa-

mente más probables a salir bien en la escuela, tener una autoestima saludable, mostrar empatía y un comportamiento pro social, y evitar comportamientos de alto riesgo como el uso de las drogas, el ausentismo y la actividad criminal comparados con los niños que tienen padres que no se involucran con ellos.[1]

Es un poco difícil leer esa lista de los diez hechos principales y no lamentar el estado de la familia y la paternidad de hoy en día en Estados Unidos. Sería difícil encontrar un padre que se proponga ser un mal padre. Pero las cosas no siempre resultan como las planeamos. Afortunadamente, Dios se ha comprometido a dirigir el corazón de los padres hacia sus hijos y el de los hijos de vuelta a sus padres (ver Malaquías 4:6).

LO QUE SER UN PADRE SIGNIFICA PARA LOS HOMBRES

Los botanistas capacitados así como los jardineros de fin de semana saben algo que se aplica a la paternidad, y eso es referente al propósito de las plantas. Hay algo en la tierra que cubre nuestro planeta que es fundamental para la salud humana, y ese algo son los minerales (calcio, hierro, magnesio, potasio, zinc, y de más). Los científicos han identificado más de cien elementos de los cuales nuestro planeta está construido (el temible tabla periódica que usted tuvo que memorizar en la clase de ciencia o física en la escuela preparatoria), y los cuales toda vida animal debe consumir para poder sobrevivir. (Recuerde que Adán fue creado del polvo de la tierra, Génesis 2:7). El reto es sacar los minerales de la tierra y meterlos al cuerpo humano. Con ese fin, alguna gente de monte se ha dado a la práctica de comer una cucharada de tierra fértil y natural todos los días. Desgraciadamente para ellos, este remedio casero no funciona, ya que el cuerpo humano no puede absorber los químicos en su estado mineral.

Ahora hablemos de la planta. Cuando una planta manda sus raíces profundamente a la tierra, tiene la habilidad de absorber moléculas de los elementos químicos de la tierra. Esos elementos moleculares viajan por las raíces, suben por el tallo, salen a través de las ramas y entran en esa jugosa manzana o el tomate que tanto le encanta comer. Por lo tanto, con el riesgo de exagerar, podemos decir que el reino de la flora es el vehículo de Dios para entregar químicos (minerales) que sustentan la vida de la tierra al reino animal. Las plantas, ya sea pasto o frutas y verduras, son un intermediario temporal, un aparato de transmisión para trasladar los elementos químicos de un lugar a otro. Un plan brillante desde la mano creativa del Creador.

En esa misma vena, Dios ha inventado otro aparato temporal de transmisión, una manera de transmitir verdad de su corazón a los corazones de jóvenes adultos que se están desarrollando. Y ese aparato de transmisión es el tema de este capítulo: la paternidad. Utilizo ese término en el sentido bíblico, no como una exclusión a las madres, para enfocar el papel que la Biblia, al parecer, asigna a los padres (especialmente en el Antiguo Testamento) de criar a sus hijos en la educación y amonestación del Señor.

Piense en esto: se les asigna a los padres la tarea de ser mentor y tutor a uno o más adultos que están en desarrollo por alrededor de dieciocho años. Un proceso continuo de transmisión está sucediendo a través de muchos medios durante ese tiempo: la enseñanza, la corrección, el ser un ejemplo, el responder, el desafiar, el disciplinar, todos en un contexto de amor. El propósito del padre durante esas dos décadas de dirección es preparar a un niño para convertirse en adulto, a ser un conducto de verdad del corazón de Dios al corazón del niño. Ya para cuando el niño es un joven maduro, él o ella debe comenzar a hacer "el giro", girar sus ojos de su padre terrenal hacia su Dios Padre. Ese es el propósito completo: mostrarle a los niños cómo es Dios para que se suelten de las manos de sus padres, estrechen sus manos, agarren la mano de Dios y caminen con Él por el resto de su vida adulta. Existen varias implicaciones críticas en ese proceso:

1. El papel de padre no es opcional.
Piense en el ejemplo de la planta. Si la planta no existe, ¿cómo es que los minerales salen de la tierra y entran al cuerpo humano? No lo hacen, y el reino animal muere. Si un padre no está presente para hablar de parte del Dios Padre a los niños que se están desarrollando, ¿cómo oirán su verdad? No voy a ser melodramático y decir: "No lo escuchan y los niños mueren". Hay otras maneras en las que los niños pueden aprender de la vida y Dios, especialmente a través de miles y miles de madres solteras que temen a Dios, quienes laboran fielmente para enseñarles a sus hijos un panorama mundial bíblico. Pero incluso las madres saben que su amor y sus esfuerzos no son suficientes, que sus hijos necesitan la influencia de una presencia masculina que equilibre. Y de nuevo, gracias a Dios por los hermanos, tíos, abuelos y demás que temen a Dios y quienes se ponen en la brecha por los niños. Pero esas excepciones comprueban la regla: el papel de padre no es una opción.

2. El papel de padre es temporal.
Cuando un padre está pasando por el proceso de criar a sus hijos, parece ser todo menos temporal, pero lo es. Nosotros los padres tenemos de quince a veinte años para impactar a nuestros hijos con la verdad de Dios antes de que nuestro papel cambie de maestro y motivador a ser consejero y asesor. Y por si eso no lo atemoriza lo suficiente, recuerdo una declaración del Dr. Paul Meier en *Christian Child-Rearing and Personality Development* (La crianza cristiana de los hijos y el desarrollo de la personalidad) que dice que el 90% de la personalidad de un niño se ha establecido a los seis años de edad. Cada día es importante. Cada día que pasa es un día que los padres están impactando a su hijo con alguna idea de lo que se trata la paternidad, ideas que influenciarán grandemente su entendimiento de lo que se trata la paternidad de Dios. Las plantas son temporales, el ciclo de las temporadas les permite dar fruto y después expirar. El ciclo de un padre es de quince a veinte años. Lo que no se haya transmitido en esa época se habrá perdido.

3. El papel de padre es halar, no empujar, hacer que tengan hambre, no alimentar a la fuerza.

Una planta no tiene corazón, ni bomba para forzar los químicos a avanzar de sus células y venas hasta el fruto. De alguna manera misteriosa, tipo capilar, los químicos viajan desde la tierra hasta el fruto donde son depositados, esperando ser consumidos. Los padres tienen que crear un ambiente en donde la verdad entra en el niño porque tiene hambre. En la época de la Biblia, las madres metían un dedo en el jugo de un dátil y lo ponían en la boca de un recién nacido para estimular el reflejo para mamar antes de acercar el bebé al pecho. La palabra hebrea para "instruye" en Proverbios 22:6 ("Instruye al niño...") es una palabra basada en esa idea, la noción de que la instrucción de un niño involucra el estimular su deseo por conocer la verdad y finalmente conocer a Dios.

4. El papel de padre es ser una vía abierta.

A diferencia de Norteamérica, que en la mayor parte ha perdido su superficie del suelo rico en minerales a través de la erosión y malas prácticas agrícolas, no hay deficiencia de verdad con Dios. Sin embargo, aun en la mejor tierra, una planta puede contraer una enfermedad y fallar en su propósito, así como también los padres. Podemos tener acceso a toda la verdad que nuestros hijos necesitan, al conectarnos nosotros mismos con el corazón de Dios. La pregunta es si somos lo suficientemente puros, lo suficientemente fuertes, lo suficientemente presentes y llenos de esa verdad para poder transmitirla en el tiempo que nos es asignado.

5. El papel de padre es ser un mayordomo.

Esta palabra bíblica se utiliza para reflejar la idea de administrar algo por alguien más. Un mayordomo era un sirviente confiable del hogar y la cabeza del hogar ponía en sus manos la responsabilidad de administrar sus propiedades, los otros sirvientes e incluso sus finanzas. El mayordomo no era dueño de nada y no tenía ninguna autoridad que no le fuera otorgada por su amo. Así es también con un padre que es el mayordomo de los hijos que Dios le dio para cuidar. No tenemos los hijos para quedarnos con ellos, sino para instruirlos en los caminos de Dios. Todo lo que se necesita para la tarea es provisto por Dios, pero es el trabajo del padre y mayordomo elegir e introducir los elementos correctos en el momento correcto. Así como una planta sabe cuáles químicos debe sacar de la tierra y entregar al fruto, así también un padre sabe cómo administrar lo que ha sido dejado a su cuidado.

6. Finalmente, el papel de padre es ser un líder y sirviente.

Una planta no es un aparato utilitario. Proporciona sombra, belleza, subproductos, refugio para algunas partes del reino animal y mantiene la tierra en su lugar con sus raíces. Pero finalmente, toda planta sirve para un sólo propósito en la vida: reproducirse. Todo lo demás que una planta hace es subsidiario a esa meta. El fruto de una manzana o tomate contiene las semillas preciosas que aseguran la supervivencia de la planta y la reproducción en la siguiente temporada. Con ese mismo fin, mientras que un padre logra muchas otras tareas benéficas y nobles en su vida, todo lo que está dentro de él está adaptado para servir el final de la reproducción espiritual, de mandar a jóvenes adultos al mundo quienes no son como él, sino como Dios.

DIRECCIONES NUEVAS

Obviamente, este capítulo no es un manual de "qué debe hacerse" para ser un buen padre. Es un intento de distanciarse de los árboles una vez más y volver a ver el bosque con una mirada fresca, recordarnos a nosotros mismos del cuadro grande en el cual los padres han sido llamados por Dios. Con ese fin, déjeme sugerir tres cosas en que todos nosotros como padres nos podemos enfocar hoy, y todos los días, que son absolutamente obligatorias para realizar los propósitos de Dios en la vida de nuestros hijos.

En primer lugar, los padres deben amar a Dios. Como ya dije anteriormente, no creo que existan hombres que se proponen en su corazón hacer un mal trabajo como padre. Pero hay *multitudes* de nosotros que tiene la idea de que de alguna manera nuestros hijos serán educados con poco de nuestra participación personal. Creemos que al llevar a nuestros hijos (o en muchos casos, enviarlos) a la iglesia, la escuela, e involucrarlos en varias actividades, nuestros hijos saldrán bien. Y desde la perspectiva de "toda verdad es la verdad de Dios", en efecto, nuestros hijos aprenderán mucho de lo que se necesita para sobrevivir en esta vida, e incluso, hasta cierto punto, tener éxito. Pero la única manera que un padre puede estar seguro de que su hijo aprenderá las verdades más importantes de la vida, verdades con respecto a vivir bajo el señorío de Dios, es al conocer esas verdades él mismo y asumir la responsabilidad de transmitirlas a sus hijos. Un padre no puede dar a sus hijos lo que él mismo no posee.

En segundo lugar, los padres deben amar a sus propios padres. Hay millones de hombres en nuestra cultura caminando heridos quienes nunca recibieron el amor, la verdad y la afirmación que necesitaban de sus padres, quienes no fueron equipados para reproducir jóvenes adultos sanos y completos y liberarlos al mundo. Existen heridas y llagas abiertas que deben sanar y una conclusión que se debe obtener para poder detener el ciclo de disfunción. Los hombres que no son queridos por sus padres, no pueden amar a sus propios hijos. Y cuando un padre no puede o no quiere proporcionar ese amor, los padres deben obtenerlo de Dios mismo. Los padres deben encontrar sanidad para su propio corazón rotos para evitar romper el corazón de sus hijos.

En tercer lugar, los padres deben amar a su esposa. Más adelante en el libro, hago mención sobre el principio de que la cosa más grande que un padre puede hacer por sus hijos es amar a su madre incondicionalmente. En ese amor, los niños observan lo que significa proveer y proteger al amor de la vida del esposo; y las niñas observan el tipo de hombre con quien deben intentar de pasar el resto de su vida. La paternidad es una asociación. Así como el hombre y la mujer en el Jardín de Edén fueron creados a imagen de Dios, así también se requiere de un hombre y una mujer en un matrimonio para representar adecuadamente a Dios en su plenitud a los niños que apenas lo están conociendo. Nada amargará más a los niños hacia Dios que vivir con una madre que se ha vuelto resentida por los afectos insensibles de su padre. La contradicción, la desconexión que esto establece en el corazón de un niño, es una amenaza a la vida espiritual y emocional.

Si nosotros como padres fijamos nuestro corazón en estos tres amores, los varios detalles de educar a los niños encontrarán su propio lugar en su propio tiempo. El tratar de realizar los detalles sin el contexto de estos amores es como girar una rueda sin lubricación. En su debido momento, se detendrá ruidosamente.

CONEXIONES NUEVAS

No me gusta terminar con un ejemplo negativo, pero en la siguiente historia real, el observador le da una interpretación profética que hace que su significado para los padres y sus esposas, sea manifiesto de inmediato. El portavoz es Weldon Hardenbrook, como lo dijo en el capítulo que escribió para el muy respetado volumen de *Recovering Biblical Manhood and Womanhood: A Response to Evangelical Feminism* (Recuperando la vida adulta de los hombres y las mujeres de manera bíblica: una respuesta al feminismo evangélico). Su capítulo se titula "Where's Dad? A Call for Fathers with the Spirit of Elijah" (¿Dónde está papá? Un llamado a los padres con el espíritu de Elías):

Hace tiempo, estaba con un amigo manejando a casa desde Los Ángeles. Era el mediodía, y veníamos bajando una cuesta empinada. Delante de nosotros, iba una camioneta con una familia. La madre estaba manejando, y el padre estaba junto a ella en la cabina. En la parte de atrás de la camioneta, iban cuatro niños pequeños. Tenían una canasta con comida para un día de campo, cañas de pescar. Era obvio que los niños estaban muy emocionados porque se iban de vacaciones.

De repente, una de las llantas traseras se desprendió. La camioneta giró bruscamente a la derecha, y salió disparada a un precipicio de sesenta pies. Mi amigo y yo éramos los únicos ahí. Detuvimos nuestro automóvil y comenzamos a bajar la colina. Corrimos hacia los niños, haciendo todo lo posible. Todos estaban inconscientes.

La madre estaba gravemente herida. Parecía que se había fracturado ambas piernas y la pelvis. Pero comenzó a arrastrarse sobre su estómago hacia cada niño. No se lo pudimos impedir. El padre tampoco la pudo detener, aunque lo intentó. Él estaba en la mejor condición que todos, pero permaneció en la camioneta y le gritó a su esposa que se detuviera.

La escena está por siempre grabada en mi memoria. Me dice algo acerca de los padres de nuestro país. Los niños en Estados Unidos están heridos, esparcidos por nuestras ciudades. En demasiados casos, sus padres los están dejando al cuidado de sus madres. Los niños necesitan que su padre se salga de la camioneta y se una con su madre para cuidarlos. Los padres en este país necesitan tener una pasión por Dios extraordinaria y ser consumidos con la visión de la paternidad responsable al grado de no permitir que se interponga ningún obstáculo en el camino hacia la sanidad de la familia.

Este era nuestro reto más grande al final de siglo XX: girar el corazón de los padres hacia sus hijos para que, como promete el profeta, el corazón de los hijos regrese a ellos.[2]

Que Dios les dé gracia a los padres dondequiera que estén para que se rindan al espíritu de Elías, que ha sido enviado al mundo antes de que venga el día del Señor (Malaquías 4:5-6), que el corazón de los padres y los hijos se vuelva de nuevo el uno al otro.

SECCIÓN 2

SECRETOS RELACIONADOS CON LOS SENTIMIENTOS

Capítulo 7

COMPARTIR LO QUE ESTÁ
POR DENTRO

Dan amaba a su esposa y nunca le sería infiel, pero una mujer en su trabajo le interesó. Era hermosa, y se mostraba interesada en él. Ella pasaba por su oficina para platicar siempre de temas inocuos como sobre su novio o la esposa de Dan. Pero la presencia de esta mujer se había vuelto un factor en la vida de Dan. Él no sabía qué hacer, pero logró reducir sus opciones a dos: reducir la tensión de la situación al hablar al respecto con su esposa, incluirla y buscar su ayuda para resolver sus sentimientos o mantenerse callado acerca de la situación y sus sentimientos para no amenazar a su esposa.

Decidió hablar con su esposa, para invitarla a entrar en la situación como su aliada. Una noche, después de cenar, cuando los hijos estaban en la cama y ambos estaban solos en la cocina, abordó el tema de la manera más cuidadosa que él sabía. Reafirmó su amor por su esposa, pero le dijo que quería que estuviera enterada de que había una mujer en el trabajo mostrándose interesada en él. Tratando de ser honesto, le dijo a su esposa que la mujer era atractiva y que él se había sorprendido del hecho de que esperaba ansiosamente platicar con ella.

Hasta ese momento, su esposa lo estaba apoyando. Pero cuando le dijo cómo se sentía con respecto a las visitas de la mujer a su oficina, comenzó a llorar y corrió a su habitación. Ella estaba inconsolable, y él terminó por pasar la noche en el sillón de la sala. Naturalmente, concluyó que había cometido un error gigantesco al revelar lo que estaba sucediendo en el trabajo, y aun más importante, sus propios sentimientos acerca de los sucesos. Mientras deseaba poder retractar toda la conversación, decidió que nunca volvería a arriesgar ese tipo de honestidad.

Se mantuvo fiel a su palabra, y al mes se había acostado con la mujer del trabajo. Solo sucedió una vez. Pero determinó que "caigo una vez, pero no dos" era una buena razón para no decirle nada a su esposa.

LO QUE SABEMOS DE LA (MALA) DISPOSICIÓN QUE TIENEN LOS HOMBRES PARA HABLAR DE SUS SENTIMIENTOS

Para muchos hombres, el mundo no es un lugar seguro para compartir sus sentimientos. En su libro *When Men Think Private Thoughts* (Cuando los hombres tienen pensamientos privados), Gordon MacDonald cuenta haber sido invitado a ser conferencista en un retiro para hombres. Al inicio de una sesión, le dijo a un grupo de cientos de hombres que, después de concluir su plática, iba a hacer una invitación. Cualquier hombre que sentía que Dios le estaba hablando acerca de asuntos importantes de la vida, podía acercarse al frente del salón para que se orara por él. Y los amigos de este hombre también serían invitados a ir y orar con y por él.

MacDonald dio —en su opinión— una mala plática, titubeante y poco convincente, y estaba seguro de que habría muy poca respuesta de los hombres. Pero cuando hizo la invitación, estaba impactado al ver montones de hombres llegar al frente para orar, y muchos más vinieron a orar con ellos. Cuando todos habían llegado, le dio permiso al resto del público para retirarse, y permitió que el auditorio se convirtiera en un salón de oración. Él salió por una puerta a un lado del auditorio para respirar un poco de aire fresco y pedirle perdón a Dios por su falta de fe.

Cuando regresó al auditorio, estaba impactado por lo que vio. Parecía que ni un hombre se había ido. Los hombres estaban esparcidos por el salón en grupos de dos, tres y cuatro. Hubo dos cosas que lo impresionaron: las lágrimas y la intimidad. Hubo hombres que hablaban, derramaban lágrimas, oraban, se abrazaban y agarraban los unos a los otros. En las propias palabras de MacDonald: "Recuerdo que me paré ahí en un estado de sorpresa completa. Nunca antes había visto algo así en una situación espiritual. Recuerdo que pensé, casi en voz alta, que hay dos cosas que los hombres necesitan desesperadamente los unos de los otros que, generalmente hablando, no están recibiendo ni dando: *permiso para expresar sus sentimientos más profundos el uno al otro y la libertad para ser afectuosos.*[1]

Esta experiencia, y las observaciones de Gordon MacDonald con respecto a la misma, confirma la falacia de un estereotipo común en cuanto a los hombres, saber que los hombres no tienen sentimientos profundos, punto. Mientras que algunas personas (está bien, algunas mujeres) creen esa noción, otro grupo de mujeres cree que los hombres no tienen sentimientos profundos con respecto a otras cosas que no sean el trabajo, los deportes, las pistolas, los automóviles y otros temas tradicionalmente masculinos. Pero aquí tenemos lo que un tercer grupo de mujeres (la mayoría) mantienen como verdad: los hombres tienen sentimientos profundos con respecto a muchas cosas, la mayoría de las cosas de las cuales las mujeres tienen sentimientos profundos, pero no saben cómo expresarlos o no están dispuestos a expresarlos.

Los hombres te dirán que este último grupo de mujeres está en lo correcto. Los hombres si tienen sentimientos profundos. Vemos a soldados en el campo de batalla que derraman lágrimas por la pérdida de un compañero. Vemos a atletas por jubilarse que se ponen a llorar, al despedirse de sus admiradores. Vemos a padres derramar lágrimas en el nacimiento de sus primeros hijos o el primer concierto de sus hijas. Vemos a hombres que apenas pueden controlar sus emociones cuando entregan a su hija en el altar. Y vemos a hombres alborotados con enojo cuando se encuentran ante una injusticia en el mundo.

Lo que sí es único de los hombres es que comúnmente se requiere de un evento precipitado para desencadenar la liberación de sus sentimientos. Cuando ningún evento así ha sucedido, los hombres actúan como si "los asuntos fueran de costumbre". Sin embargo, para las mujeres, la vida en sí es un evento precipitado. Casi siempre están dispuestas a y con la habilidad de revelar cómo se sienten acerca de la vida, y se frustran que sus hombres no están dispuestos a o con la habilidad de revelarlos.

Aparentemente, la mayoría de los hombres, si no están molestos por el hecho, por lo menos están de acuerdo con la percepción de que "les es difícil hablar de sus sentimientos". En nuestra encuesta a 3,600 hombres, un total de 52.7% estaba de acuerdo con esa declaración. Lo curioso es que un porcentaje más alto de hombres cristianos (53.5%) estuvo de acuerdo a comparación con hombres no cristianos (50.4%). Mientras que la diferencia tal vez represente el margen de error en la encuesta, nos hace preguntar por qué los hombres cristianos no resultaron "mejor". Es decir, ¿por qué no se sienten más cómodos hablando de sus sentimientos? En una religión que coloca gran valor en la honestidad, la aceptación y el perdón, pareciera que la franqueza de expresión sería de mucho más valor entre los hombres cristianos que entre los hombres en general.

LO QUE HABLAR DE LOS SENTIMIENTOS SIGNIFICA PARA LOS HOMBRES

Es conocimiento común entre las mujeres que hay dos cosas que los hombres nunca hacen: los hombres nunca hablan y nunca escuchan. Si eso es verdad, no estoy seguro qué es lo que nosotros los hombres hacemos la mayoría del tiempo. Eso es como decirle a alguien que está parado frente de usted: "Usted no está aquí". Nosotros respondemos: "Estoy aquí ahora". "Pero no me refiero a eso", dirán nuestras mujeres. Por lo visto, no.

Cuando las mujeres les dicen a sus hombres que "ellos [los hombres] nunca hablan", y los hombres responden diciendo: "Estoy hablando ahora", obviamente esa es la respuesta equivocada. Un hombre se está refiriendo al acto físico de forzar que el aire pase por su laringe para que sus cuerdas vocales vibren y produzcan sonidos reconocibles. Sin embargo, una mujer se refiere al acto de comunicar sentimientos a través del medio de hablar.

Para los hombres, el hablar es un medio para llegar a un fin, el camino más corto desde el punto A hasta el punto B. El hablar es algo que hacemos para lograr algo importante. Para las mujeres, el hablar es un fin en sí, un viaje hermoso y relajado. El viaje es el destino; es lo más importante. Una conversación puede ser interrumpida en cualquier momento y todavía ser un éxito porque no se trataba de llegar a algún lugar más allá de la conversación en sí. Para las mujeres, cada asunto que se comparte en una conversación representa el destino de intimidad, la proximidad y de simplemente compartir la vida. Los hombres no se oponen a lograr esas metas; simplemente no las logran con normalidad, al compartir sus sentimientos espontáneamente.

Una excepción a esa regla tal vez sea David Bentall, ex dueño de una tercera generación de un conglomerado respetado de una empresa de construcción en Vancouver, British Columbia, quien ahora es un asesor y entrenador de vida para ejecutivos de negocios. En una reunión de cincuenta hombres de negocios exitosos, se le pidió a cada uno que se describiera a sí mismo utilizando sólo tres palabras. Después de pensarlo cuidadosamente, Bentall eligió *fe, integridad y transparencia*. La fe e integridad fueron bien aceptadas, pero recibió algunas miradas con la transparencia. Él explica:

"Al parecer, la transparencia era una noción tan extraña para esos hombres que ellos pensaron que seguramente me había equivocado en mis pensamientos. Cuando se terminó la sesión, varios se acercaron para decirme: 'Realmente no quisiste usar esa palabra, ¿verdad?'. ¡Algunos pensaron que me estaba refiriendo a mí mismo como invisible! El diccionario define *transparente* como "abierto, sincero o franco", y yo definitivamente quiero ser así. Entonces sí, realmente quise usar transparente".

En un pequeño grupo de contabilidad de hombres con el que se reúne Bentall, los otros miembros suelen decir que siempre saben lo que está sucediendo con él. ¿Por qué? Porque es un hombre que obviamente no tiene miedo de expresar sus sentimientos.[2]

Este no es el caso con todos los hombres. El Dr. H. Norman Wright, consejero y autor célebre, ha tomado encuestas hechas por él por muchos años en iglesias y conferencias, y ha recopilado los resultados. A continuación, tenemos lo que varios hombres dijeron, en sus propias palabras, acerca de qué es lo que tienen miedo de platicar:

- "Los sentimientos profundos personales que tal vez nosotros mismos les tememos o no comprendemos."
- "Las necesidades o inseguridades, insuficiencias y tentaciones profundas."
- "En resumen, nuestras propias vulnerabilidades. En nuestra sociedad, se supone que los hombres deber ser fuertes, autosuficientes y tipos como Clint Eastwood. Los hombres se imponen esto sobre ellos mismos. Es difícil que los hombres muestren sus debilidades o vulnerabilidades, especialmente a las mujeres."
- "Los verdaderos problemas. Muchas veces, el carácter emocional de la mujer no le permite sólo *escuchar*. Ella comienza a hablar y empeora las cosas."
- "Los asuntos de los roles masculinos y femeninos. Los hombres tienen miedo de ser acusados de ser sexistas."
- "El envejecimiento, lograr las metas de vida, la mortalidad."

- "Los sentimientos de los hombres de inseguridad, de ser incompleto, de insuficiencia, la pérdida de control de familia y las situaciones, la falta de confianza en sí mismo y relacionados con errores del pasado."
- "Miedos personales e 'insuficiencias percibidas'. Cualquier tema que desencadena las inseguridades de mi esposa, que resultan en horas de discusiones defensivas para mitigar sus temores."
- "El riesgo es un factor grande en la relación de hombre y mujer. Los hombres se arriesgan en muchas áreas de la vida, pero solamente en áreas donde se puede apoyar en otros recursos. Para los hombres, el compartir los sentimientos presenta un riesgo con un abismo sin fondo, esperando por ellos si se resbalan."

Uno de los hombres que respondió a las encuestas de Wright era un abogado de leyes de familia quien había entrevistado a miles de hombres a lo largo de las décadas de práctica, preguntándoles específicamente acerca de asuntos legales matrimoniales. Aquí están sus conclusiones:

"Si hubiera una categoría para definir todos los temas que los hombres vacilan al hablar de ellos, sería en el área de las emociones. A los hombres no les gusta discutir sus dolencias, su estrés, su falta de logros y preguntas relacionadas con los niveles de energía. Por supuesto que todas estas cosas estarían bajo el título general de la incapacidad de expresar sentimientos personales."[3]

Sin importar si usted es un hombre o una mujer que lea las varias citas de los encuestados por Wright, probablemente está asintiendo la cabeza. Los hombres definitivamente están menos dispuestos a hablar de sus sentimientos y emociones que cualquier otra cosa. Pero hay dos factores que, al parecer, les dan a los hombres el permiso que necesitan para hablar: la confianza y el tiempo. Permitiré que Bentall explique ambos puntos claramente antes de ir más a fondo en ellas.

Los hombres y la confianza.

"La mayoría de nosotros no queremos contar nuestros secretos o experiencias más íntimas a nadie más que nuestros amigos más cercanos, con quienes hay un vínculo de confianza preexistente."[4] Bentall hace una observación excelente. Sin embargo, hay un círculo vicioso para cada hombre casado que se encuentra en este tipo de situación. Por un lado, ¿cómo va a saber él que puede confiar en su esposa sin revelarle sus pensamientos? Por el otro lado, él no acepta revelar esos pensamientos a alguien en quien no sabe si puede confiar. Para cualquier esposo que ha revelado a su esposa un secreto profundo y oscuro, sólo para descubrir que se lo contó a su mejor amiga o a un pastor o consejero, es probable que sea el último secreto que esa esposa escuche por mucho tiempo, tal vez para siempre. Los pensamientos más íntimos de un hombre son como los ritos secretos y los "placeres místicos" de una sociedad secreta de la Edad Media. Si no se ha ganado y recibido el escudo de armas, la clave y el apretón de manos secreto, entonces no puede entrar. Una vez que ha entrado, el violar el código del secreto es como dar el beso de la muerte.

Para poder romper el molde del círculo vicioso requiere que alguien tome el primer paso. Cuando un hombre toma la iniciativa al revelarle a su esposa algunos de sus sentimientos y temores, es una jugada riesgosa, porque no sabe qué tipo de ama de llaves será. Si pasa la información a alguien más, si toma a la ligera lo que le cuenta, si no aprecia lo que ha hecho su esposo al ser honesto o de otra manera pone los ojos en blanco (en sentido figurado o literal), de inmediato, se sube el puente levadizo. Ya no hay acceso a la sala sagrada donde se guardan los secretos de la sociedad.

Lo ideal sería que si un esposo comparte algo nuevo, difícil, personal o temeroso, su esposa responda con honradez, tratando con respeto sus palabras. Tal receptividad dice: "Esto va a entrar a la bóveda, y tu tienes la única llave. Estoy recibiendo esto no para compartirlo con todos mis amigos y pasar juicio sobre ti, sino para que sepas que me importa lo que piensas y sientes. No voy a comentar ni ofrecer mi opinión o reacción, a menos que tu me digas que está bien. Mi propósito es ser una extensión de ti, como si estuvieras hablando contigo mismo y reflexionando acerca de las cosas, sólo que lo haces en voz alta."

Los hombres y el tiempo.
Bentall dice: "A pesar de los beneficios de la transparencia, es un hecho que muchos hombres están dispuestos a compartir sus dificultades y luchas sólo cuando ya hayan pasado".[5] Permítame presentarle al Corolario de Arterburn: "La disposición de un hombre para hablar abiertamente de asuntos personales está correlacionada de manera inversa con la fecha de hoy". Dicho de otra manera, la probabilidad de que un hombre esté dispuesto a hablar de un asunto, experiencia, temor o pregunta seria o significativa *aumenta* con cada día desde el acontecimiento del asunto o la experiencia.

Es poco probable que los hombres lleguen a casa por la tarde y le digan a sus esposas: "Sabes amor, nuestro personal de recursos humanos hizo una presentación hoy con respecto a la planificación financiera y jubilación, y esto hizo que me diera cuenta que vamos muy atrasados en cuanto a ahorrar. De hecho, yo calculo que probablemente tenga que trabajar como uno de los que dan la bienvenida en Wal-Mart una vez me jubile, simplemente para que nos alcance el dinero. Esto realmente le da un golpe a las raíces de mi autoestima en cuanto a inteligencia, autodisciplina, la habilidad para planear y el éxito en mi vocación. Hace que me quiera mudar a otra cuidad para que no me avergüence cuando mis amigos que están cómodamente jubilados entren a Wal-Mart para comprar aparejo de pesca y una batería para el barco de sus casas junto al lago, y yo estoy regalando a sus nietos calcomanías con caritas felices y diciendo: 'Que tengan un bonito día'".

Obviamente, es dudoso que alguna vez escuche que un hombre sea tan descriptivo con cada aspecto de cómo un evento lo hizo sentir. Pero entre más tiempo tiene un hombre para pensar en los asuntos difíciles, una vez que ha disminuido el pánico, la vergüenza, la pena o el temor inicial, más estará dispuesto tal vez a platicar acerca de ellos.

Una esposa que entiende esto, entonces le dará tiempo a su hombre para procesar sus pensamientos y no presionarlo por una revelación cuando llega a casa con un humor preocupado o distante. Ella responderá con algo así: "Cariño, recuerdo que hubo un día la semana pasada que llegaste a casa del trabajo y parecías medio pensativo, tal vez un poco desanimado. Recuerdo que dijiste que hubo algún tipo de seminario en el trabajo ese día. Sólo me preguntaba si estaban relacionados, si algo sucedió ese día que causó que estuvieras de un humor pensativo. Si no es así, está bien. Sólo quería asegurarme que estabas bien".

La confianza y el tiempo. Esas dos condiciones tienen sentido común en su sencillez. Sin embargo, con mucha frecuencia se pasan por alto. Aun si las mujeres no comprendieran esto completamente, es importante que ellas acepten por fe que estos dos factores representan la realidad permanente de cómo la mayoría de los hombres viven y piensan. El vivir en unión con estas dinámicas, en lugar de tratar de negarlas, llevará a desacreditar la idea de que "los hombres nunca hablan".

DIRECCIONES NUEVAS

Un hombre que le escribió al consejero y autor Dr. Emerson Eggerichs, dijo esto acerca de su relación con su esposa: "Yo no me le revelé a ella. Me guardaba muchos de mis pensamientos, emociones y necesidades porque temía que me llevarían al fracaso si los decía en voz alta...Esto la estaba aislando...Yo creo que esto era una renuncia a mi responsabilidad. *He sabido por muchos, muchos años que la honestidad y la franqueza es la forma de Dios, pero no lo había aceptado hasta hace poco*" (las itálicas son mías).[6]

Siendo hombres, debemos acordar que no es buena cada emoción que sentimos, por ejemplo, el temor, la inhibición o la intimidación. Con frecuencia, sabemos que la honestidad y la franqueza es "la forma de Dios", pero luchamos para obedecer. Siguiendo la sugerencia penetrante del Dr. Larry Crabb, suelo preguntarme si Adán alguna vez le dijo a Eva: "Lo siento". Ahí estaba en el jardín, escuchando a Satanás tentar a su esposa y él no hizo nada para interferir, para evitar que ella se rindiera y los arrojara a los dos al caos. Como dice Crabb: "Él estuvo ahí y guardó silencio".[7] Me pregunto si Adán vivió su vida, que duró casi un milenio, sin nunca decirle nada a Eva de su vergüenza. Y me pregunto si nosotros los hombres modernos hemos heredado su silencio.

No tenemos que ceder a la tentación de guardar silencio. Podemos hablar con nuestras esposas con toda libertad. Y es importante que nuestras esposas reciban, con confianza y a lo largo del tiempo, lo que necesitamos y queremos decir. Sin embargo, antes de que podamos llegar a ese punto, los esposos tanto como las esposas deben aceptar el silencio que llena sus casas como una niebla, oscureciéndonos el uno del otro.

CONEXIONES NUEVAS

El estereotipo que mencioné anteriormente, que los hombres "nunca hablan y nunca escuchan", no es verdad. Asimismo, definitivamente no es verdad que los hombres no sienten. El problema es que no hablamos con nuestras esposas y las escuchamos tanto como debiéramos. Hablamos con otros hombres en retiros espirituales, incluso lloramos y nos confesamos con ellos. Y escuchamos atentamente en sesiones de estrategia relacionadas con el éxito del trabajo. Hablamos y escuchamos bastante.

El reto para dos personas que han pecado el uno contra el otro, traicionado la confianza del otro, alzado sus voces el uno hacia el otro y hecho otras miles de cosas que fácilmente podrían ponerle fin a la intimidad, es que establezcan nuevas maneras de conectar. Y a decir verdad, dos pecadores como estos son candidatos principales para establecer una relación abierta y transparente.

Cuando se trata de compartir abiertamente entre dos personas, estamos hablando de una amistad. En las palabras del Dr. James Houston, erudito y profesor de Oxford: "La amistad se construye a base de compartir mutuamente las debilidades de uno".[8] Cuando dos personas, incluso dos personas tan radicalmente distintas como un hombre y una mujer, están dispuestos a admitir sus temores y debilidades el uno al otro, de inmediato, toman juntos el elevador hasta el piso más bajo de condición común humana, un piso llamado "El estado de caída". Ahí, se han quitado todos los fingimientos, se elimina toda postura y se suprimen las suposiciones. Ahí, se pueden mirar el uno al otro con el tipo de comprensión que dice: "¿Qué queda para ocultar? Nos conocemos demasiado bien para creer algo que no sea la verdad. Hablemos. No hay nada que perder y todo por ganar".

Capítulo 8

SE BUSCA: SOLIDARIDAD ENTRE HOMBRES

Mientras escribo esto, estoy esperando con paciencia la llegada de mi hijo, Solomon Russell Arterburn. Constantemente, pienso en él, porque estoy ansioso de ser el padre de un niño pequeño. Si es la mitad de lo maravilloso que es ser padre de mi hija, será una experiencia muy buena.

Por supuesto, quiero lo mejor para mi hijo. Su segundo nombre es Russell en honor al lado de la familia de mi madre. Nunca conocí a su padre, mi abuelo Russell, pero quise que mi hijo llevara su nombre. He escuchado historias de mi abuelo y de cómo fue querido por muchos. Pero también tuvo secretos que nunca compartió. Entró en una depresión profunda y tuvo que ser llevado a una institución la cual no era un lugar muy maravilloso para estar. Le dieron terapia de electrochoque, que en realidad le ayudó por un tiempo. Pero la depresión regresó. Él había jurado que si alguna vez recaía no iría de vuelta a aquella institución. Y se mantuvo fiel a su palabra. La siguiente ocasión que comenzó a hundirse en su propia tristeza, se disparó a sí mismo y se mató.

Siempre me he preguntado cuáles secretos cargaba que fueron tan poderosos que no soportó enfrentarlos. También me he preguntado que habría sucedido si hubiera tenido unos cuantos grandes amigos hombres con quienes compartir aquellos secretos. Si hubiera tenido amigos hombres cercanos quienes cuidaran de él, yo se que hubiera conocido a mi abuelo. Nadie más que los hombres que han experimentado esto pueden entender el poder de salvación de dos o tres hombres en una amistad auténtica y transparente.

LO QUE SABEMOS DE LOS HOMBRES Y SUS RELACIONES CON OTROS HOMBRES

La mayoría de los hombres que son aficionados al fútbol americano conocen el nombre de Pepper Rodger, es casi un sinónimo de fútbol, especialmente en el ámbito universitario. Mientras fue el entrenador principal en la UCLA en 1971, Pepper Rodgers instaló la ofensiva "Wishbone", que ahora es famosa pero que en ese entonces tuvo resultados poco espectaculares. La UCLA perdió sus primeros cuatro partidos, ganó las siguientes dos, perdió las siguientes tres y empató en el último partido. La comunidad de la UCLA que estaba loca por el fútbol estaba bastante enojada con Pepper Rodgers. Los aficionados y antiguos alumnos estaban haciendo que su vida fuera miserable. Incluso su esposa le dio la espalda.

Años después, mientras comentaba de cómo incluso su esposa había estado en su contra durante esos días oscuros, Rodgers decía: "Mi perro era mi único amigo verdadero. Le dije a mi esposa que todo hombre necesita al menos dos buenos amigos. Así que me compró otro perro."[1]

Pepper Rodgers estuvo en una situación con la cual muchos hombres de hoy en día pueden relacionarse, aunque sea por razones diferentes. A él le faltaban amigos cercanos. Efectivamente, para muchos hombres, su perro labrador o pastor alemán se convierte en su mejor, y algunas veces en su único amigo verdadero, "alguien" con quien pueden ser reales sin la condenación.

Este capítulo se trata del secreto que "los hombres le temen a relaciones cercanas y autoreveladoras con otros hombres". Cuando los hombres que encuestamos respondieron a esa declaración, un poco menos del 37% estuvo de acuerdo. (Más hombres cristianos (37.3%) que hombres no cristianos (35.6% respondió positivamente). Si el un tercio y de más quienes respondieron afirmativamente a esa pregunta estuvieron leyendo cuidadosamente, entonces ellos son los que le temen a las relaciones autoreveladoras y cercanas con otros hombres. Si hubiéramos hecho esta afirmación: "No tengo amigos que describiría como cercanos, amigos con quienes descubro mi alma y les cuento mis secretos", las respuestas positivas probablemente hubieran sido más altas que un tercio. Después de haber estado en comunicación con miles de hombres en conferencias y consejería personal en años recientes, es mi sentir que los hombres en Estados Unidos prácticamente no tienen amigos, si es que definimos un "amigo" como una pareja de tipo pacto, un compañero del alma y un hermano.

El consejero cristiano Dr. Larry Crabb reportó, basado en una encuesta de 4,000 hombres, que sólo el 10% dijo que había alguien en su vida que admiraba como un padre, lo cual significa un mentor, un asesor o un modelo ejemplar a seguir. En la misma encuesta, sólo el 25% dijo que tenía un amigo, un compañero o un hermano con quien no sentía ninguna vergüenza. Crabb concluye: "Si esa encuesta es precisa, entonces noventa hombres de cada cien son hombres sin padres, sin un mentor. Setenta y cinco de los mismos cien hombres no tienen hermano. Son hombres que viven con secretos".[2]

Cuando Patrick Morley estaba investigando para su nuevo libro acerca de los hombres, le preguntó a una gran cantidad de hombres que completaran esta oración: "Mi necesidad más grande en el matrimonio es _____". Después de analizar las respuestas redundantes que fueron sometidas, él las resumió en dos temas principales: el compañerismo y el apoyo. Él escribió: "Por grados, la mayoría de los hombres son solitarios". Un hombre que él conoce, le dijo a su esposa: "Yo no tengo ningún amigo *verdadero* aparte de ti".[3]

¿No debería un hombre buscar compañerismo en su esposa? ¿No dice Génesis 2 que al hombre le fue dado una esposa?, no otro hombre. ¿No se supone que los dos se deben convertir en "una sola carne", que esencialmente significa que cumplen los papeles de compañeros del alma? Sí, sí y sí. Pero las palabras que el amigo de Morley le decía a su esposa, son las que explican por qué la mayoría de los hombres tienen tanta hambre del compañerismo de sus esposas. Si no fuera por sus esposas, ¡puede que no tuviesen amigos!

Yo creo que hay dos secretos obrando aquí. En primera, muchos hombres tienen miedo de tener amistades íntimas y personales con otros hombres. Y en segunda, muchos hombres están fingiendo que a ellos no les importa que no tengan ese tipo de amistades. Yo creo que a cada hombre le gustaría tener unos cuantos amigos muy cercanos con quienes podría ser transparente, vulnerable, verdadero y un confesor. Ya que son hechos en la imagen de Dios, sería poco natural que los hombres no quisieran eso en la parte más profunda de su alma.

LO QUE LAS RELACIONES CON OTROS HOMBRES SIGNIFICAN PARA LOS HOMBRES

El Dr. Warren Farrell, autor de éxitos de librería de varios libros acerca de los hombres, nos cuenta una historia de un hombre a quien él llama Ralph. Este hombre había pasado su carrera trabajando para subir la escalera ejecutiva hasta llegar a ser socio mayoritario de su empresa legal. Su esposa Ginny, recientemente emancipada y liberada, (en relación con el movimiento feminista) estaba emocionada por su participación en varios grupos feministas y por el "crecimiento" que estaba experimentando. De hecho, le dijo a Ralph que si no se involucraba en un grupo para hombres y comenzaba a crecer junto con ella, ella lo abandonaría.

Bajo tales órdenes, por el bien de su matrimonio, Ralph formó parte de un grupo varonil del cual había escuchado. Durante varias semanas, asistió sin contribuir. Entonces, una semana le dijo al grupo que le gustaría compartir algunos pensamientos, resultando en un monólogo prolongado acerca del estado de su vida, carrera, matrimonio y familia. Para resumir, dijo esto: "Siento que he pasado los últimos cuarenta años de mi vida trabajando lo más que puedo para convertirme en alguien que ni me gusta".

Luego añadió: "Estaba comentando algunas de mis dudas con unos cuantos de mis socios en el trabajo. Escucharon atentamente por algunos minutos, luego uno contó un chiste y otro se retiró. Finalmente, mencioné este grupo varonil, lo cual nunca debí haber hecho, y se rieron de mí hasta más no poder. Desde aquel entonces, he sido el blanco de muchos chistes: '¿Cómo están los de la mirada fija en el ombligo de los Estados Unidos, Ralphito?'

"De repente, me di cuenta que Ginny tiene toda una red de amigas con quienes puede platicar de todo esto. *Sin embargo, los hombres con quienes he trabajado por 17 años, sesenta horas a la semana, casi ni me conocen. Ni quieren conocerme"* (las itálicas son mías). Farrell observa que las palabras de Ralph permanecen como unas de las más importantes que jamás ha escuchado referente a la situación grave de los hombres.[4]

¿Cómo es que los hombres pueden coexistir con otros hombres por muchos años, trabajando a un lado de ellos en una oficina, almorzando juntos en los restaurantes, formando estrategias en las salas de juntas y nunca llegar más allá de la superficie de la vida y desarrollar vínculos que les permitan hablar de las áreas de su vida más profundas, más difíciles y más importantes? Claro que no hay una sola explicación sencilla. Pero sí hay categorías de respuestas que pueden ayudar a explicar por qué los hombres con "solitarios" por naturaleza.

La cultura.
El ciclo de crecimiento para los hombres en nuestra cultura está relativamente bien establecido y, por lo tanto, previsible. Mientras los hijos crecen, ven a sus padres irse a trabajar todos los días y regresar a casa por la noche cansados. Los niños no presencian a sus padres teniendo amistades íntimas con otros hombres (por ejemplo en una liga de boliche, un compañero para ir de pesca, un comité en la iglesia) porque, según papá, "simplemente no existe el tiempo ni el momento apropiado". La unión, la amistad que se logra entre padres e hijos se limita por el simple hecho de que están separados por diez a doce horas todos los días. En la escuela preparatoria, los jóvenes frecuentemente forman amistades profundas, y estas continúan o se sustituyen por relaciones masculinas igualmente cercanas en la universidad. Durante estos años, los jóvenes son solteros, aventureros, fuera de casa o trabajando y están libres para formar lazos y forjar amistades profundas con otros jóvenes. Pero después se enamoran, se casan, se comprometen seriamente con sus carreras, comienzan a tener hijos y el patrón comienza de nuevo.

La investigadora Gail Sheehy le hizo la siguiente pregunta a un grupo de oficiales con carrera militar durante una discusión de hombres en el Pentágono: "¿Cuántos amigos cercanos tiene usted, es decir, amigos con quienes puede confiar casi cualquier cosa?". Un oficial, quien confiadamente había afirmado con seguridad que sus prioridades en la vida eran Dios, luego su esposa y después sus amigos cercanos quienes son "absolutamente fundamentales", se impresionó con la pregunta. "Me impacté cuando me di cuenta que desde la universidad no he desarrollado ni un sólo amigo con ese nivel," admitió él.[5] Ahí lo tiene, Exhibición A: en la vida de muchos hombres, la universidad es la última vez donde tienen la experiencia de formar grandes amistades.

Se cita comúnmente que la revolución industrial tuvo complicidad en la desintegración de la familia estadounidense. Previo a ese periodo de transformación en nuestra historia, los padres comúnmente trabajaban en casa como granjeros o artesanos o en negocios cercanos donde sus hijos eran sus aprendices. El contacto entre padres e hijos era continuo. Pero cuando las fábricas comenzaron a salpicar el paisaje del campo, los hombres abandonaron sus granjas y negocios y comenzaron a pasar el día trabajando fuera de sus hogares. La desconexión que resultó entre hijos y padres fue notable en la evolución cultural.

Reconozco que simplifiqué demasiado lo que acabo de escribir. No estoy sugiriendo que antes de la revolución industrial los hombres adultos se la pasaban sentados en una granja en sus negocios hablando de sus sentimientos más íntimos, siendo mentores de este comportamiento para sus hijos. Pero lo que sí es cierto es que los hombres y los niños en Estados Unidos pasan menos tiempo juntos hoy en día que cualquier otro momento en nuestra historia. Compare esta norma cultural con lo que fue, y aún es, la norma en muchas otras culturas del mundo: el clan familiar. Bajo ese modelo, varias generaciones de hombres viven y trabajan juntos, compartiendo los gozos y las tristezas de la vida como un estilo de vida. Nada es oculto. Desde una edad temprana los niños aprenden lo que significa tener una relación cercana con otros hombres de sus padres, tíos y abuelos. Sigue siendo un hecho que la cultura estadounidense promueve una vida solitaria. Se requiere de mucho esfuerzo para que los hombres puedan vencer ese impulso y aprender a vivir una vida conectada.

Las emociones.
¿Alguna vez ha pensando por qué las reuniones universitarias y preparatorias son parte de la vida en Estados Unidos? No importando cual sea nuestra situación en la vida o nuestra ubicación física, comúnmente haremos el esfuerzo para reencontrarnos con nuestros antiguos amigos durante esos marcadores de diez, veinte y treinta años. Esto nos dice que vale la pena tratar de recuperar las conexiones que formamos y las emociones que experimentamos durante ese periodo de vida, aunque sea por sólo un fin de semana.

Los años de la escuela preparatoria y de universidad, fisiológicamente hablando, son los años de adolescencia y postadolescencia cuando las hormonas van a toda velocidad. Los niños se enamoran, se vuelven héroes en el campo atlético, viven la vida de *Animal House* (*casa animal*) con Bluto, Boon y Otter, se van de viaje en automóvil y hablan acerca del sexo. (Estoy recurriendo a mis recuerdos de la universidad de hace treinta años. Puede que las actividades hayan cambiado un poco desde entonces, pero el efecto es el mismo.) Los recuerdos y las experiencias que se quedan grabadas en la mente masculina durante ese periodo no se igualan a nada en esta vida. Y una parte de esta grabación tiene que ver con las amistades, una unión que rara vez se duplica en la vida. Pregúntele hoy a la mayoría de los hombres que quienes son o fueron sus mejores amigos y normalmente indicarán aquel periodo cuando estaban entre los 16 y 25 años de edad.

Los sentimientos fraternales que provienen de vínculos tan cercanos contribuyen decisivamente al desarrollo continuo de un hombre *a cualquier edad*. Desgraciadamente, al terminar la escuela preparatoria y la universidad, nuestra cultura dispersa a los jóvenes a los cuatro vientos. Se llevan consigo a sus esposas, pero dejan atrás a sus mejores amigos. Y el resultado es una necesidad emocional que nunca se satisface, haciendo que los hombres busquen dentro de sí mismos para apaciguar su deseo de compañerismo masculino a través del trabajo, los deportes, los pasatiempos, los aparatos y de más seudosatisfactorios.

El desarrollo.

En su obra famosa acerca de los hombres llamada *Iron John*, el autor y poeta Robert Bly destaca las costumbres de la gente Kikuyu en África. Cuando un niño llega a la edad viril, es llevado a un arbusto para ayunar por tres días y después es traído a un círculo de hombres. Cada hombre corta su propio brazo y deja que un poco de sangre se escurra a un tazón, del cual el iniciado bebe. Es una señal para el joven que la nutrición que anteriormente recibía de mujeres ahora lo recibe de hombres. Al comentar acerca de este ritual, Gordon MacDonald hace la siguiente observación: "La leche da nutrición y fuerza. La sangre proporciona el coraje y la visión del padre de uno y del padre del padre". Una niña permanece atada a las mujeres de la tribu e incluso su cuerpo le dice quien es ella cada 28 días. "Una niña es una mujer; su cuerpo lo dice así y las mujeres resuenan el mensaje. *Pero un niño es un hombre sólo cuando los hombres dicen que es así,*" concluye MacDonald (las itálicas son mías).[6]

¿Cuántas maneras existen en nuestra propia cultura para que los hombres les digan a sus hijos que se han convertido en hombres, que han entrado al círculo de sus padres y abuelos? Desgraciadamente, la mayoría de los padres y los abuelos no tienen un "círculo" al cual pueden invitar a sus hijos. Y si lo tuvieran, existen pocos rituales o ceremonias (tales como el Bar Mitzvah judío) para servir como un rito de pasar a una nueva etapa. Es difícil que un joven en las culturas occidentales pase de la adolescencia a la edad viril y que entre al abrazo y la amistad de otros hombres.

La mayoría de los hombres recuerda con cariño alguna experiencia que tuvieron como niños, en la cual fueron invitados a acompañar a sus padres y a un grupo de hombres en una excursión. Tal vez ir de cacería o quizás un viaje a un evento deportivo, incluso un viaje de negocios. El recuerdo de haber sido "uno de los hombres" está grabado a fuego de manera imborrable en la conciencia de un niño y por siempre sirve como lo más cercano que él puede recordar de haber sido invitado a convertirse en un hombre.

La familia.

Muchas de las costumbres de un hombre son simplemente imitaciones de su propio padre. Así como los famosos gansos jóvenes que se "marcaron" en un avión ultraligero y lo siguieron hasta el sur para pasar el invierno, así también los jóvenes se marcan en sus padres y duplican sus maneras en sus propias vidas. Si el padre de un hombre fue sociable con muchos amigos, si un hombre vio y escuchó a su padre hablar abiertamente de asuntos del corazón y del espíritu, si un hombre fue invitado a participar en el círculo de su padre donde fue testigo de hombres relacionándose a un nivel personal...entonces es muy probable que reproduzca esos mismos rasgos. Pregúntele hoy a cualquier hombre cuantos amigos cercanos tiene, y es probable que el número se aproximará al número de amigos cercanos que su padre tuvo.

Sabiendo que la mayoría de los hombres en nuestra cultura no fueron educados por padres que tenían amigos cercanos, se requerirá de una elección consciente para que los hombres de hoy en día rompan ese patrón y tengan relaciones íntimas y personales con otros hombres. La mentalidad de "hacerlo por los hijos" que se extiende por nuestra cultura hoy en día, requiere de que los hombres casi se conviertan en madres de hijos deportivos por el bien de sus hijos. Cada momento libre está dedicado a asistir a recitales, partidos, fiestas y a juntas de padres y maestros, a tal grado que los padres y las madres básicamente han abandonado sus vidas propias. La ironía es que una de las cosas más importantes que los hombres pueden hacer por sus hijos es permitirles ser testigos de su padre interactuando con otros hombres en relaciones saludables y cercanas e invitando de vez en cuando a sus hijos a participar en tales relaciones.

DIRECCIONES NUEVAS

Dave Phillips, un conferencista de motivación y ex miembro del equipo canadiense de esquí alpino, ha dicho que "después de la edad de los cuarenta, los hombres típicamente no tienen ningún amigo cercano".[7] ¿Entonces qué puede hacer un hombre? Puede hacer lo que David Bentall hizo. Cuando él y su comprometida estaban planeando su boda, se dio cuenta que no tenía ni un amigo hombre quien consideraba lo suficientemente cercano para pedirle que fuera su padrino de boda. La comprensión impactante se convirtió en el impulso para un cambio. Él identificó a dos hombres que conocía con quienes compartían su fe y valores y después de mucha oración, se acercó a ellos con la posibilidad de explorar y desarrollar amistades a largo plazo. Ambos respondieron de manera positiva, y los tres han mantenido una relación profunda y de confianza por varias décadas. De hecho, las perspicacias para el libro de Bentall llamado *The Company You Keep: The Transforming Power of Male Friendship* (Las amistades que mantiene: El poder transformador de la amistad masculina) resultaron de esa relación, el cual es un gran recurso para los hombres sobre el tema de la amistad.[8]

Todo hombre que no tiene por lo menos un amigo cercano se está perdiendo de las tres ventajas que el Dr. Larry Crabb describe en detalle que provienen de tener un amigo cercano o un grupo de amigos: (1) alguien con quien caminar a pesar de los fracasos, (2) alguien con quien explorar una visión para la vida y (3) alguien con quien enfrentar la oscuridad de nuestro mundo.[9]

Si usted ha necesitado razones para comenzar a buscar y edificar una amistad con otros hombres, las razones anteriores son de las mejores que va a encontrar.

La primera razón de Dios para resolver la soledad de Adán nunca ha podido ser mejorada: "No es bueno que el hombre esté solo" (Génesis 2:18). Le urjo a que no lo invalide por sus elecciones. La esposa de un hombre es la solución principal para su soledad, pero otros hombres están ahí para hacer lo que las esposas no pueden.

CONEXIONES NUEVAS

El hecho de que un esposo tenga amigos cercanos puede impactar de manera positiva cualquier relación de matrimonio. David Bentall le preguntó a su esposa, y a las esposas de sus dos amigos cercanos, que expresaran si la cercanía de las relaciones entre estos hombres ha amenazado su matrimonio. Las respuestas de las esposas fueron todo lo contrario:

- "Para nada me siento amenazada por eso, de hecho, me consuela. El compromiso de David a rendir cuentas a sus amigos me indica que le importa su vida lo suficiente para crecer, y cualquier crecimiento personal que él tenga nos ayudará a nosotros en nuestro matrimonio."
- "Yo sé que Bob obtiene un gran apoyo de sus amigos, y eso le permite amarme a mí y a nuestros hijos de una mejor manera."
- "Yo no puedo ser todas las cosas para mi esposo. Quiero que él tenga otras personas en quienes se puede apoyar para rendir cuentas y obtener perspectivas. Esto no impide que me rinda cuentas, ni impide que yo le dé mi perspectiva. Aprecio el saber que no estoy sola en ayudarle a ser todo lo que puede ser. No sé si he afirmado lo suficientemente fuerte, pero realmente valoro lo que sucede entre ustedes tres. Cuando Carson regresa a casa después de haber estado contigo, puedo ver que como resultado, tiene más energías y está más satisfecho. ¡Me encanta ver eso en él!"[10]

Las amistades de los hombres crean más conexiones que simplemente aquellas entre los mismos hombres. Conforme los hombres se vuelven más saludables, todas las otras relaciones en su vida se deleitan en el derramamiento de crecimiento en la madurez. Si es usted un hombre quien está leyendo esto y quiere que su relación con su esposa sea mejor, edifique relaciones cercanas con otros hombres (que tal vez, con el tiempo, llevarán a amistades con otras parejas). Si es usted una mujer, anime a su esposo a apartar tiempo para estar más unido con otros hombres. Con amor, plantéele todas las razones y los beneficios positivos que hemos abarcado en este capítulo de tener amistades masculinas. Y recuérdele que puede que él necesite tomar el primer paso; para obtener un amigo se necesita ser un amigo.

Parece extraño que cuando un hombre se aleja de su esposa para pasar tiempo con otros hombres, puede terminar por unir más a una pareja, pero es cierto.

CAPÍTULO 9

LLEVAR UNA VIDA SANA Y LARGA

Imagine a un hombre que tiene veintitantos años, con sesenta libras de sobrepeso, que es un fumador de dos cajetillas de cigarros al día, al parecer es alérgico al ejercicio, que posee un colesterol extremadamente alto y que está tomando un medicamento para la tensión arterial. Él está caminando hacia el sepulcro. Si no hace algunos cambios, tal vez nunca viva más allá de sus cuarenta y tantos años. De hecho, puede que ni logre vivir hasta los cuarenta.

Este hombre terminó por hacer algunos cambios, pero no por los motivos más puros. Fue pura y simple vanidad lo que lo motivó a hacer el ajuste. Estaba harto de parecer como una bola y un cerdo. Comenzó con pasos pequeños que podría mantener por el resto de su vida, en lugar de un cambio total y radical que sólo podría hacer que durara unas cuantas semanas o meses. Pero los cambios permanecieron, y estoy muy agradecido que así fue. Porque ese hombre, como tal vez ya adivinó, era yo.

Fue hasta después de que comencé a cambiar mi estilo de vida que empezó a importarme cambiar por los motivos correctos, por el bien de vivir una vida sana y productiva. Pase de la vanidad a la sanidad, y los resultados comenzaron a tener sentido. Conforme empecé a bajar de peso también me deshice del colesterol alto y la tensión arterial. Pero hubo dos cosas que obtuve: más energía y la esperanza de más años. En este momento, los estudios y los cálculos indican que viviré tres años más que el hombre promedio. A pesar de que si eso sea cierto o no, no soy el mismo hombre que era cuando tenía veinte años y no puedo estar más agradecido por estos cambios.

También estoy agradecido y animado por el número de hombres que veo que están haciendo cambios similares. Para los hombres, el pensar en morir a una edad temprana y no poder ver a sus nietos se vuelve una posibilidad muy dolorosa cuando llegan a la edad media.

LO QUE SABEMOS DE LA SALUD DE LOS HOMBRES Y SU ESPERANZA DE VIDA

El tema de este capítulo literalmente es un asunto de vida o muerte. Sin embargo, también refleja un grado de ingenuidad por parte de los hombres que participaron en nuestra encuesta.

Esta es la pregunta que les hicimos: "¿Está usted preocupado por los problemas físicos o de salud que podrían causar una muerte prematura?". Como respuesta, sólo el 34.4% de los 3,600 encuestados contestaron positivamente. Dada la condición física general de la población estadounidense, ese número me da la impresión de que es muy bajo. Quizás las personas que hicieron la encuesta hablaron con la tercera parte de hombres estadounidenses que diario están haciendo ejercicio, están delgados, tienen una buena figura y que todos los días están comiendo sus nueve porciones recomendadas de frutas y verduras. Pero en una encuesta al azar, eso es poco probable.

Quizás hemos sido tranquilizados a una complacencia por la tendencia ascendente general a lo largo del tiempo, en las estadísticas de esperanza de vida (los hombres de las cavernas vivían alrededor de veinte años, la gente occidental moderna tiene una duración de vida de 78 a 81 años).[1] Es cierto, los humanos están viviendo más tiempo. Pero la longevidad cronológica no dice nada en cuanto a la calidad de vida que disfrutamos mientras sobrevivimos. La meta de todos es morir como lo hizo Moisés: "Moisés tenía ciento veinte años de edad cuando murió. Con todo, no se había debilitado su vista ni había perdido su vigor" (Deuteronomio 34:7). Pero Moisés no vivió en Estados Unidos en el siglo XXI, donde la vida es muy distinta.

Para la tercera parte de hombres estadounidenses quienes se preocupan que los problemas de salud pudieran acortar o comprometer seriamente la calidad de su vida, tienen buenos motivos para estar preocupados. Lo único que necesita hacer es mirar las noticias por la noche para darse cuenta que el cuidado de la salud es el gorila de 800 libras que está sentado en la sala de nuestra vida.

A continuación es un panorama breve de algunos indicadores críticos en cuanto a la salud:

La obesidad

Esto ha estado en la pantalla del radar nacional durante los últimos años. The Centers for Disease Control (CDC) (Centros para el control de enfermedades) reportan que el 68.8% de los hombres entre las edades de 20 y 74 eran gordos durante el periodo de 1999 al 2002 (ser gordo significa tener un índice de peso corporal más de o igual a 25). Un poco más del 28% de esos hombres eran obesos (su índice de peso corporal era más de o igual a 30).[2] Aunque hace poco ha comenzado a ser criticado, el índice de peso corporal es la manera aceptada actual para determinar un peso saludable, ya que mide el peso como un corolario de la altura.

En la Internet existen bastantes calculadoras de índice de peso corporal donde puede determinar su propia marca en el índice. En general, el índice de peso corporal de una persona debe ser menos de 25. No obstante, puede que no esté de acuerdo con los resultados, ya que esta es una escala muy conservadora.

Sin embargo, los investigadores británicos originales, quienes inventaron el índice, investigaron a 7,700 hombres a lo largo de quince años y descubrieron que los que tenían un índice de peso corporal menor de 25 no tenían tantos problemas de salud.

El fumar.
Los CDC también reportan que el 24% de los hombres estadounidenses fumaba en el 2003.[3] ¿En verdad necesitamos decir algo con respecto al fumar? Aparentemente si, porque si nuestra encuesta de hombres al azar es una representación justa de la población masculina, entonces alrededor del 20% de ellos todavía fuma. Espero que todos esos hombres conformen parte del 34% que dijo que estaba preocupado por su salud en el futuro, ¡porque deben estarlo! Aparte de la lista larga de los problemas de salud que se agravan al fumar (el cáncer, un derrame cerebral, la hipertensión y otros), el simple hecho es que la duración de vida de un fumador también es afectada dramáticamente. Las estadísticas abundan con respecto al número real de años que se restan de la duración de vida cuando uno fuma. Si no fuera así, entonces ¿por qué el uso del tabaco es una pregunta garantizada en todas las solicitudes de seguro de vida y los exámenes médicos? El fumar es un asunto sobresaliente para los aseguradores, porque saben que es muy probable que uno muera más pronto si es que fuma. Sus contadores ajustan con precisión sus tablas de conteo para saber donde está la ganancia y expectativa de pérdida en sus pólizas de seguro. Y por cierto, si es usted un hombre fumador y obeso, pues buena suerte: puede anticipar perder casi siete años de su vida después de los cuarenta años de edad.[4]

El cuidado de la salud.
La mayoría de las personas se conmocionan al enterarse que el sistema del cuidado de la salud de América está entre las causas principales de muerte en los Estados Unidos, posiblemente la tercera causa principal (suceden 225,000 muertes al año basadas en errores por parte de doctores y hospitales, haciendo que sea la tercera causa principal de muerte después de las enfermedades del corazón y el cáncer).[5] Un artículo en el *Journal of the American Medical Association* (El Registro de la Asociación Médica Americana) del 2000, señaló que los Estados Unidos fue clasificado como el doceavo de trece naciones industrializadas, basado en 16 indicadores de salud tales como la duración de vida, la mortalidad infantil y otros.6 Cuando se trata de cuidados de emergencia, nuestra nación es la mejor. Pero en cuanto a cuidado de salud en general, somos casi el último entre naciones parecidas, a pesar del hecho que gastamos más dólares reales ($1.7 billones en el 2003) y un porcentaje más alto del producto interno bruto (15.3% en el 2003) en el cuidado de la salud que cualquier otra nación.[7] ¿Qué tiene que ver esto con usted? Simplemente esto: si usted está dependiendo del sistema estadounidense del cuidado de la salud para asegurar su longevidad, tal vez sea hora de tener un mejor plan.

El cáncer de próstata.

Este tema lo pongo por separado de todos los otros cánceres porque es el cáncer más común en Estados Unidos, con la excepción del cáncer de la piel. Lo que el cáncer de mama es para las mujeres, así el cáncer de próstata es para los hombres, sólo que es más predominante. Si usted tiene más de cuarenta años y no tiene bien colocado un programa de prevención de cáncer de próstata (por ejemplo, exámenes regulares de la próstata, una dieta baja en grasas, especialmente grasas animales, y abundante en zinc y selenio), entonces va muy atrasado. A partir del 2006, el cáncer de próstata afecta a uno de cada seis hombres en Estados Unidos. Observe lo que sucede con la tasa de frecuencia basada en la edad:

Edades menores a 40	1 de cada 10,000 hombres afectados.
Edades 40-59	1 de cada 38 hombres afectados.
Edades 60-69	1 de cada 14 hombres afectados.
Más de 65	Más del 65% de todos los casos de cáncer de próstata.

Si usted afroamericano, tiene un 61% más de probabilidad a desarrollar cáncer de próstata que un hombre caucásico, y es dos veces y medio más probable de morir a causa del mismo. Se duplica el riesgo para cualquier hombre con un pariente de primer grado (padre, hermano o hijo) que tuvo cáncer de próstata, y el riesgo se cuadruplica si tiene dos o más parientes como los mencionados.[8]

Estas son estadísticas que dan en qué pensar. Pero la buena noticia es que el cáncer de próstata crece lentamente cuando se limita a la próstata. Puesto que no se les hace una autopsia a todos los muertos, no se puede comprobar esta declaración general, pero se acepta como verdadera: más hombres morirán con cáncer de próstata que *por* cáncer de próstata. Sin embargo, una vez que se propaga más allá de la próstata, rápidamente se convierte en una amenaza de vida.

Todo esto es suficiente perdición y desolación para establecer este hecho: los temas de salud a los que se enfrenta un hombre estadounidense promedio son temas serios. Nuestros estilos de vida (sedentarios y estresantes), vicios (el fumar y el tomar excesivamente) y nuestra dieta (procesada y artificial) han creado probabilidades negativas para tener una buena salud. Afortunadamente, la salud puede ser impactada por cambios positivos en el estilo de vida y la dieta. Si es usted un hombre quien está leyendo este capítulo y le preocupa la posibilidad de una muerte prematura, entonces necesita hacer que la salud sea una prioridad. Si es usted mujer y quiere envejecer con su hombre, es hora de que se involucre en sus esfuerzos.

LO QUE LA (FALTA DE) SALUD Y ESPERANZA DE VIDA SIGNIFICA PARA LOS HOMBRES

Aprovechando que está en la Internet utilizando una calculadora de índice de peso corporal, también busque una calculadora de esperanza de vida. Las calculadoras de índice de peso corporal son estándares, así que una es igual a otra. Pero para las calculadoras de esperanza de vida, es mejor buscar una solamente en los sitios de la Internet de seguros o médicos de mejor reputación para poder encontrar las más precisas. Complete varias y saque el promedio de las lecturas. Son rápidas y fáciles de usar; las preguntas simplemente son acerca de su estilo de vida y su historia médica. Y aunque no son científicas ni están garantizadas (obviamente), estas calculadoras le darán una idea de su esperanza de vida. Lo que sería mejor aún, es que los esposos y las esposas usaran las mismas calculadoras, cada cual para tener una idea general de su duración de vida como pareja.

Eso me lleva a la primera consideración del por qué este tema es importante para los hombres: nosotros tenemos un temor legítimo a la muerte prematura y de dejar a nuestras esposas e hijos sin protección financiera (como comentamos en el capítulo 1). Dependiendo de la fuente, ya sabemos que en promedio, las mujeres vivirán de cinco a siete años más que los hombres. Así que aún si un hombre tiene una duración de vida promedio, es probable que su esposa pase otros cinco a siete años como viuda, al menos que se vuelva a casar. Espero que los recursos que la pareja tenía para sobrevivir entre la jubilación y la muerte del esposo sean adecuados para que la esposa pueda sobrevivir hasta su propia muerte.

¿Pero qué tal si el esposo muere en sus años cuarenta o cincuenta? En Estados Unidos, ya no nos conmocionamos cuando escuchamos que un esposo y padre joven murió repentinamente a causa de un ataque cardiaco antes de su quincuagésimo cumpleaños. Mientras que un pago grande del seguro de vida puede aliviar algo del estrés económico inmediato, nada puede compensar por completo una pérdida como esta de manera emocional o monetaria.

Otro temor que tienen los hombres es la pérdida de movilidad o capacidad mental, aun si tienen una vida larga. Los pacientes de Alzheimer, por ejemplo, con frecuencia viven hasta la edad de setenta u ochenta, pero pasan sus años de vejez sin conciencia de quiénes son ni dónde están. A los hombres no les preocupa tanto estar en esa condición, porque para ese entonces obviamente ya no tienen conocimiento de lo que está sucediendo. En lugar de eso, lo más preocupante es el pensamiento ahora de terminar en semejante condición en el futuro. Para un hombre, la idea de volverse loco y regresar a una existencia de infancia, donde le tienen que cambiar sus pañales y un encargado lo tiene que bañar, a lo más es debilitante y a lo peor es horrendo.

O quizás este mismo temor implica el cáncer de colon, de tener una colonostomía y ser forzados a cargar con una "bolsa" por el resto de su vida o puede ser la disfunción eréctil o la diabetes tipo 2 u otro tipo de cáncer o un desorden neurológico tipo Parkinson. Todas estas condiciones condenan a un hombre (en su mente) a una vida de discapacidad y para algunos, dependencia total de otros. Y él, definitivamente, no se apuntó para eso. Los hombres con algún tipo de enfermedad pueden aportar y aún lo hacen, y puede haber algo relacionado a un cambio de vida para muchos hombres, cuando tienen que aprender a vivir con su debilidad en lugar de su fuerza. Pero cuando se separan del bosque, los hombres siempre querrán verse como una secoya, no un pino torcido por las fuerzas de la naturaleza. Quieren que las palabras que Elifaz le dijo a Job se puedan aplicar a ellos: "Llegarás al sepulcro anciano, pero vigoroso, como las gavillas que se recogen a tiempo" (Job 5:26).

El seguro de salud de largo plazo e incapacidad se ha vuelto un producto muy popular en años recientes. Conforme cada vez más "baby boomers" comienzan sus años de jubilación y después de vejez, se ha vuelto muy real la posibilidad de necesitar ayuda económica con la residencia para ancianos y otros gastos médicos. Ahora que las empresas están haciendo recorte del seguro médico o deshaciéndose del mismo para los jubilados, algunos hombres y sus esposas ven que los recursos para el cuidado de la salud están disminuyendo justo cuando la necesidad está aumentando.

Por lo general, los hombres no se sienten amenazados por el desgaste normal del cuerpo a lo largo de los años, las canas o la pérdida del cabello, la pérdida de fuerza muscular, sentir carga en los hombros. Estas características transmiten un estatus de abuelo o "anciano" que la mayoría de los hombres se enorgullecen de llevarlo con dignidad (ver Proverbios 16:31; 20:29). Pero cuando la incapacidad aparece, ya sea mental o física, los hombres no responden bien a ella. Con frecuencia reaccionan con pesimismo si ya no pueden pensar, hablar o actuar como ellos creen que deben. Y por esta misma razón, surge el temor en ellos si creen que aquel día está en un futuro cercano.

DIRECCIONES NUEVAS

En el siglo XIX, Louis Pasteur luchó arduamente para comprobar que los microbios causan algunas enfermedades. El establecimiento médico de aquel tiempo simplemente no estaba preparado para una noción como esa. Y de manera similar, el establecimiento moderno de medicina sólo recientemente ha comenzado a reconocer que muchas enfermedades pueden ser impactadas por algunos factores relacionados al estilo de vida que uno lleva, tales como la nutrición y la calidad de la comida, el ejercicio, el estado mental y la desintoxicación. Como resultado, ha habido una revolución de estrategias de salud preventiva, un enfoque holístico que pone a los individuos, no a la comunidad médica, a cargo de su propia salud. En lugar de curar enfermedades, el nuevo enfoque es prevenirlas.

Cualquier hombre puede hacerse responsable de fijar nuevas direcciones para su vida con respecto a la salud. No necesitamos meternos al molde general del mundo con respecto a los alimentos que comemos o el estilo de vida que adoptamos. Pero si actualmente no estamos invirtiendo tiempo, talento y tesoro para mejorar nuestra salud (y por lo tanto nuestras posibilidades de longevidad), se va a requerir un cambio serio de paradigma. Después de todo, cuando uno considera la importancia de la salud en el gran plan de la vida, ¿cualquier costo es demasiado?

La salud necesita convertirse en un estilo de vida, no un proyecto temporal como una dieta. Debe ser considerado como un acto de mayordomía; estamos administrando algo que le pertenece a Dios, algo que fue creado para su gloria, algo que fue dejado a nuestro cargo para mejorarlo y producir frutos durante todo el tiempo que tenemos aquí en la tierra. La mayordomía bíblica es una cuestión de despertar en la mañana con la actitud de que todo depende de mí, pero después, acostarse en la noche sabiendo que todo finalmente depende de Dios. Cuando se trata de la salud, nuestra responsabilidad es hacer todo lo posible para hacer elecciones sabias y luego confiar en la providencia de Dios si algo sucede que está completamente fuera de nuestro alcance de poder cambiar o controlar.

Este libro no es el lugar adecuado para dar una presentación detallada acerca de un estilo de vida saludable, para eso hay muchísimos recursos mejores. Pero para tener un lugar dónde iniciar, aquí tenemos algunos fundamentos que impactan el principio de BEBS (Basura Entra, Basura Sale), basado en el estribillo de Adele Davis de los años 1950 que dice: "Eres lo que comes":

- **Comida pura.** La mayoría de la comida que se cultiva comercialmente está cargada de químicos tóxicos (pesticidas, herbicidas y fertilizantes), algunos de los cuales son cancerígenos, y ninguno es necesario para la salud humana. Siempre que le sea posible, compre alimentos orgánicos cultivados localmente. Génesis 1:29 sugiere que los humanos fueron creados para ser vegetarianos. Con ese fin, incluya en su dieta todas las frutas frescas, verduras, nueces, semillas y los cereales enteros que le sean posibles.

- **Aire puro.** Si usted vive en la ciudad, la cantidad de toxinas que inhala a diario es suficiente para hacer que sus riñones e hígado trabajen horas extras para poder filtrarlos fuera de su sistema. Incluso en nuestros hogares y oficinas existen "fugas" de vapores tóxicos muchos años después de haber sido construidas. Si es necesario, filtre su aire.

- **Agua pura.** Usted debería evitar cualquier cosa que salga de una planta química con un esqueleto en la etiqueta, como el cloro. Filtre o destile su agua potable. Está bien que el cloro mate las bacterias en el agua de su ciudad; solamente elimínelo del agua antes de ingerirlo.

- **Alma pura.** Elija no enojarse, amargarse, resentirse, ser envidioso, orgulloso o desesperado. "*Por sobre todas las cosas* cuida tu corazón", dice Proverbios 4:23, "porque de él mana la vida" (las itálicas son mías).

- **Ambiente puro.** Vuélvase consciente del hecho que vivimos en un mundo físicamente y espiritualmente tóxico. Los productos petroquímicos con los cuales llenamos los basureros son los que penetran el agua de la tierra que algún día tendremos que beber. Eso es un "sistema" muy grande para tener que contemplar, y es desafiante pensar que cualquiera de nuestras acciones individuales con respecto a esto podrían afectar nuestra salud. Pero cuando comparamos la imagen de la Biblia del jardín de Edén con una ciudad moderna y contaminada, no es difícil ver cómo nuestra micro salud personal puede ser impactada por la macro salud del mundo.

• **Cuerpo puro.** Haga ejercicio. Sude. Alce algunas pesas. Tome mucha agua y jugos. Deje el azúcar, la sal, la cafeína, el alcohol y el tabaco. Rebaje el índice de peso corporal hasta donde debe estar.

Esta es una lista de consejos útiles en un bosquejo para vivir de manera saludable. Usted puede llenar los puntos más detallados al leer e investigar. Pero no se le olvide el punto más importante en esta etapa: usted sí lo puede lograr. Como hombre, no tiene que temerle al futuro en cuanto a la salud y la longevidad.

CONEXIONES NUEVAS

Así es, los hombres pueden lograr esto, pero tendrán mejores resultados si su otra mitad los estuviera animando, ayudando y tal vez persiguiendo las mismas metas. Por ejemplo, imagine que un hombre decide cambiar al café descafeinado gradualmente, o dejar la cafeína por completo. Si ha sido alguien que bebe café con regularidad, a causa de la abstinencia pasará por una etapa de dolores de cabeza que son típicos al terminar con cualquier tipo de adicción a la droga. Estará de mal humor y miserable por algunos días y después se comenzará a sentir mejor. (Multiplique esto por mil si decide dejar de fumar.) Una esposa comprensiva y alentadora puede hacer que la transición sea menos dolorosa.

De igual manera, el bajar de peso es simplemente una cuestión de balancear calorías. Pero batallamos con bajar de peso porque nuestros estilos de vida ocupados y estresantes dejan poca oportunidad para hacer ejercicio y crean excusas muy buenas para consumir "alimentos de consuelo". Pero las parejas que comienzan a comer cenas ligeras juntos, seguidos por un recorrido por el vecindario, animará el uno al otro para lograr metas nuevas en su salud.

Me abstendré de dar sugerencias adicionales porque éstas realmente no son lo que se necesita. El factor más importante para crear un estilo de vida saludable es el momento de "¡ya entendí!" cuando un hombre, o una pareja, se da cuenta que la salud es su responsabilidad y que sí se puede lograr vivir bien. Es cierto que no todo en la salud se puede controlar. Pero sí se pueden controlar muchísimos factores. Y aunque fuera a suceder lo inconcebible, por lo menos no habrá ningún remordimiento, nada de "Ojala hubiera hecho más cosas para evitar que esto sucediera".

Usted puede envejecer, e incluso lidiar con la enfermedad, con gracia, observe a Billy Graham, el Papa Juan Pablo II y muchos otros. No tiene que abordar la vida con temor. Si los hombres abordaran la salud con el mismo nivel de planeación, diligencia y ejecución con la que abordan el trabajo, los deportes y otras aventuras, crearían una vida que se puede disfrutar de manera eminente, ahora y en el futuro.

Entonces, ¿por dónde comienza a buscar una mejor manera de vida? Comience por hacer la próxima cosa correcta. Esa cosa correcta comúnmente es el paso más difícil y causa más dolor a corto plazo. Pero si quiere vivir cómodamente, tiene que vivir consciente de las elecciones que está haciendo. Préstele atención a un hombre que antes pesaba sesenta libras más de lo que pesa hoy, ¡usted puede hacer una diferencia en su propia vida con las elecciones que comienza a hacer ahora!

Capítulo 10

EL ROMANCE Y LA EMOCIÓN
EN LA VIDA

Cullen era uno de los hombres más responsables, trabajadores y predecibles que uno jamás encontraría. Año tras año se iba en automóvil las 3-4 millas a su oficina en el banco, donde revisaba cada dólar que entraba y cada centavo que salía. La parte más emocionante de su trabajo era cuando sorprendía a alguna cajera con la noticia de que había sido atrapada desfalcando fondos del banco y que la policía ya estaba en camino para leerle sus derechos. Aparte de eso, la vida para Cullen era gris como un barco de batalla.

Entonces todo cambió.

Un día, recibió un cheque de $500,000 en el correo, el pago de la póliza de seguro de vida que su madre, quien acababa de morir, había pagado por muchos años. De una manera ordenada, Cullen apartó dinero para pagar los impuestos del legado, dio otro 10% como diezmo y metió los $350,000 sobrantes en algunas cuentas "CD" en su banco, a su nombre. Ese depósito fue el primer paso del plan de escape que Cullen había soñado por muchos años.

Los siguientes seis meses, la esposa de Cullen se volvió un poco sospechosa por todo el tiempo que Cullen estaba pasando fuera de casa, hasta el día que llegó a la casa en una combinación de tractor y trailer, de 18 llantas, reluciente que era igual el largo que la anchura del terreno de su casa. Cuando su esposa por fin pudo cerrar su mandíbula que quedó boquiabierta, hizo un recorrido por la cabina. Lo que ella pensó que era un simple "camión" que se podía ver en la carretera, re-sultó tener una cama, refrigerador, horno de microondas, clóset, regadera y taza de baño, ¡todo dentro de la cabina!

Cuando finalmente se sentaron a platicar, Cullen le contó el plan a su esposa. Le dijo acerca del dinero, el entrenamiento de camionero que había recibido y, lo más sorprendente de todo, que había renunciado a su empleo en el banco. Le quedaban $150,000 y quería iniciar una nueva carrera. Él quería transportar cosas de un lado del país al otro y quería que ella lo acompañara. Había esperado toda su vida la oportunidad de salir de su molde como contador y hacer algo que pondría a prueba sus niveles de testosterona de un modo nuevo.

Dentro de una semana, juntos decidieron tomar el salto. La esposa de Cullen vio como él se despabiló de una manera que nunca antes había visto. ¿Era un riesgo? Por supuesto. Pero estaba dispuesta a tomar el riesgo por la nueva vida que ella pensó que le proporcionaría para Cullen y para su vida como pareja.

LO QUE SABEMOS DE LOS HOMBRES Y SU DESEO DE TENER ROMANCE Y EMOCIÓN

Si hace una búsqueda de "excursiones de aventura" en la Internet, usted enfrentará la tarea desalentadora de bajar por más de 5 millones de resultados. Encontrará excursiones disponibles a o en Australia, todas partes de México, Polinesia, Belice, British Columbia, Oklahoma (correteando tornados), Brasil, Pakistán, las montañas rocallosas de Canadá, Nueva Zelanda, Tanzania...bueno, usted capta la idea.

¿Qué es una excursión de aventura? En un artículo educacional con respecto al tema, la autora Heidi Sung lo definió como "una excursión o un viaje con el propósito específico de la participación en actividades para explorar una experiencia nueva, comúnmente involucrando un riesgo percibido o un peligro controlado, asociado con retos personales, en un ambiente natural o una situación exótica y al aire libre".[1] Yo encuentro interesantes los aspectos de "riesgo percibido" o "peligro controlado". Durante los últimos dos o tres años, muchos de los anuncios en la televisión para tomar cruceros, tienen que ver tanto con las actividades fuera del barco, nadar con los delfines y tiburones, escalar los glaciares, acercarse a donde se forma el hielo, acariciar los pingüinos, como con las actividades a bordo de la nave. Uno no se da cuenta hasta la mitad del anuncio que lo que se está anunciando es un crucero del Caribe que antiguamente era calmado y relajante. Ahora es (percibido y controlado) *¡apasionante!*, *¡de aventura!*, *¡emocionante!*, *¡de peligro!*

The Adventure Travel Trade Association (La Asociación de la Industria de Viajes de Aventura) observa que en el 2000, el directorio de búsquedas de Yahoo contenía 601 listados para "excursiones de aventura", 36 listados para "excursiones ecológicas" y 33 listados para "excursiones educativas o deportivas". Cinco años después, había 770 listados para "excursiones de aventura", 335 listados para "excursiones ecológicas", 499 listados para "excursiones culturales" y 390 listados para "excursiones de patrimonio". Las excursiones culturales y de patrimonio ni siquiera eran una categoría en el 2000; en el 2005 tenía 889 listados. Dentro del periodo de cinco años, los listados para excursiones de aventura en general aumentaron un 28%.[2]

¿Qué sucede aquí? Los estadounidenses están gastando cientos de millones de dólares anualmente tratando de encontrar una forma de vida que sea diferente a la suya. Están dejando los límites seguros de su mundo y están viajando alrededor de él en busca de experiencias (reales, percibidas o controladas) que hace sólo unos cuantos siglos no hubieran sido fuera de lo normal en su propio país. (Los pioneros y colonizadores americanos por supuesto que tuvieron su parte de pasarla mal, con peligro y riesgo). Forzados a elegir, poca gente optaría por estar en una situación estilo *Survivor* de manera permanente. No se renuncia fácilmente a las comodidades, a la seguridad y la forma previsible relativa y a las normas de vida a las que estamos acostumbrados. No obstante, permanece un deseo oculto en la vida de la mayoría de los estadounidenses por algo más emocionante que tan sólo el horario de nueve a cinco. En un reporte del 2002, el Travel Industry Association of America (La Asociación Estadounidense de la Industria de Viajes) y la revista *National Geographic Traveler* dijeron que hay 55.1 millones de estadounidenses, una quinta parte de la población entera, que se podrían llamar "geoturistas", un subconjunto de los viajeros "geocaptadores": aquellos que, siendo el turista promedio, son dos veces más probables a buscar aventuras al aire libre que ofrecen retos, riesgo y emoción, y son tres veces más probables a viajar a áreas primitivas o de desierto.[3]

No es ninguna sorpresa entonces, que en nuestra encuesta de 3,600 hombres casi un tercio (29.4%) dijo que estaba "desilusionado por la falta de romance y emoción en su vida". "Romance y emoción" me trae a la mente las portadas de novelas baratas de tapa blanda que se producen al año cientos y cientos en serie, satisfaciendo una sed insaciable en las vidas de sus lectores femeninos (por lo general). Pero, ¿es esto lo que los hombres que entrevistamos están buscando? ¿Están buscando en secreto realizar su fantasía de Fabio, matando el dragón de fuego, rescatando a la doncella rubia y restableciendo el orden en el reino?

LO QUE EL ROMANCE Y LA EMOCIÓN SIGNIFICAN PARA LOS HOMBRES

Puede ser que sí, según John Eldredge, autor de uno de los libros de los hombres más influyentes en años recientes. Tomando de sus años como maestro y consejero, Eldredge escribió *Salvaje de corazón* para dar una crítica con respecto a la pérdida de pasión específicamente en los hombres cristianos, así que sus comentarios se deben tomar en ese contexto. Sin embargo, se puede aplicar lo que dice acerca de los hombres cristianos, hasta cierto punto, a los hombres en general:

Cuando todo está dicho y hecho, yo pienso que la mayoría de los hombres en la iglesia creen que Dios los puso en la tierra para ser un buen niño. Nos dicen que el problema con los hombres es que no saben cómo ser fieles a sus promesas, ser líderes espirituales, hablar con sus esposas o educar a sus hijos. Pero, si se esfuerzan mucho pueden alcanzar la cima altiva de convertirse en...un chico lindo. Eso es lo que consideramos como modelos de madurez cristiana: Chicos Muy Lindos. No fumamos, no tomamos ni maldecimos; eso es lo que nos hace hombres. Ahora, permítame preguntarle a mis lectores masculinos: En todos sus sueños de niñez, ¿alguna vez soñó en convertirse en un "Chico Lindo"? (Señoras, ¿el Príncipe de sus sueños era gallardo...o simplemente lindo?)

De verdad, ¿exagero mi caso? Entre a la mayoría de las iglesias en

Estados Unidos, eche un vistazo y hágase esta pregunta: ¿Qué es un hombre cristiano? No escuche lo que se dice, mire lo que encuentra ahí. No cabe duda al respecto. Se dará cuenta que un hombre cristiano es...aburrido.[4] Para Eldredge, el aburrimiento es el resultado de la castración espiritual por la cual los hombres han sido librados de su masculinidad, por la imposición de estándares y estereotipos falsos con respecto a lo que significa ser un hombre. Él argumenta que en el centro de la vida de cada hombre (no solamente los hombres cristianos) hay tres deseos fundamentales, dados por Dios: de pelear una batalla, rescatar a una mujer bella y vivir una aventura.

Salvaje de corazón ha causado, como todos los libros de éxito de ventas lo hacen, una gran cantidad de discusión y desacuerdo dentro de la audiencia (principalmente cristiana) a la que está dirigida el autor. Ya que Eldredge es un hombre voraz del exterior, él ha sido criticado por sugerir que la espiritualidad verdadera solo se puede encontrar cuando un hombre cambia su traje por una camisa de franela, desecha su rastrillo por una semana y aprende a vivir en la naturaleza. Un escritor de un diario en la Internet pregunta si la solución para tener una masculinidad verdadera no es más que entrar al desierto para "cazar osos pardos con nada más que un palo puntiagudo".[5]

Es obvio que esa frase simplifica demasiado la noción de Eldredge, pero usted entiende el punto. Tanto su mensaje como sus detractores plantean lo que es la pregunta más importante de este capítulo: ¿por qué un cierto porcentaje de hombres está desilusionado en su vida con el nivel de romance y aventura? ¿Es simplemente porque no tienen el tiempo y/o el dinero para tomar la excursión de un viaje de aventura de vez en cuando para reactivar su adrenalina? ¿O falta algo más fundamental? ¿Las excursiones de aventura y las millones de otras cosas que los hombres hacen para intentar de darle variedad a su vida están lidiando simplemente con síntomas, en lugar de la causa de origen? Y si es así, ¿cuál es la enfermedad verdadera?

Desgraciadamente, yo no tengo la respuesta a esas preguntas, ni tampoco alguien más las tiene. Muchas personas han escrito sobre el tema, y muy poco de lo que diré en este capítulo corto traerá cierre a este asunto. Sin embargo, desde mi perspectiva, hay cinco cosas que son ciertas con respecto a la falta de emoción que los hombres sienten en sus vidas.

1) Causas de origen

Nuestra cultura tiende a tratar con los síntomas en la vida mucho mejor que trata con las causas. La industria moderna de drogas fue construida en la idea de distribuir pastillas que encubren los síntomas (por ejemplo, ibuprofeno para dolores de cabeza) en lugar de eliminar una causa (el estrés que causa el dolor de cabeza). Esto no es para condenar la droga, los viajes de aventura o cualquier otra industria que ofrece alivio, diversión o emoción que es muy bienvenida a la vida de un hombre. Es simplemente para decir que cuando hablamos de la naturaleza del hombre, tiene que ser una discusión acerca de causas de origen, no de síntomas.

2) Largo plazo

Los cambios grandes en la vida casi siempre suceden a lo largo de un periodo de tiempo extendido. Se han tomado varios cientos de años en Estados Unidos para llegar al punto donde la mayoría de los hombres están agotados por sus trabajos, estresados por sus deudas, solitarios a pesar de ser casados, temerosos por su futuro económico y su salud, preocupados por el mundo que sus hijos heredarán de ellos y frustrados que falta "emoción" en su vida. Por lo tanto, los hombres y las esposas que están leyendo este capítulo, tendrán que considerar respuestas de largo plazo, no de corto.

3) Emoción = Propósito

Aunque hayamos usado las palabras *emoción* y *romance* en nuestra encuesta, yo creo que eso se traduce como "propósito". No pienso que el hombre promedio esté buscando más oportunidades para reírse. Ni tampoco creo que el hombre promedio finalmente estará satisfecho con la excursión esporádica de viajar los rápidos por el Gran Cañón. La emoción por la vida es más profunda que eso y normalmente se experimenta cuando un hombre cree que está haciendo lo que fue puesto en esta tierra para hacer. Desgraciadamente, pocos hombres viven con una sensación de un llamado como este. (Hablaremos de esto más adelante en el capítulo.)

4) Imágenes falsas

Nosotros vivimos en una cultura que vende la emoción de miles de formas distintas. Puede que sea la imagen 007 de James Bond, puede que sea la propuesta de la realización sexual, puede que sea la atracción de una vida de belleza sofisticada y de abundancia o puede que sea la idea de obtener el estatus de famoso y el estilo de vida acomodada que ofrece. Lo único que un hombre necesita hacer es pasar tiempo en cualquiera de esos lugares de reunión o platicar con aquellos que pasan tiempo ahí y descubrirá que existen los mismos problemas ahí al igual que en el mundo laboral. Es sólo que tienen diferentes etiquetas y con un precio más alto. Existe un peligro muy grande que, al nivel de origen de la existencia del hombre, los hombres "tomarán el Kool-Aid" y se sucumbirán a la canción de sirena de una cultura que promete, pero no puede cumplir con la emoción.

5) Cambio

Es lógico que si un número significativo de hombres está desilusionado con el nivel de romance y emoción en su vida, entonces un cambio está a la orden. Tal vez han creído en la mentalidad de que si tan sólo tuvieran más dinero, una esposa de trofeo o un Corvette convertible en rojo, experimentarían verdadera emoción. Tales hombres son inmaduros y nunca encontrarán verdadero cumplimiento si siguen registrando las "cosas" de la vida. Ningún corazón de un hombre tiene una aspiradora en la figura de un Corvette que, una vez llena, dejará de sentir dolor.

Por otro lado, puede que un hombre verdaderamente comprenda que lo que hacen que la vida sea emocionante es un propósito y una misión (un llamado en la vida). En este caso, él tal vez quiera cambiar su estilo de vida corporativo por un ministerio en el área marginada de la ciudad. O tal ver quiera asistir a una escuela de leyes para recibir el entrenamiento que necesita para ocupar un puesto público e influenciar la dirección de la nación. No obstante, los cambios a este nivel son difíciles. Requieren de apoyo familiar, quizás algunos cambios económicos o de estilo de vida y una reorientación de vida que puede tomar meses o años para lograr. Innumerables cosas en nuestra cultura, los pagos de la hipoteca y del automóvil, la educación universitaria, los aparatos para los dientes de los hijos, la identidad y el estatus en una familia extendida o comunidad, hacen que sea difícil considerar algunos cambios. Pero si un hombre comprende la naturaleza de verdadera emoción en la vida, y su vida actual no la está produciendo, entonces será necesario un cambio.

En su libro más reciente llamado *Better than Good: Creating a Life You Can't Wait to Live* (Más que bien: Cree la vida que con ansias quiere vivir), Zig Ziglar, el legendario orador y motivador, ofrece lo que yo creo es una medida saludable de sabiduría septuagenaria: la vida verdadera, lo que él llamaría una vida "emocionante" o "mejor que buena", se encuentra cuando convergen la pasión, el máximo rendimiento y el propósito. Sin embargo, esta unión no es un sólo punto en el tiempo, sino que es un proceso continuo. Ziglar describe como descubrió su propia pasión (motivando e inspirando a la gente) mucho antes de que descubriera su propósito (de vivir una vida realizada como hijo de Dios). Cuando esos dos elementos se unieron, su máximo rendimiento (su emoción por la vida) aumentó de manera exponencial y continua expandiéndose.[6]

Él señala que la mayoría de personas, comprensiblemente, comienza su vida como adultos con poca coincidencia entre la pasión, el máximo rendimiento y el propósito.

LA MANERA EN QUE MUCHAS PERSONAS VIVEN

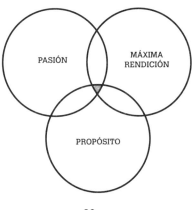

PASIÓN

MÁXIMA RENDICIÓN

PROPÓSITO

La pequeña área donde los tres círculos coinciden representa cómo muchos hombres hacen su vida, con poca correlación entre lo que hacen (pasión), por qué lo hacen (propósito) y cómo lo hacen (máximo rendimiento). Repito, por lo general todos comenzamos así, buscando una combinación de qué, por qué y cómo, que nos traerá satisfacción (emoción) en la vida.

Idealmente, esos tres elementos de la vida deben convergir y ser una unidad, representando una vida que se vive a toda velocidad, con una misión, cumpliendo con el llamado que Dios ordenó.[7]

LA MANERA EN QUE MUCHOS DEBEN VIVIR

La Pasión, La
Máxima Rendición
y El Propósito Son
Uno, No Tres
Por Separado
de la Vida

Para los propósitos de dar una ilustración, estos dos diagramas representan lados opuestos del espectro. Pocos adultos viven la vida desconectada que se demuestra en el primer diagrama, y una cantidad igual logra el estado de convergencia que se demuestra en el segundo. Pero el segundo diagrama sigue siendo la meta. Y si me permiten poner palabras en la boca del señor Zigler, es el lugar donde se descubre la verdadera emoción en la vida.

Es importante que mantengamos en mente que la "emoción" no es un punto en la vida. Más bien, es un proceso por el cual nos conocemos a nosotros mismos tan bien (y desde mi perspectiva, a nuestro Dios por medio de Jesucristo) que encontramos que nos unimos a una corriente de satisfacción que con el tiempo nos lleva a través de la vida de una manera casi sin esfuerzo. En lugar de tener pavor a otro día, nos despertamos temprano sin un despertador y nos activamos de inmediato para no malgastar ningún momento de oportunidad.

Después de haber dicho lo anterior en términos generales que se aplican tanto a mujeres como a hombres, aún necesitamos regresar al tema específicamente del "hombre". Sin discutir los detalles, yo creo que John Eldredge, Robert Bly, Sam Keen, George Gilder, Leanne Payne, Larry Crabb, Gordon Dalbey y muchos otros que han escrito acerca de los hombres le han atinado muy bien. También creo que, sin pedirle a ninguna de esas autoridades que apoye mis opiniones, todos estarían de acuerdo que los hombres añoran lograr algo grande en la vida y que así fueron hechos por Dios. Pero en general, los hombres han perdido la visión para su grandeza. Utilizando las palabras de Sam Keen, ellos han perdido ese "fuego en la barriga" que debiera enviarlos todos los días al mundo, decididos a someterlo y a ejercer dominio sobre él.[8] Los hombres han sido confrontados con un montón de enemigos económicos, relacionales, espirituales, laborales, personales, y han sido entrenados para ser sumisos. Muchos han echado sus manos a la cabeza al pensar en avanzar más allá de simplemente existir a vivir verdaderamente. Ese no es el plan de Dios para ningún hombre. Ningún ser creado en la imagen de Dios debiera vivir una vida pasiva, desalentada y sin pasión. El hombre que sienta que necesita hacer una evaluación, encontrará la o las causas de origen y comenzará a hacer planes a largo plazo para cambiar.

DIRECCIONES NUEVAS

Puesto que el hombre fue hecho a la imagen de Dios, no creo que ningún hombre jamás cumpla su propósito final cuando le falta una relación con su Creador, Dios. Es a través de conocerlo y descubrir nuestro llamado en la vida, que se encuentra la verdadera emoción en la vida. Vale la pena considerar las palabras de David, el salmista rey de Israel: "Tú creaste mis entrañas; me formaste en el vientre de mi madre. ¡Te alabo porque soy una creación admirable! ¡Tus obras son maravillosas, y esto lo sé muy bien! Mis huesos no te fueron desconocidos cuando en lo más recóndito era yo formado, cuando en lo más profundo de la tierra era yo entretejido. Tus ojos vieron mi cuerpo en gestación: todo estaba ya escrito en tu libro; todos mis días se estaban diseñando, aunque no existía uno solo de ellos" (Salmo 139:13-16).

David tenía una sensación espiritual que su vida no era accidental, que existía un propósito, un destino que él podía lograr y experimentar. Puesto que Dios no interfiere con las personas, yo creo que lo mismo se puede decir para cada hombre.

La pregunta ahora es, ¿dónde comenzar? La oración, la lectura, las conversaciones con consejeros confiables, unas miradas profundas a cómo definimos "emoción", considerando las desventajas que podrían haber al llevar a cabo ajustes y correcciones de curso, todos estos son elementos continuos de lo que significa encontrar la vida que Zig Zigler llama "la vida que con ansias quieres vivir". El no hacer nada solo hará que la vida sea menos emocionante, no más. Le animo a cualquier hombre a que se considere merecedor de una vida que se emocionaría por vivir y a llevarla a cabo.

CONEXIONES NUEVAS

Ningún hombre sabio llegaría y anunciaría a su esposa e hijos que va a renunciar a su trabajo y mudarse al interior despoblado de Australia para llevar a cabo sus sueños. Esa es una señal de una crisis de la edad media, no una profundidad de percepción, marcada por sabiduría. Cuando un hombre tiene a otros que dependen de él, una esposa, familia o miembros de una familia extensa, la vida se convierte en un portaviones, no una lancha para esquiar. Para alcanzar ese objetivo, las esposas que creen que sus esposos están buscando un camino más profundo y más decidido, pueden intervenir y ofrecer su apoyo. Desgraciadamente, muchos hombres no tienen la costumbre de compartir sus sentimientos más profundos con sus esposas. Puede que un esposo vacile en hacerlo por miedo a crear inseguridad o resistencia en ella, lo cual hace que ella se retire y se vuelva firmemente enraizada, lo que sólo hace que las cosas empeoren. En ese caso, puede que las esposas necesiten fomentar la conversación.

Dentro de un matrimonio, estos asuntos exigen los niveles más altos posibles de vulnerabilidad, aceptación, transparencia, sacrificio y compresión. Pero, ¿qué podría ser más importante para una pareja que tomar pasos que harían que la vida tuviera más propósito y de esta manera, más emocionante tanto para el esposo como para la esposa? Puedo decir sin vacilar por un momento que Dios sostendrá y bendecirá los esfuerzos de cada pareja que comienza a tomar un camino tan emocionante.

Un hombre necesita de aventura y de algo imprevisible. Eso nunca lo recibirá de una esposa demasiada obsesiva o posesiva que lo trata como un niño que necesita de una madre. Si usted es una mujer y su esposo es un hombre muerto caminando, tal vez sea hora de hacerse a la orilla, dejar que él se valga por sí mismo para que pueda convertirse en un hombre y encontrar la aventura que lo traerá de vuelta a la vida. Un poco de ánimo de una esposa puede resultar en un hombre que es libre para ser todo lo que fue destinado a ser, todo lo que ha añorado ser y todo lo que Dios ha deseado que sea.

Capítulo 11

COMPROMISO TOTAL

Tahisha llamó al programa de radio llamado *New Life Live* (Vida Nueva en vivo) con un problema común entre las mujeres solteras. Era lista y se expresaba con facilidad al exponer con claridad su dilema. Hace cinco años, había conocido a Maurice y se había enamorado de él. Era increíblemente responsable, considerado y educado. Nunca antes había conocido a alguien tan caballeroso y, a su parecer, sus modales eran excedidos sólo por su apariencia galante. Ella no podía creer que a los 35 años de edad, nadie lo había ya arrebatado y caminado con él hacia el altar. No había pasado mucho tiempo en su relación de noviazgo, cuando ella supo que eso era exactamente lo que quería hacer con él.

Tristemente para Tahisha, Maurice siempre tenía una excusa para no seguir adelante con los planes para casarse. Durante un par de años, la excusa era económica. Después, lo cambió a que no estaba listo emocionalmente. Mientras Tahisha estaba planeando la fiesta sorpresa del cuadragésimo cumpleaños de él, se dio cuenta que le había dado la mitad de una década y no estaba más cerca ahora a bajar por el pasillo con el hombre a quien amaba, que cuando recién se conocieron. Ella no tenía ningún remordimiento por las muchas inversiones que había hecho en su relación porque lo amaba, pero cada día, su reloj biológico y su reloj maternal estaban haciendo tic tac más fuerte y más rápido.

Cuando llamó al programa, su pregunta era una muy sencilla: "¿Me voy de pesca o suelto la carnada?" Desgraciadamente, la respuesta no siempre es tan bien definida. Después de hablar con ella, era obvio que Maurice le tenía una fobia al compromiso y probablemente temía perderse a sí mismo si alguna vez se fuera a entregar completamente a una mujer en una relación comprometida. Nosotros sugerimos un ultimátum: darle tres meses, noventa días, para decidirse con respecto a su relación. Al final de los tres meses, habría una de dos situaciones, le da un anillo y una fecha para la boda o habría un final doloroso a la relación. Ella dijo que seguiría nuestras recomendaciones, pero nunca supimos más de ella, y no sabemos que sucedió.

Lo que sí sabemos es que Tahisha no está sola. Muchos hombres tienen miedo de comprometerse para toda la vida con una mujer. Y lo que es aún más común, son los hombres que comprometen partes de ellos mismos, pero dejan escondidos algunos compartimentos, por si acaso.

LO QUE SABEMOS DE LOS HOMBRES Y EL COMPROMISO

La frase "los hombres y el compromiso" es engañosamente extensa. En este capítulo, no hablaremos del compromiso en general como si la inhabilidad para comprometerse con cualquier cosa fuera una deficiencia genética en los hombres, sino que hablaremos de la manera indecisa del hombre para comprometerse con las mujeres totalmente y para toda la vida.

Un vistazo rápido al horizonte de la vida de los hombres revela que ellos no tienen ningún problema con el compromiso. Sin el compromiso de los hombres, pronto estarían en la quiebra la NFL, NASCAR, las cervecerías, la pornografía, los surtidores de equipo de pesca de róbalo y muchas otras industrias. Los hombres se pueden comprometer. Pero parece que el compromiso definitivo, ese por el cual se encierran por toda una vida con una mujer, es cada vez más un reto para los hombres. Esto se puede evidenciar no tan sólo por la edad mediana de un matrimonio primerizo para los hombres (actualmente es 27, la edad más alta en la historia de la nación), sino que también por los índices de divorcio. En otras palabras, los hombres se están esperando más tiempo para comprometerse con una mujer, y cuando se comprometen, les cuesta trabajo honrarlo.

En nuestra encuesta a hombres alrededor del país, encontramos que el 19% de los encuestados estaba de acuerdo que los hombres siempre o con frecuencia se "incomodan con la noción de un compromiso total". (Los hombres cristianos estaban un poco más cómodos con la idea que los hombres no cristianos.) Si le suma los encuestados que dijeron "algunas veces", el porcentaje total aumenta a un alarmante 77% de hombres que se incomoda con la idea de un compromiso total. Eso deja un 23% de hombres que "rara vez" o "nunca" se incomoda con la idea. Para las mujeres que están buscando al "Sr. Compromiso Total", el cuello del embudo es tan angosto, que sólo uno de cada cuatro hombres está cayendo al pozo de selección.

El *National Marriage Project* (El proyecto nacional de matrimonio) es una iniciativa imparcial, no sectaria e interdisciplinaria ubicada en Rutgers, la Universidad estatal de Nueva Jersey. Su misión ha sido "proporcionar investigaciones y análisis con respecto al estado del matrimonio en Estados Unidos y a educar al público sobre las condiciones sociales, económicas y culturales que están afectando el éxito y bienestar matrimonial". Al momento de resumir los descubrimientos del proyecto acerca de las actitudes de los hombres solteros, respecto al momento oportuno para el matrimonio, un reportaje dice que "los hombres experimentan pocas presiones sociales para casarse, obtienen muchos de los beneficios del matrimonio al cohabitar con una pareja romántica y son aun menos dispuestos a comprometerse con el matrimonio en sus años como adulto joven".[1]

Varias estadísticas del reporte del National Marriage Project son útiles cuando consideramos la idea del compromiso:

- Los estadounidenses se han vuelto menos probables a casarse. De 1970 al 2000, el número anual de matrimonios por cada mil mujeres adultas no casadas ha disminuido un tercio.
- La tendencia es demorar los matrimonios primerizos. En 1960, la edad mediana para los matrimonios primerizos era de 20 para las mujeres y de 23 para los hombres. En años recientes, esos números han subido a 25 para las mujeres y 27 para los hombres.
- El porcentaje de adultos en la población que están casados ha disminuido. En 1960, el 69.3% de hombres y el 65.9% de mujeres estaban casados. En el 2000, sólo el 57.9% de hombres y el 54.7% de mujeres están casados.
- De 1960 al 2000, los porcentajes de individuos entre las edades de 35 a 44 que estaban casados bajaron del 88 a 71.6 para los hombres y del 87.4 al 69 para las mujeres.[2]

Aunque estas estadísticas dicen mucho con respecto al matrimonio, no dicen nada tan definitivo acerca del compromiso como lo dice a continuación este párrafo del reporte:

Es importante observar que la disminución de los matrimonios no significa que la gente está renunciando a vivir con una pareja sexual. Al contrario, ya que la frecuencia de cohabitantes no casados está aumentando rápidamente, el matrimonio está dando lugar para uniones no conyugales. La mayoría de las personas ahora viven juntas antes de casarse por primera vez. Un porcentaje aún más alto en vivir primero juntos, es en aquellos que se divorcian y posteriormente se vuelven a casar. Y una aún pequeña pero creciente cantidad de personas, tanto jóvenes como ancianos, están viviendo juntas sin planes para un matrimonio consiguiente.[3]

Eso es lo curioso del compromiso: *los matrimonios están disminuyendo, pero la cohabitación está aumentando*. En otras palabras, la gente quiere romance (sexo, diversión, una vida en común, sueldos compartidos, incluso hijos) sin la responsabilidad (complicaciones legales, estado civil de casado comprometedor, pérdida de libertad implícita y [para los hombres] temor a la ruina económica en caso de un divorcio).

De las estadísticas anteriores es imposible saber quién está menos dispuesto a comprometerse. Pero todas las indicaciones muestran que es el sector masculino. Los hombres consideran que tienen más que perder y menos que obtener del compromiso a comparación con las mujeres.

LO QUE EL COMPROMISO SIGNIFICA PARA LOS HOMBRES

Así como con todos los capítulos de este libro, estamos tratando de distanciarnos de los árboles y mirar el bosque. En cualquier sociedad, las tendencias se desarrollan durante décadas, y es fácil que los individuos sean influenciados por tendencias de lento crecimiento sin siquiera saberlo.

Por ejemplo, cualquiera que piense que el movimiento feminista moderno no ha afectado la buena disposición de un hombre para comprometerse con una mujer, está viviendo con la cabeza en la arena. La cultura tradicional de la década del cincuenta, en el cual un hombre proveía para su familia y una mujer educaba a sus hijos en el hogar, ha cedido el paso a la cultura que ahora conocemos: familias con dos sueldos, salarios dobles (en competencia), cuentas bancarias separadas y opiniones igualitarias con respecto al liderazgo y la toma de decisiones. Sin apoyar una tendencia por encima de otra, podemos decir que estas dos culturas han chocado desde la década del setenta. Los hombres han tenido que descubrir dónde es que encajan en el nuevo esquema de tener todo igual, y muchos se están preguntando si la recompensa de un compromiso total es la misma que antes era. Para muchos hombres, los análisis de riesgo y recompensa han resultado en menores razones en lugar de más, para hacer un compromiso total con las mujeres (por las razones resumidas más adelante).

Todos nosotros nos dejamos influir por la "osmosis cultural", la tendencia a permitir que "el mundo a [nuestro] alrededor [nos meta] a su propio molde", como J.B. Phillips tradujo las palabras de Pablo en Romanos 12:2. Es difícil decir dónde empiezan las tendencias, cómo y con quién, pero los hombres en general definitivamente parecen ser menos dispuestos, que hace décadas atrás, a comprometerse para toda la vida con una mujer. Aquí tenemos diez razones que se citan en el estudio de Rutgers del por qué los hombres no harán un compromiso así (los comentarios debajo de cada punto son míos):

1. Ellos pueden obtener sexo sin el matrimonio más fácilmente que en tiempos pasados.

Si un hombre no tiene una razón espiritual y moral para limitar sus búsquedas sexuales y actividades subsiguientes, entonces un compromiso total con una mujer se vuelve una obligación autolimitante sobre lo que es su necesidad física más fuerte. Añada a esto la percepción (que por desgracia muchas veces es cierta) que la satisfacción sexual disminuye de manera previsible e irreversible entre más tiempo uno lleve de casado, y un compromiso total para un hombre parece ser un disparo en su propio pie sexual.

2. Ellos pueden disfrutar de los beneficios de tener una esposa al cohabitar en lugar de casarse.

Muchos hombres hoy en día racionalizan la cohabitación al alegar que esta requiere de un compromiso igual que el matrimonio, que un matrimonio legal no es nada más que la recepción de un pedazo de papel. Pero eso claramente no es el caso. Un matrimonio legal obliga a uno a mucho más que la cohabitación, especialmente en el caso de la disolución del matrimonio. El querer evadir estas obligaciones es lo que sin duda pronostica a favor de la cohabitación para algunos hombres. (Una nota interesante referente a esto del estudio de Rutgers: En el año 1960, había 439,000 parejas heterosexuales cohabitantes en Estados Unidos; en el año 2000, había 4.736 millones.)

3. Ellos quieren evitar el divorcio y sus riesgos económicos.
Si un hombre ha sido el proveedor principal en un matrimonio, entonces puede que esté sujeto a pagar una pensión o apoyo a menores en caso de un divorcio. Puesto que el apoyo normalmente dura hasta el decimoctavo cumpleaños del hijo, si un divorcio fuera a ocurrir cuando un hijo es joven, las ganancias de un hombre serían impactadas seriamente por una década o más. No estoy diciendo que no debe ser así. Aun así, muchos hombres creen que las cortes están predispuestas hacia las mujeres e hijos, y suponen que la culpa es de los hombres en el caso de un divorcio o acuerdos económicos. Ya sea cierto o no, esa percepción funciona como una realidad para hacer que los hombres quieran evitar meterse en ese apuro.

4. Ellos quieren esperar a ser más grandes para tener hijos.
Definitivamente, existe una tendencia hacia tener hijos más adelante en la vida. Los hombres han seguido esta tendencia y han dicho: "¿Cuál es la prisa?". Para la mayoría de los hombres, el tener hijos señala el final de la vida como antes la conocían. El sueldo discrecional que antes se gastaba en juguetes para hombres y entretenimiento, ahora será dirigido hacia el servicio de guardería, escuelas particulares y fondos para la universidad.

5. Ellos temen que el matrimonio exigirá demasiados cambios y compromisos.
Este es un macho egocéntrico al máximo, que quiere sexo y buenos momentos sin los "cambios y compromisos". No existe absolutamente nada maduro con respecto a esta postura, aunque ese no viene al caso. El caso es que eso está ahí fuera en nuestra cultura y todos los hombres lo están absorbiendo hasta cierto grado u otro al estar ausentes de cualquier escudo defensivo con el cual se puedan proteger.

6. Ellos están esperando la perfecta alma gemela, y ella aún no ha aparecido.
Esta perspectiva sólo anima la mentalidad de comprar que aplaza el compromiso. Las modelos retocadas y celebridades quirúrgicamente realzadas les han dado a los hombres la idea de que un "diez perfecto" realmente existe, y que si se esperan lo suficiente, la encontrarán. Este tipo de fantasear puede seguir para siempre (ver Proverbios 12:11; 28:19).

7. Ellos enfrentan pocas presiones sociales para casarse.
Los hombres jóvenes de hoy en día descubren pocos impedimentos sociales al dejar de comprometerse. Incluso los supuestos jóvenes cristianos descubren que los padres y las iglesias, aunque posiblemente no aprueben la cohabitación, harán poco para que la elección sea difícil para aquellos que lo elijan. No existe absolutamente ningún estigma social atado hoy en día a ser soltero o cohabitar. Esto no es nada más una partida radical de la cultura tradicional estadounidense, sino que también otras culturas alrededor del mundo, donde el matrimonio prematuro era una señal de conveniencia, estabilidad y madurez.

8. Ellos no están dispuestos a casarse con una mujer que ya tiene hijos.
Los índices de divorcio en Estados Unidos han producido un número excesivo de mujeres solteras con hijos. Los hombres no tan sólo no quieren la responsabilidad inmediata de hijos ni la noción de renunciar a la etapa de "luna de miel" del matrimonio, sino que tienen el temor de que serán usados por mujeres que están desesperadas por encontrar un proveedor estable y una figura paterna. El matrimonio se vuelve menos acerca del hombre como persona y más acerca de lo que él trae a la mesa en términos de bienes y seguridad a largo plazo para la mujer y los hijos. (Repito, algunos resultados interesantes del estudio de Rutgers: El porcentaje de niños menores de 18 años viviendo con un padre soltero o una madre soltera aumentó del 9% en el año 1960 al 27% en el año 2000. En el mismo periodo, el número de parejas heterosexuales, adultas, no casadas y cohabitando, viviendo con uno o más hijos menores de 15 años creció de 197,000 a 1.675 millones. La clave aquí es "no casados, cohabitando".)

9. Ellos quieren ser dueños de una casa antes de conseguir una esposa.
¿Por qué es que los hombres se comprometerían con una hipoteca a treinta años más fácilmente que con un matrimonio? Porque pueden deshacerse de la casa en cualquier momento sin ninguna ramificación negativa. Afortunadamente, las esposas no son consideradas propiedades en nuestra cultura. Si lo fueran, probablemente no habría un capítulo en este libro acerca del compromiso.

10. Ellos quieren disfrutar de la vida soltera lo más que puedan.
Es muy normal buscar aquellas cosas que traen más placer. La pregunta que hay que contestar en esta discusión es esta: ¿Por qué los hombres perciben la vida soltera como más agradable que el matrimonio? ¿Es posible que una relación de matrimonio pueda proporcionar más placer a un hombre que la vida soltera? Las mujeres que están frustradas con la indecisión de los hombres para comprometerse deberían examinar sus respuestas a esta pregunta y lo que ellas piensan que podrían hacer para voltear las mesas del placer a su favor.

Finalmente, es obvio que el fruto no está cayendo muy lejos del árbol. El estudio de Rutgers mostró que está aumentando el porcentaje de estudiantes del doceavo grado que piensa que es una buena idea que las parejas vivan juntas antes de casarse, para ver si son compatibles. En los últimos años de la década del setenta, el 32.3% de las chicas creía esto; sin embargo, esta cifra aumentó al 59.1% para el año 2000. Para los chicos, los números aumentaron del 44.9% al 65.7%.[4]

No he visto a nadie resumir de manera más sucinta la diferencia entre la mala disposición de un hombre para comprometerse y la buena disposición de una mujer para hacer lo opuesto, que el Dr. Warren Farrell, autor de *Why Men Are the Way They Are* (Porque los hombres son como son). Él identifica que la necesidad principal del hombre en la vida es sexual, lo cual se refiere a la habilidad de salir con muchas mujeres y mantener acceso al fondo de mujeres hermosas. El sueño principal de las mujeres no es el sexo, sino la seguridad: una relación con un hombre que tiene la habilidad en el presente o el potencial en el futuro para proporcionar seguridad económica. *"Así que el compromiso comúnmente significa que una mujer realiza su fantasía principal, mientras que un hombre renuncia al suyo.* El compromiso entonces significa casi lo opuesto para una mujer así como para un hombre. Y legalmente, si un hombre intenta realizar su fantasía principal una vez que ya está comprometido al matrimonio, él comete un delito (adulterio). La fantasía principal de las mujeres es la ley" (las itálicas son mías).[5]

Aun si no han leído el libro de Farrell, los hombres sostienen esta sospecha acerca de las mujeres. Es una gran ofensa para un hombre si sospecha que una mujer está más enamorada de sus bienes que de él (así como es una ofensa para una mujer si cree que a un hombre le gusta más su cuerpo que su alma).

DIRECCIONES NUEVAS

El Dr. Scott Stanley de la Universidad de Denver, ha señalado que el compromiso implica tener una opinión a largo plazo en cuanto a la vida y "elegir renunciar a las elecciones". Ninguno de estos dos aspectos es algo característico de la cultura estadounidense actual. Nosotros somos la nación del consumidor y deudor más grande del mundo, a causa de nuestro compromiso con tener todo ahora. No nos gusta renunciar a elecciones y no nos gusta medir la gratificación inmediata contra el beneficio a largo plazo. Stanley dice que somos como el mono del proverbio, que mete la mano a la jarra para tomar un puñado de comida pero después no puede extraer su puño codicioso y hecho bola. Su mala disposición para abandonar la gratificación inmediata de la comida por el uso a largo plazo de su mano es el dilema del hombre moderno, que no se quiere comprometer. Es fácil decirle a los hombres que "suelten la comida"; sin embargo, es difícil cuando no hay nadie a su alrededor que esté haciendo lo mismo.

Stanley ilustra el peligro de nunca elegir, de nunca decidir a comprometerse, a través de una paradoja planteada por el filósofo griego Zeno: Supongamos que usted está de pie en el centro de una habitación y camina la mitad de la distancia hacia la pared. Luego vuelve a hacer lo mismo, camina la mitad de la distancia hacia la pared. Luego otra vez, y otra vez y otra vez. Mientras que continuamente usted disminuye a la mitad su distancia de la pared, matemáticamente hablando, usted nunca alcanza llegar a ella. Si la pared es el compromiso, usted nunca lo alcanza aun a pesar de acercarse continuamente a él. La única manera que va a llegar a la pared es al elegir caminar hacia ella de una sola vez, en lugar de ir la mitad del camino una cantidad infinita de veces.[6]

Obviamente, la analogía no siempre es cierta porque no siempre podemos mirar al hombre y saber si ya llegó a la pared o no. En algún momento "un compromiso del 98%" comienza a verse como un 100%. Pero un hombre que continuamente toma medios pasos es un hombre que está guardando una porción de su corazón, por muy pequeña que sea, para "algo mejor". Este tipo de retención lastimará a un matrimonio de la misma manera que el mantener una porción abierta de nuestros corazones a las búsquedas carnales impedirá nuestra madurez en Dios. Finalmente, es una señal de inmadurez. Es la perspectiva que dice: "Sí, acepto", en el altar, pero en secreto en el corazón dice: "Tal vez sí acepto, tal vez no".

Como hombres, la primera nueva dirección que necesitamos tomar es desprendernos de la mentalidad que dice que tomar elecciones y hacer promesas, intrínsicamente demuestra madurez. Aunque estos desde luego que son pasos hacia la madurez, Eclesiastés 5:4-7 tiene algunas palabras fuertes para aquellos que hacen promesas a la ligera: "Cuando hagas un voto a Dios, no tardes en cumplirlo, porque a Dios no le agradan los necios. Cumple tus votos: Vale más no hacer votos que hacerlos y no cumplirlos. No permitas que tu boca te haga pecar, ni digas luego ante el mensajero de Dios que lo hiciste sin querer. ¿Por qué ha de enojarse Dios por lo que dices, y destruir el fruto de tu trabajo? Más bien, entre tantos absurdos, pesadillas y palabrerías, muestra temor a Dios".

Desgraciadamente, como lo declara un sitio en la red: "'Hasta que la muerte nos separe' ya no mantiene la misma importancia [que antes tenía]. Esta frase en los votos de matrimonio ahora se da a entender como: 'Hasta que la muerte de nuestra relación se lleve acabo y dividamos nuestros bienes'".[7] Cualquiera de nosotros los hombres que dijo: "Sí, acepto" o "Sí, lo haré" o "Sí, lo prometo" o "Lo juro" al inicio de nuestro matrimonio, en cualquier otro momento del mismo, necesita saber que esas son palabras de compromiso. Eso no es un juicio sobre aquellos entre nosotros que fracasaron en mantenerse fieles a un voto. Pero es un recordatorio que de ahí en adelante, necesitamos calcular el precio y estar dispuestos a renunciar a ciertas "opciones" cuando nos comprometemos.

CONEXIONES NUEVAS

Muchos hombres llevan en su corazón un temor secreto al compromiso. Incluso los hombres que se han comprometido son temerosos de no poder o no estar dispuestos a cumplir con sus compromisos. Algunos hombres cargan con la culpabilidad que resulta cuando uno fracasa en mantenerse fiel a un compromiso moral. Otros hombres saben que viven con una o más de las diez razones mencionadas anteriormente del por qué los hombres no se quieren comprometer.

Todos estos son motivos fértiles para tener discusiones entre los esposos y las esposas. Pero como todos los secretos comentados en este libro, este es un tema inflamable que no se debe abordar con una chispa de resentimiento o enojo. No existe ninguna esperanza para un matrimonio donde el compromiso es un asunto y no se extiende perdón, misericordia y gracia.

Yo animo fuertemente a las parejas a que hablen juntos acerca del compromiso, aunque con cuidado y con oración. Platiquen acerca de las siguientes preguntas, utilizando sabiduría y discernimiento durante el curso de la conversación:

- ¿Cómo definimos el compromiso cada quién?
- ¿Cuáles son las elecciones que son más difíciles de tomar para nosotros?
- ¿Con cuáles de las diez razones que comentamos anteriormente nos identificamos más?
- ¿Qué fracasos de compromiso ha habido en nuestro pasado?
- ¿Qué debemos hacer con respecto a esos fracasos?
- ¿Cuál es nuestra postura hoy en términos de compromiso con nuestra relación?
- ¿Qué podríamos hacer cada quién para lograr que la vida de casados sea más atractiva que la vida de solteros?
- ¿Hasta qué punto nos define esta declaración: "Para un hombre, el compromiso significa renunciar a su deseo principal, mientras que para una mujer esto significa obtener el suyo"?

El compromiso es una elección, pero también es un trabajo en curso. Conforme emergen nuevas evidencias de compromisos inestables, se puede lidiar con ellas para que haya un avance y se obtenga madurez.

SECCIÓN 3

SECRETOS RELACIONADOS CON LA ESPIRITUALIDAD

Capítulo 12

DESPIÉRTAME CUANDO ACABE EL CULTO

Me mudé al sur de California cuando tenía 28 años, y no me apresuré a buscar una iglesia a la cual pertenecer. Yo había asistido a la iglesia fielmente por muchos años, como resultado de un sentimiento de deber, pero no podría decir que realmente lo disfrutaba. Aun cuando me especialicé en música en la universidad por un par de años y me encantaba la música buena, la música de la iglesia hacía que perdiera el entusiasmo. Nunca lograba entender por qué cantábamos coros a fines del siglo XX que fueron escritos por personas que vivieron en los tres siglos anteriores. Todas las predicaciones eran iguales, previsibles, aburridas y rara vez eran referentes a algo relacionado con lo que yo estaba viviendo. (Si eso suena pesimista y crítico, créame, así es como muchos hombres se sienten con respecto a la iglesia, sólo continúe leyendo.)

Afortunadamente para mí, una secretaria del John Wayne Tennis Club en Newport Beach, me contó acerca de una gran iglesia que se reunía en el gimnasio de una escuela cercana. Asistí el siguiente domingo y no podía creer lo que descubrí. La música era increíble y muy vivaz. El predicador era chistoso y relevante y predicaba como un hombre que había estado leyendo mi correo. Durante todo el culto, nunca perdí el interés, lo cual era increíble para un hombre que sufría de déficit de atención y no lo sabía.

Esa iglesia sigue estando activa en Newport Beach y atrae grandes multitudes, multitudes que incluyen a muchos hombres. Hoy en día, se pueden encontrar iglesias como esas por todo el país. Son "de fácil manejo" y llenas de vida. Pero siguen existiendo muchos hombres que profesan ser cristianos y que no han encontrado una razón para asistir. Esto no es nada más un daño a sus vidas espirituales, sino que crea una desconexión en su hogar con esposas quienes son las que llevan a los hijos a la iglesia y a las actividades relacionadas con la misma. Y es un problema sin resolver.

LO QUE SABEMOS DE LOS HOMBRES Y LA IGLESIA

Si usted es un hombre que asiste o asistió a la iglesia, es probable que usted pudiera escribir este capítulo, bueno, por lo menos las secciones de opiniones. Aún no he conocido a un hombre, incluso el que está en mi espejo, que no tuviera opiniones fuertes en cuanto a la iglesia. No todas esas opiniones son pesimistas, pero sí son todas enérgicas y sinceras. En general, las iglesias la están pasando mal cuando se trata de hombres: no les gusta. Ese es un hecho triste, dado que el fundador era un hombre y su primer "junta directiva" eran puros hombres.

Hay muchos hombres que asisten a la iglesia actualmente quienes, si tuvieran la opción de dejar de asistir, Probable lo harían. Un gran número ya lo ha hecho. Muchos de los hombres que asisten a la iglesia con regularidad lo hacen más por un sentimiento de obligación a Dios y a la familia, que por querer realmente asistir. ¿Se supone que la iglesia es como el aceite de resina, algo con lo que se tapa uno la nariz y se toma porque su madre le dijo que era bueno para uno, o debiera ser algo que un hombre necesita para abastecerse así como un corredor sediento traga agua?

Yo voy a identificar la tendencia respecto a los hombres y la iglesia (y actividades relacionadas con la iglesia) de nuestra propia encuesta, ya que es el número más sencillo para reportar. Después compartiré algunas estadísticas más que dibujan la triste imagen: los hombres están aburridos con la iglesia.

En nuestra encuesta a 3,600 hombres, el 34.1% dijo que con frecuencia (29%) o siempre (5%) se "aburre con la idea de la iglesia y las actividades de la iglesia". Entre los hombres cristianos, el 27.9% respondió de esa manera; de los hombres no cristianos, el 51.3% (no es sorprendente) estaba de acuerdo. Con todos los hombres entrevistados, si incluimos aquellos que contestaron que "algunas veces" se aburren, el total se dispara a casi un 88%. Solamente el 12% de los entrevistados dijo que "nunca" o "rara vez" se aburren con la iglesia. (La categoría de "algunas veces" no es crítica. Después de todo, la iglesia no existe para entretener. Es de suponerse que probablemente los hombres se aburran "algunas veces" en un lugar que no es de entretenimiento. Lo que me preocupa es el tercio que se aburre con frecuencia o siempre.)

Estas cifras adicionales vienen de David Morrow, el autor de *Why Men Hate Going to Church* (*Por qué los hombres odian ir a la iglesia*):

- La congregación estadounidense típica atrae a una multitud adulta, de la cual el 61% es mujeres, el 39% es hombres. Esta brecha en los géneros aparece en todas las categorías de edades.
- En un domingo cualquiera, en las iglesias en Estados Unidos hay 13 millones más de mujeres adultas que de hombres.
- Este domingo casi el 25% de las mujeres casadas que asisten a la iglesia adorarán sin sus esposos.
- Las actividades entre semana con frecuencia atraen de un 70 a un 80% de participantes mujeres.
- La mayoría de los empleados de la iglesia son mujeres (con la excepción del clero ordenado, en el cual la mayoría son hombres).

- Tanto como el 90% de los niños que son educados en la iglesia la abandonarán para cuando cumplan 20 años. Muchos de ellos nunca regresarán.
- Más del 90% de hombres estadounidenses cree en Dios, y cinco de cada seis se dicen ser cristianos. Pero solamente dos de cada seis asisten a la iglesia en cualquier domingo dado. El hombre promedio acepta la realidad de Jesucristo, pero no logra ver algún valor en asistir a la iglesia.[1]

George Barna, el gurú que reúne información de la fe cristiana, publicó los resultados de una encuesta del 2005 con respecto a ocho medidas de compromiso religioso entre los cristianos estadounidenses (tales como el compromiso con Cristo, la espiritualidad, la prioridad de la fe religiosa y otros). Él descubrió que las mujeres eran 36% más probables a expresar un nivel más alto de compromiso con todos los ocho factores. Una mayoría de mujeres expresaron un compromiso con seis de los ocho factores, mientras que los hombres expresaron un compromiso con solamente tres de los ocho.[2]

Yo podría continuar, pero cualquier información adicional sólo revelaría la misma verdad de aun más direcciones. No se puede ocultar el hecho que los hombres no están tan comprometidos espiritualmente como las mujeres; que no les atrae la iglesia ni sus actividades relacionadas.

LO QUE LA IGLESIA Y LAS ACTIVIDADES ESPIRITUALES SIGNIFICAN PARA LOS HOMBRES

Lo fascinante con respecto a los hombres y la iglesia en años recientes es que mientras la asistencia a la iglesia ha decaído, su participación en grupos pequeños de hecho ha aumentado. Es como si los hombres han abandonado la iglesia y han descubierto otras maneras de buscar a Jesús. El autor, artista y reportero, David Murrow, ha reportado una conclusión de George Barna que "entre los años 1994 y 2004, la asistencia de los hombres a la iglesia era rotunda, *¡pero la participación de los hombres en grupos espirituales pequeños aumentó el doble!* Durante esa década, alrededor de nueve millones de hombres adicionales se unieron a un grupo pequeño que se reúne durante la semana con el propósito de orar, estudiar la Biblia o tener compañerismo espiritual, separado de la escuela dominical u otras clases de la iglesia" (las itálicas son suyas).[3]

Cuando veo lo que está sucediendo con los hombres cristianos, pienso en la letra de la canción de U2, "I Still Haven´t Found What I´m Looking For" (Aún no he encontrado lo que estoy buscando), en la cual el cantante principal Bono, canta explícitamente acerca de una fe en la obra de redención de Cristo. Sin embargo, después de haber dicho todo eso, aún admite que continúa su búsqueda del "Reino venidero".[4] No estoy sugiriendo que Bono está cantando acerca de su búsqueda de la iglesia, ni tampoco estoy diciendo que no lo está haciendo.[5] Pero existen muchos hombres que creen lo que él describe, teología bíblica sólida, quienes no obstante siguen buscando un lugar donde experimentar la realidad de lo que creen.

¿Es posible eso separado de la iglesia? "Absolutamente", escribe Murrow. "Conozco una cantidad de hombres que son intensamente fieles a Jesús, pero quienes no asisten a cultos organizados de alabanza. Robert Lewis calcula que sus reuniones de Men´s Fraternity (Fraternidad de hombres) atraen con regularidad de 100 a 150 hombres quienes no asisten a la iglesia. Los hombres están tomando el enfoque a la fe estilo Costco, yendo directo a la fábrica y dejando al lado al intermediario."[6]

Un lugar donde esto está sucediendo es en New Canaan, Connecticut. Temprano por la mañana de cada viernes, hasta 250 hombres, desde banqueros de Wall Street hasta obreros, se reúnen en esta comunidad pequeñita en una reunión conocida como la New Caanan Society (Sociedad de nueva Canaán). Ellos comen, adoran, se abrazan, se ríen (mucho) y escuchan los retos de líderes cristianos distinguidos con un mensaje bíblico que tiene un tono masculino. Se permiten los cigarros, al igual que las lágrimas. Hacen cenas una vez al mes y un retiro para hombres una vez al año. Y como dicen los hombres, es la parte más importante de sus vidas espirituales. Los valores principales de la New Canaan Society son la honestidad, la humildad, la humanidad, la santidad, la esperanza y el humor. Sus "resoluciones" y declaraciones de fe serían aceptables en cualquier reunión evangélica. Y todo esto se está haciendo fuera de la iglesia.[7]

Por supuesto que este no es el único grupo así. La tendencia general alrededor del país es que los hombres no han dejado de creer en Jesús, sino que simplemente han encontrado maneras más significativas para expresar esa creencia más allá del edificio de una iglesia los domingos, a las once de la mañana. Al mismo tiempo, debemos mencionar que los grupos como la New Canaan Society y otros más, no están en contra de las iglesias. En lugar de eso, estos se ven como una iglesia subsidiaria, trabajando al lado de la iglesia para satisfacer algo que aparentemente no es capaz de hacer por sí sola.

En un vídeo de la New Canaan Society que está en su sitio en la red, uno de sus miembros dice que el grupo es especialmente para "hombres que tal vez tengan dificultad en ir a la iglesia, porque es repulsivo para ellos. Ellos están encontrando un grupo entero de hombres que simplemente se entusiasman por servir a Dios". Hay una declaración en el sitio de la red que dice: "Para muchos, NCS se parece sorprendentemente a una residencia cristiana de fraternidad, si es que existiera tal cosa. Para otros, somos un grupo de 'Young Life' (Vida joven) para hombres. Y aún para otros, NCS es un programa de doce pasos para 'pecadores en recuperación'".[8]

¿Qué es lo que los hombres encuentran en una residencia de fraternidad en la universidad o en un ambiente tipo fraternidad después de la universidad que no encuentran en la iglesia? Lo mismo que C.S. Lewis, J.R.R. Tolkien y sus colegas, The Inklings, encontraron cuando se reunían en la taberna llamada Eagle and

Child en Oxford, Inglaterra, para fumar una pipa y tomar una cerveza: relaciones entre sus colegas, la estimulación, la aceptación, el compañerismo y el buen humor. Afortunadamente, muchas iglesias han descubierto que los hombres responden bien a ambientes como estos mucho más que a los domingos por la mañana.

Me quedé pasmado, aunque no sorprendido, cuando leí la confesión de Chuck Colson de su propia frustración con respecto a los domingos por la mañana, ya que yo me he sentido de la misma manera. No existe alguien que respalde más a Cristo y su iglesia en nuestra época que él, pero este ex fiscal insensible del presidente de la Casa Blanca había llegado a su límite con lo que muchos están llamando la "feminización de la iglesia". Aquí tenemos la narración de Colson de lo que sucedió:

Cuando los directores de música en las iglesias dirigen a las congregaciones a cantar música cristiana contemporánea, por lo regular, escucho de manera estoica con los dientes apretados. Pero un domingo por la mañana, perdí el control. Nos habían dirigido a cantar eternas repeticiones de un estribillo sin sentido llamado "Draw me Close to You" (Acércame más a ti), que no tiene nada de contenido teológico y que fácilmente se pudo haber cantado en un club nocturno. Cuando pensé que final y afortunadamente se había concluido, el líder de alabanza sonrió y dijo: "¡Cantemos eso de nuevo!". Yo grité: "¡No!", lo suficientemente fuerte para que la gente a mi alrededor se volteara a verme, mientras que mi esposa, Patty, se encogió.[9]

Desgraciadamente, Colson no nos cuenta lo que sucedió después. Pero apuesto a que más de un hombre se acercó con él al terminar el culto para agradecerle por decir lo que estaba sintiendo. Las "eternas repeticiones" de coros lindos y cariñosos que son tan populares en las iglesias hoy en día, no es algo que va a atraer a los hombres a la iglesia. Por lo general, a los hombres no les gusta lo "lindo y cariñoso". Sin embargo, es lo que caracteriza a la mayoría de los cultos de las iglesias.

Algunos eruditos han remontado la "feminización" del cristianismo a la Edad Media en Europa; y a las transiciones como la revolución industrial en los años de 1800 en Estados Unidos, cuando los hombres abandonaron las granjas y aldeas para ir a trabajar a las ciudades, dejando atrás a las mujeres quienes procedieron a poblar y formar la iglesia.[10]

Sin tener en cuenta la causa, ha habido un cambio significativo en la percepción en cuanto a la naturaleza de la iglesia.

Considere un ejercicio que Murrow puso en marcha. Él ha mostrado a cientos de personas, cristianas y no cristianas, las dos listas a continuación y les pide que identifiquen cual mejor caracteriza a Jesucristo y a sus seguidores fieles:

LISTA IZQUIERDA
Competencia
Poder

LISTA DERECHA
Amor
Comunicación

Eficiencia	Belleza
Logro	Relaciones
Habilidades	Apoyo
Dar pruebas de valor	Ayuda
Resultados	Nutrientes
Logros	Sentimientos
Objetos	Compartir
Tecnología	Relacionar
Metas	Armonía
Autosuficiencia	Comunidad
Éxito	Cooperación amorosa
Concursos	Expresión personal

Murrow dice que más del 95% del tiempo la gente elige la lista derecha como la mejor representación de los valores cristianos verdaderos. Lo sorprendente es que Murrow creó las dos listas utilizando palabras escogidas del libro clásico de John Gray llamado *Los hombres son de Marte, las mujeres son de Venus*. La lista de la izquierda son los valores de Marte (hombres), y la lista de la derecha son los valores de Venus (mujeres). El punto de Murrow es que "cuando la mayoría de las personas piensan en Cristo y sus seguidores, piensan en valores femeninos".[11]

Yo tendría que decir que la mayoría de las iglesias a las que he entrado, promueven los valores de la lista derecha mucho más que los de la lista izquierda. Cuando los hombres captan esto, aunque sea subconscientemente, ¿cuál cree que sea su reacción? Es parecido a ser invitado a una despedida de soltera u otros eventos "dulces y cariñosos". Los hombres están buscando ambientes masculinos para pasar su tiempo. Es por eso que se van al aire libre, a eventos de deportes físicos, a tabernas y bares, a madererías y ferreterías. No es ningún secreto que los hombres quieren ser hombres. Pero si es un secreto para muchos hombres que no sienten que pueden ser hombres en la iglesia.

Los hombres pasan su vida de trabajo resolviendo problemas y realizando labores y metas. Pero cuando llegan a la iglesia, se les pide que se vuelvan pasivos, que se sienten en una banca o silla y escuchen a alguien dar una predicación o enseñanza. Y comúnmente cuando ven un problema que se necesita resolver, se dan por vencidos, en lugar de navegar las capas de la burocracia de donde deben obtener la aprobación para asumir el ministerio que les interesa iniciar. A los hombres que toman decisiones y son triunfadores seis días a la semana se les pide que "tomen un número" y esperen su turno en el séptimo día. Algunas veces me pregunto si los pastores saben a quienes están viendo cuando miran a sus congregaciones desde el púlpito los domingos por la mañana. ¿Reconocen a los hombres que saben como realizar las cosas, pero que comúnmente se les pide que sirvan en capacidades solamente fuera de sus dones y llamados?

Un ejemplo es la iglesia New Life Church en Colorado Springs, Colorado.

Ella ofrece cientos de ministerios de grupos pequeños y actividades que no se conciben por los pastores. Si alguien quiere iniciar un nuevo ministerio y pasa una selección básica, la iglesia ayudará a promover el grupo. "New Life organiza el mercado, pero deja los detalles a las personas, quienes escriben sus propios programas", dice un escritor, describiendo el enfoque único de la iglesia.[12]

Una estrategia como esta golpearía con temor los corazones de los líderes de la iglesia. El temor de perder el control, de ver hombres dotados, aparte de ellos mismos, ascender a posiciones superiores en la iglesia, sería demasiado para ellos. Sin embargo, el resultado es que esos hombres dotados con frecuencia abandonan ese lugar y van a otros lugares los domingos donde pueden competir, razonar, retar, construir, resolver y hacer todo tipo de cosas masculinas.

Steve Sonderman, un pastor de hombres en una iglesia grande en Wisconsin, había observado cómo una reunión de hombres de los sábados por la mañana creció a más de 150 hombres en enero de 1996. El equipo de liderazgo anticipaba que era muy probable que hubieran 175 en febrero y comenzaron a hacer planes con anticipación. Pero en la primera semana de febrero, tuvieron temperaturas bajo cero con vientos fríos de menos 75 grados. Se estaban cerrando las escuelas y todas las actividades innecesarias a causa del clima. Ese primer sábado de febrero, terminó por ser oficialmente el día más frío del año, y Sonderman contempló ni siquiera hacer el viaje a la iglesia, suponiendo que nadie saldría a hacer frente al clima. Pero terminó por ir, pensando que por lo menos dirigiría un pequeño estudio bíblico para los pocos hombres que vendrían. Cuando bajó de su oficina al salón de compañerismo, se impresionó al encontrar 220 hombres comiendo, riendo, compartiendo, todo en el día más frío del año.[13]

Los hombres pagarán un precio muy alto por algo que paga un dividendo aún mayor, si sólo se ofreciera el dividendo.

DIRECCIONES NUEVAS

Por el bien de redondear, debo mencionar el imperativo bíblico para los miembros del Cuerpo de Cristo de no dejar de congregarse juntos. Como declara Hebreos 10:24-25, es con los propósitos de animar y estimular al amor y a las buenas obras. No debiera ser necesario decir que los hombres tienen una responsabilidad bíblica de ser participantes activos en la vida comunal de la iglesia. El esperar a ir a la iglesia hasta que uno encuentra la iglesia perfecta es un acto de vanidad e inutilidad. Las malas iglesias no mejoran cuando los buenos hombres no asisten.

Si usted es un hombre que no está asistiendo a la iglesia, le animo a empezar a ir. Y si usted es un hombre que asiste a la iglesia pero desea no tener que hacerlo, le animo a platicar con los líderes de su iglesia respecto a lo que haría a la iglesia más irresistible para hombres tales como usted. Puede que usted piense que nada va a cambiar, y puede ser que no. Pero usted necesita poner su parte como un agente de cambio al presentarse e involucrarse.

Es desalentador el número en Estados Unidos de esposas que batallan solas con llevar a los hijos a la iglesia cada domingo, especialmente considerando que sus esposos con frecuencia están sentados frente a la televisión, pescando en la laguna, en el campo de golf o en sus talleres. No existe una buena respuesta para los hijos, especialmente niños jóvenes que quieren ser como sus padres, quienes preguntan: "¿Por qué tengo que ir a la iglesia? ¡Mi papá no tiene que ir!". Un estudio asombroso basando en Suiza (donde las cifras del censo incluyen la actividad religiosa en los hogares) demuestra el efecto de los padres sobre los intereses religiosos de sus hijos en el futuro, cuando los padres asisten o no a la iglesia. Los números son suficientes para asustar a cualquiera de nosotros los padres para abandonar el campo de golf y asistir a la iglesia por el bien de nuestros hijos.[14]

CONEXIONES NUEVAS

"Casi todo relacionado a la iglesia de hoy en día, su estilo de enseñanza, sus ministerios, la manera en que se espera que la gente se comporte, incluso las imágenes populares de Jesús, está diseñado para cumplir las necesidades y expectativas de un público principalmente femenino. La iglesia es linda y sentimental, es bonita y sirve para nutrir. Las mujeres rebosan en este ambiente. En lenguaje moderno, las mujeres son la audiencia a la que está dirigida la iglesia de hoy en día."[15]

¿Usted está de acuerdo? Esposo y esposa, platiquen a fondo de esta idea juntos, y vean cuál es su conclusión. Puede que los dos se sientan perfectamente contentos con su experiencia en la iglesia. Pero es probable que existan algunos hombres en su iglesia quienes no están contentos, y como resultado, algunas mujeres que tampoco están contentas. Haga lo que pueda para hacer que este secreto de los hombres forme parte de su vida y conversación.

Las cifras no mienten; hay muchos hombres que están manteniendo en secreto el acto de evitar la iglesia. Sin embargo, la iglesia sólo puede ser fortalecida cuando ellos regresan.

Capítulo 13

SER UN VERDADERO LÍDER ESPIRITUAL

No es ninguna exageración cuando digo que todo lo que necesitaba saber acerca del liderazgo espiritual lo aprendí de Fred Stoeker.

Fui educado en una era y un vecindario teológico que no comprendía el liderazgo espiritual verdadero, es decir, liderazgo de servicio. Yo aprendí los principios que sonaban razonables, listas de qué se debe hacer y qué no se debe hacer, pero que eran un poco indiferentes a la realidad. Aprendí que los esposos son la cabeza del hogar en cuanto a todas cuestiones espirituales y la última palabra en todo. Así como un director corporativo, él escucha y luego toma una decisión. El esposo lleva la batuta.

Entonces conocí a Fred, quien era auténtico en cuanto a ser un esposo y padre. Él era el líder espiritual de su hogar, pero dirigía de tal manera que se ganó el afecto de su esposa e hijos. Me pregunté qué era lo que hacía que su estilo de liderazgo fuera tan único. Mientras trabajamos en un proyecto de libro, que finalmente fue publicado como Every Man's Marriage (El matrimonio de todo hombre), él comenzó a enseñarme cómo dirigir. Fred me mostró que el líder espiritual en el hogar es el primero en decir "lo siento", el primero en pedir perdón y el primero en perdonar. También es el primero en levantarse a orar en las mañanas por su familia y el primero en estudiar la Palabra de Dios. Es el primero en sacrificar su horario si el acto de hacerlo significaría mucho para su esposa e hijos. Primero en adorar, en servir, en sacrificar, en luchar por lo que es correcto y bueno y el primero en amar.

Fred Stoeker es un libro viviente en cuanto al liderazgo de servicio en el hogar. Por la gracia de Dios, se me permitió pasar tiempo con él y estudiar las páginas de su vida. No soy el líder que es Fred, pero quiero serlo.

LO QUE SABEMOS DE LOS HOMBRES Y DEL LIDERAZGO ESPIRITUAL EN LA FAMILIA

No existe una falta de asuntos, secretos, en la vida de un hombre para mantener ocupada su conciencia culpable. Y un tema que no se le permite olvidar, debido a los recordatorios de la iglesia y el cónyuge, es ese que se refiere al liderazgo espiritual en el hogar. Los hombres saben que deberían ser buenos líderes para sus hijos, incluso para sus esposas, pero muchos hombres no están seguros de los que eso significa. ¿Dar influencia? ¿Ser un ejemplo? ¿Dar instrucción? ¿Dar disciplina? ¿Todo lo mencionado?

En nuestra encuesta, descubrimos que el 18.1% de los hombres encuestados "se siente incómodo por ser el líder espiritual de la familia" siempre o con frecuencia. Incluso el 16.2% de los no cristianos se siente de esta manera. Quizás están respondiendo dentro del contexto de otra fe, musulmán, judía u otra. Pero incluso aquellos que no son religiosos sienten alguna sensación de inquietud en cuanto a la labor de inculcar morales, valores y ética, dirección espiritual, en las vidas de sus hijos.

Los hombres cristianos, en especial, se sienten de está manera debido a las expectativas bíblicas adicionales que acompañan la noción moderna de que el padre es el sacerdote del hogar. Reconozco que hay pasajes en la Biblia que dirigen a los padres a criar a sus hijos "según la disciplina e instrucción del Señor" (Efesios 6:4). Pero también hay versículos que sugieren una responsabilidad y participación igual por parte de las madres (Proverbios 1:8). No obstante, una industria completa se ha desarrollado para equipar a los padres para ser los líderes espirituales de sus hogares. Junto con los recursos útiles vienen los remordimientos para aquellos padres quienes son recordados de todo lo que no están haciendo.

En el capítulo anterior, hice referencia brevemente a un estudio en Suiza referente a los efectos del liderazgo espiritual del padre sobre sus hijos. Se enfocó principalmente en la asistencia a la iglesia, pero los resultados se pueden interpretar en términos más generales. En el censo suizo de cada diez años, se reúne información acerca de la religión de las personas junto con otra información esperada. Pero en 1994, los suizos hicieron una encuesta extra para determinar si las creencias y costumbres religiosas de una persona se extendían a la siguiente generación y por qué, sea que la respuesta fuera si o no.[1] Aquí tenemos el resumen crítico de lo que se descubrió: "La costumbre religiosa del padre de familia es, más que cualquier otra cosa, lo que determina la futura asistencia de sus hijos a la iglesia o la ausencia del mismo".[2]

Estados Unidos nunca ha tenido iglesias respaldadas por el estado, pero Europa sí. Así que la idea de la "asistencia a la iglesia" tiene un significado diferente nacionalmente en un continente donde el cristianismo ha disminuido de manera significante, en la era posterior a la Segunda Guerra Mundial a comparación de aquí. En Estados Unidos, las influencias generales sobre la asistencia a la iglesia no es un asunto del censo. Sin embargo, esto no significa que los resultados de otro país no se puedan aplicar o no aplican a nosotros.

La información resumida del estudio suizo, por Robbie Lowe, párroco de la iglesia de Inglaterra, es voluminosa, pero vale la pena hacer notar algunos puntos claves. Mientras que algunos porcentajes pueden parecer bajos, mantenga en mente el punto que hicimos anteriormente referente a la disminución considerable de

Europa en cuanto a la asistencia a la iglesia y la cultura en gran parte secular.

- Si un padre y una madre van a la iglesia *con regularidad*, el 33% de sus hijos seguirá su ejemplo, mientras que el 41% se volverá un asistente irregular.

- Si un padre asiste *con irregularidad* mientras que su esposa asiste con regularidad, solo el 3% de los hijos de la pareja se volverá un asiduo asistente a la iglesia, mientras que el 59% se volverá irregular. (Algo bastante interesante es que si un padre no asiste a la iglesia para nada, pero está casado con una asistente constante a la iglesia, esa primera estadística varía solo un poco: el 2% de los hijos de la pareja asistirá con regularidad mientras que el 37% asistirá con irregularidad.)

- Si el padre asiste *con regularidad* a la iglesia pero su esposa asiste esporádicamente o no asiste para nada, el porcentaje de hijos que serán asistentes a la iglesia con regularidad en realidad sube a un 38%, mientras que el 44% será un adorador irregular cuando sean adultos.

Sin tener en cuenta los porcentajes poco impresionantes de niños convertidos en adultos que terminan por asistir a la iglesia, la influencia del padre sobre la formación espiritual de sus hijos es irrefutable. En resumen, Lowe dice esto:

Los resultados son...casi lo más políticamente incorrecto que se puede ser; pero simplemente confirman lo que los sicólogos, los criminólogos, los educadores y los cristianos tradicionales ya saben. Uno no puede esquivar la biología del orden creado. En la sociedad liberal occidental, la influencia del padre está completamente fuera de toda proporción a su papel asignado y severamente disminuida.

El papel de la madre siempre permanecerá principal en términos de intimidad, el cuidado y la educación...Pero de igual manera es verdad que cuando un hijo comienza a entrar a tal periodo de diferenciar entre el hogar y la responsabilidad con el mundo "exterior", él (y ella) miran cada vez más al padre para ser su modelo a seguir. En los aspectos donde el padre es indiferente, inadecuado o simplemente ausente, la labor de diferenciar y de la responsabilidad es mucho más difícil. Cuando los hijos ven que la iglesia es cosa de "mujeres y niños", ellos responderán en consecuencia, al no asistir a la iglesia o asistir con mucho menos frecuencia."[3]

Repito, esto es en Suiza, no en Estados Unidos. Pero yo no apostaría de manera personal en contra de esta información. Aparentemente, el padre que se describe en la televisión en Estados Unidos como una persona inepta y no influyente es contradictorio con los resultados. Nadie más que el padre tiene un impacto más grande sobre los hijos, al menos cuando se trata de asuntos espirituales.

Tal vez la carta de una mujer, recibida por el sicólogo y autor Sam Keen, puede poner en la perspectiva correcta la urgencia de este asunto: "Quizás el cambio verdadero vendrá cuando los hombres se den cuenta por completo, en sus entrañas y no nada más en la cabeza, que tienen la misma responsabilidad, junto con las mujeres, de crear, educar y proteger a los hijos, que los hijos no son nada más objetos sexuales, molestias o algo para aumentar su ego, sino que son su primera responsabilidad, antes de la guerra, el dinero, el poder y el estatus."[4]

LO QUE EL LIDERAZGO ESPIRITUAL SIGNIFICA PARA LOS HOMBRES

Los hombres y el poder van de la mano. Nosotros rebosamos al ver nuestra propia influencia sobre otros, especialmente nuestra descendencia. Pero si este es el caso, entonces, ¿por qué nos incomoda el papel de liderazgo espiritual en el hogar? ¿Por qué es que los hombres, quienes con toda confianza dirigen en su trabajo, de repente se vuelven pasivos e incapaces en proporcionar un liderazgo espiritual en el hogar? Aquí tenemos algunas razones:

1. Conocimiento y habilidades

Los hombres dirigen y cumplen en su trabajo porque saben qué hacer. Los contratistas construyen, los contadores cuentan, los abogados argumentan y los doctores diagnostican y recetan. El hacer lo mismo ocho horas al día por una década lleva a la capacidad y confianza. Piense qué tan incapaz e inseguro se sentiría alguien con respecto a algo que intentan hacer por cinco o diez minutos un par de veces a la semana. Y es ahí donde hallamos una parte del problema; hemos comunicado a los padres que el liderazgo espiritual consiste en una hora de tener devocionarios diarios para la familia, los cuales constan de leer la Biblia o una historia, un juego, la memorización bíblica, la oración y otras actividades relacionadas. Los padres sienten que necesitan una educación de seminario para poder llevar acabo una tarea como esta. (A continuación, tenemos más acerca de la perspectiva alternativa.)

2. Tiempo

Esto casi no necesita una explicación. Dada la velocidad frenética a la que la mayoría de las familias operan hoy en día, las familias (especialmente los que tienen adolescentes) tienen suerte si se encuentran todos juntos en la misma habitación, al mismo tiempo, más de un par de veces a la semana. Una comida juntos es considerada un gran logro. Si habla con un padre acerca de dirigir a su familia espiritualmente, es probable que le dé una respuesta de una palabra: "¿Cuándo?". Repito, esto es evidencia de que le ponemos un horario a la espiritualidad como si fuera una cita en una agenda ya bastante ocupada.

3. Perspectiva

Muchos padres usan su mentalidad vocacional para tratar el asunto del liderazgo espiritual. En el trabajo, ellos están acostumbrados a dar recursos y responsabilidad a las personas; es decir, delegar, lo cual da resultados. Sin tan siquiera pensarlo, ellos aplican esta misma perspectiva al liderazgo espiritual: "Yo doy generosamente a mi iglesia para que mis hijos, desde el nivel preescolar hasta su graduación, tengan un entrenamiento y desarrollo espiritual competente. Yo estoy haciendo mi parte al escribir el cheque. Ellos deberían hacer el suyo al entrenar a mis hijos". No encontrará a muchos padres que estén diciendo eso, pero si encontrará a unos cuantos pensando eso.

4. Culpabilidad

Si un padre llega en coche a la casa por la tarde, después de trabajar y de haber batallado con el tráfico de la hora pico, y le habla fuerte a sus hijos por haber dejado sus bicicletas en el estacionamiento, esto no precisamente pone el ambiente para una lección bíblica en familia acerca del amor. Los padres saben que sus propias vidas espirituales no son perfectas y por eso dudan de ponerse al frente como maestros (ejemplos) para sus hijos o para sus esposas, quienes conocen mucho mejor sus fallas. Sin embargo, la verdad es esta: si la perfección fuera un requisito, ninguno de nosotros haría algo en la vida. Los padres tienen que aprender a practicar el ciclo de confesión-perdón con sus hijos, al igual que con Dios. Efectivamente, ese ciclo se vuelve una de las cosas más poderosas en la caja de herramientas del liderazgo espiritual del padre.

5. Falta de Apoyo

Aunque sucede en la minoría de los casos, hay veces cuando a un esposo le falta el apoyo espiritual y emocional de su esposa. Puede que esté tratando de ser un líder e influyente espiritual en su hogar, sólo para descubrir que no hay ningún refuerzo por parte de su esposa. Si el sale en un viaje de negocios, su esposa no lleva a los hijos a la iglesia ni tiene un momento devocional como familia. La ausencia del papá se vuelve el equivalente a unas vacaciones alejadas de Dios. No existe nada más peligroso para los hijos que tener padres que no están unidos espiritualmente. Y, contrario a lo que comúnmente se cree, algunas veces es la esposa quien no apoya los esfuerzos de su esposo para fortalecer la fe de sus hijos.

El liderazgo espiritual significa mucho para la mayoría de los hombres que son cristianos. No es que no quieran ser líderes espirituales, es sólo que pasa un día, una semana, un mes, un año, y el status quo se queda sin alteraciones por cualquier razón o todas las mencionadas anteriormente. El consejero Willard Harley resume cómo se sienten, de manera innata, la mayoría de las esposas acerca de sus esposos cumpliendo con este papel: "Sobre todo, las esposas quieren que sus esposos tomen el papel de liderazgo en [la] familia y que se comprometan al desarrollo moral y educativo de sus hijos. *La situación ideal para una esposa es casarse con un hombre a quien ella puede admirar y respetar y ver a sus hijos crecer para ser como su padre"* (las itálicas son mías).[5]

Y así como Jim Conway señala, entre más grandes crecen los niños, más importante son sus años fundamentales cuando se trata de su madurez espiritual y cercanía con sus padres:

Ya para la edad media, un cambio ha sucedido en nuestro proceso de pensar. Sentimos un conflicto extraño de emociones. Apenas ayer esperábamos con ansias logros más grandes y de un nivel más alto. Ahora comenzamos a mirar hacia atrás. Nuestros hijos adolescentes son los que están mirando con mucha anticipación hacia al futuro. Para ellos, significa independencia y su propio estilo de vida. Para nosotros hay una creciente reflexión melancólica de días que ya pasaron para siempre, y quizás una culpabilidad por oportunidades aplazadas o malgastadas.

Tristemente, no es que los padres quieran pasar más tiempo con sus hijos ahora, sino que quieren atrasar el reloj y revivir aquellos años cuando sus hijos eran más pequeños. Al parecer, no logran atravesar el abismo, los años perdidos de comunicación. Los hombres siguen esperando a que sus jóvenes tomen la iniciativa, pero es el lugar del padre de ser un "hombre" y hacer esa conexión.

Muy pocos hombres se dan cuenta de que si pidieran disculpas a sus adolescentes o jóvenes adultos, se podrían reconstruir rápidamente muchos puentes y comenzar relaciones maravillosas. La mayoría de los adolescentes y jóvenes adultos esperan con afán que Papá les extienda la mano y diga: "¡Lo siento! Invertí mi tiempo en obtener cosas materiales en lugar de conectarme contigo".[6]

Desgraciadamente, los niños pequeños no le pueden decir a sus padres cuánto necesitan de su liderazgo espiritual en el momento que lo necesitan. Pero cuando están más grandes, la falta de tal liderazgo se puede volver una realidad dolorosa. No es que no se pueda cumplir, pero de todas maneras es dolorosa. Lo cual lleva al elefante en la habitación del liderazgo espiritual: el divorcio. ¿Qué es lo que deben hacer espiritualmente los padres por sus hijos que ya no viven con él o ni siquiera ve con regularidad? La respuesta sencilla es esta: todo que les sea posible. Quiero citar un pasaje prolongado escrito por Sam Keen, basado en este tema, porque es la experiencia de un hombre que espero que se relacione con miles más. Aunque no habla desde una perspectiva típica evangélica, sus palabras se pueden aplicar fácilmente a padres interesados en el liderazgo espiritual:

Ya llevaba cinco años de divorciado cuando miré un cartel, justo en medio de la contaminada sección industrial de Richmond, con el este extremo mensaje: "Nada puede compensar el fracaso en la familia". Mi reacción inmediata fue iniciar un argumento con el evangelista del cartel, de defenderme a mí mismo y a la multitud de mis compañeros divorciados quienes se habían separado de familias por lo que nosotros consideramos, las mejores razones. "¡Eso es estúpido! ¡Qué manera de hacer sentir culpable a uno! Un buen divorcio es mejor para los niños que un mal matrimonio. Y de todas maneras, el divorcio no es necesariamente una señal de 'fracaso'. Y aparte de eso, mis hijos están viviendo conmigo y yo les estoy 'compensando' su pérdida. Y, y, y...". No fue hasta después de agotar mi autodefensa que me calmé y me permití asimilar el peso completo de la propuesta y pensar en él de una manera calmada.

Ahora, han pasado doce años desde que miré el cartel. Mi hija e hijo de mi primer matrimonio han crecido y son encantadores. Me volví a casar, y tengo una hija de diez años. Después de considerable meditación sobre el asunto, he llegado a creer que el mensaje del cartel es cierto y profético. Al mirar a mis hijos luchar con las dolencias e interrupciones, que son el resultado inevitable de las diferencias irreconciliables entre sus padres, he aprendido lo que muchos hombres sólo aprenden después del divorcio. No existe nada más precioso que nuestros hijos. En las horas silenciosas de la noche, cuando sumo todos los logros de mi vida, de los cuales me enorgullezco de manera justificable: una decena de libros, miles de conferencias y seminarios, una granja construida a mano, un premio aquí, un honor allá, yo sé que los tres que se clasifican por encima de todos los demás se llaman Lael, Gifford y Jessamyn. Me rindo honores a mí mismo en el grado en que los he amado, educado y disfrutado. He fracasado como padre y como hombre en el grado en que los he lastimado al no estar disponible para ellos a causa de mis preocupaciones obsesivas de mí mismo o de mi profesión.[7]

DIRECCIONES NUEVAS

Si el liderazgo espiritual en el hogar no es un compartimiento, ni una cita en la agenda, ni un horario, ni una reunión, entonces ¿qué es? No estoy diciendo que esas no sean parte del proceso, pero definitivamente son más los medios que los fines.

Comencemos con la imagen grande. A mí me gustan las tres metas espirituales que David Bentall y su esposa establecieron para el desarrollo espiritual de sus hijos. (Los puntos son de él, los comentarios son míos.)

1. Procure vivir ante sus hijos una vida digna de imitación.

El enfoque aquí está en los padres, no en sus hijos. El principio de ser un ejemplo y de imitación dice que la verdad espiritual es más probable a ser captada que enseñado. Los niños son expertos en separar en las vidas de sus padres la verdad de la ficción. Como padre, si usted quiere inculcar en sus hijos valores bíblicos, verdades y disciplinas bíblicas, esos elementos tendrán que volverse realidades en su vida primero. Si usted quiere dirigir a sus hijos en la dirección del reino de Dios, lo primero que debe hacer es dirigirse en esa dirección usted mismo.

2. Corrija y discipline a sus hijos con amor.

Nota: Bentall no dijo "castigar". La palabra en el Nuevo Testamento para disciplina significa "entrenamiento" y "corrección", y casi no hace mención del castigo. El castigo mira atrás a los pecados cometidos, mientras que el entrenamiento y la corrección miran hacia delante al carácter desarrollado. La disciplina como entrenamiento implica enseñar, explicar, modelar, modificar, corregir, implementar; todo esto es constante. El ser un líder espiritual para sus hijos significa que usted se convierte en un entrenador de vida desde una perspectiva de Dios. Y mientras que su papel cambia de entrenador a consejero cuando sus hijos llegan a ser adultos, el proceso de impartir vida y sabiduría nunca termina.

3. Afirme y anime a cada hijo como un regalo único y especial de Dios. El regalo más grande que un padre puede darle a sus hijos es la bendición de la bienvenida y el mérito. Si Dios el Padre le dijo a su Hijo: "Este es mi Hijo amado; estoy muy complacido con él" (Mateo 3:17), ¿cuánto más debería un padre terrenal decirle lo mismo a sus hijos? Nuestra cultura ahora está cosechando las semillas de la paternidad ausente que hemos sembrado en décadas recientes. Existen millones de jóvenes adultos vagando por el paisaje de Estados Unidos en busca de ellos mismos, buscando en cada hoyo oscuro cultural una identidad por reclamar, jóvenes adultos para quienes no hubo un padre que pronunciara una bendición única sobre ellos cuando necesitaban escucharlo.[8]

El mejor paradigma de la Biblia sobre cómo lograr lo mencionado arriba está en Deuteronomio 6:6-9: "Grábate en el corazón estas palabras que hoy te mando. Incúlcaselas continuamente a tus hijos. Háblales de ellas cuando estés en tu casa y cuando vayas por el camino, cuando te acuestes y cuando te levantes. Átalas a tus manos como un signo; llévalas en tu frente como una marca; escríbelas en los postes de tu casa y en los portones de tus ciudades" (NVI).

Este pasaje me recuerda la frase creada por Tom Peters y Bob Waterman en su libro clásico de negocios llamado *In Search of Excellence* (En busca de la excelencia). Ellos descubrieron que los mejores líderes de las compañías practican lo que ellos llaman "dirección por medio de andar caminando". En lugar de poner a las personas en salones e instruir principios en sus cabezas, estos directores salieron al piso de la fábrica y comunicaron los métodos y la filosofía de la compañía basándose en corazón con corazón y mano con mano.[9] Como padres, haríamos bien al mirar de la misma manera nuestro papel de liderazgo espiritual: dirigir por medio de andar caminando con nuestros hijos.

A través de los años he escuchado varias cosas que el legendario educador y profesor cristiano Dr. Howard Hendricks, solía decirle a sus estudiantes de seminario (originalmente todos masculinos) acerca del cuidar de los hijos. Sin embargo, hay tres de sus joyas de sabiduría en particular que encajan bien con el paradigma de Deuteronomio 6.

En primera, nunca vaya a algún lado solo. Siempre que pueda, llévese a uno de sus hijos. Ya sea un mandado, un viaje, un evento deportivo, donde sea que un padre vaya con sus hijos, oportunidades surgirán para comunicar verdades espirituales. Usted tiene que estar en presencia de ellos para poder influenciarlos.

En segunda, no crea la mentira de que la "calidad" compensa a la "cantidad" cuando se trata de pasar tiempo con los hijos. La cantidad de tiempo tiene la misma importancia. Cuando un hombre se convierte en padre puede olvidarse de la mayoría de su "tiempo libre" de los próximos veinte años. La mayoría de ese tiempo se necesita usar para pasar tiempo con sus hijos.

En tercera, la mejor manera en que un padre puede amar a sus hijos espiritualmente y emocionalmente es a través de amar a su madre espiritualmente y emocionalmente.

En otras palabras, para un hombre, el ser un líder espiritual se trata más de un estilo de vida que eventos específicos y previstos. Reconozco que son importantes los eventos como los tiempos de devocionarios en familia a diario, semanales o cuando sea; que es importante la asistencia a la iglesia; que son importantes las lecturas y la memorización bíblica. Pero también es importante infundir un amor profundo y extendido por Dios a los eventos de la vida cotidiana: las comidas, los paseos después de la cena, los paseos en bicicleta, los juegos, el ganar y ahorrar dinero, el servir a los menos afortunados, la competencia sana, las recompensas por responsabilidades realizadas, los consejos de familia, el descubrir y desarrollar talentos y la celebración de logros. Todos estos eventos, cada aspecto de la vida tiene una dimensión espiritual por "explotar" en beneficio del desarrollo espiritual si los padres tan solo aprovecharan las oportunidades.

CONEXIONES NUEVAS

El entrenamiento espiritual en el hogar es un esfuerzo en equipo. Pero cada equipo necesita un líder, y pareciera que las Escrituras muestran que Dios espera que los hombres marquen el paso. Así como es cierto de cualquier equipo que opera correctamente, el liderazgo es un proceso compartido de descubrimiento y de ponerlo en práctica. Una esposa que pone libros o folletos sobre el liderazgo espiritual en el portafolio de su esposo, o que se queja que su esposo no está ejerciendo el liderazgo que debe, verá pocos resultados. La mayoría de los hombres no responden a tales tácticas. Pero la mayoría de los hombres reaccionarán a conversaciones y diálogos que tengan que ver con hacer un cambio, especialmente cuando se comprende qué tan difícil puede ser ese proceso, y el papel que un esposo debe tomar en él.

Los hombres no quieren que sus hijos fracasen en la vida. Pero si no han estado ejerciendo el liderazgo espiritual en el hogar, se llevará tiempo para poner en práctica nuevas maneras de hacerlo. El mejor lugar para empezar para cualquier esposo es al pedirle a Dios la sabiduría y la voluntad para guiar a su esposa e hijos hacia el reino de Dios, para crear un proceso de generaciones que continuará dando fruto mucho después de que él ya no esté. Me encanta la forma en que Sam Keen imagina a los hombres pasando la fuerza espiritual de una generación a otra.

"En el centro de mi visión de hombres ya no está un hombre solitario puesto de pie, alto, con la puesta del sol en el fondo, sino una figura combinada compuesta de un abuelo, un padre y un hijo. Los límites entre ellos son porosos e impulsos fuertes de cuidado, sabiduría y alegría pasan completamente en todas las generaciones. Para formar hombres buenos y heroicos lleva generaciones, depositados en los corazones e iniciados en los brazos de padres que fueron depositados en los corazones e iniciados en los brazos de sus propios padres."[10]

Lo único que se necesita para que ese proceso comience o se descarrile, es que un hombre elija dirigir o abandonar su papel en su hogar.

Capítulo 14

LA INSUFICIENCIA ESPIRITUAL

El amor de Paul y Lily sobrevivió el ajetreo de las hormonas de la escuela preparatoria. Se mantuvieron juntos y se casaron jóvenes con el apoyo de sus familias extensas. Espiritualmente hablando, eran una buena pareja que ambos estaban buscando. Asistían a nuevas iglesias casi cada domingo, buscando un lugar donde encajar. Cuando Lily se embarazó, ella comenzó a pensar en las responsabilidades espirituales implicadas en criar a los hijos y de la influencia positiva de tener una iglesia propia. Su búsqueda de una iglesia se volvió más seria.

Un domingo, en la iglesia escuchó acerca de una reunión próxima de MOPS, Mothers of Preschoolers (Madres de preescolares). Ya que estaba a punto de tener su propio preescolar, ella asistió a la reunión y fue recibida con entusiasmo. Nunca antes había experimentado este tipo de energía con cualquier cosa que tenía que ver con la iglesia y continuó asistiendo con regularidad a la reunión de MOPS. Eso la llevó a formar parte de un grupo de estudio bíblico de mujeres, donde hizo un descubrimiento que le cambió la vida: Dios era santo y ella no lo era. Llegó a comprender la diferencia entre la asistencia a la iglesia y el tener una relación con Dios a través de Cristo. No pasó mucho tiempo antes de que experimentara un renacimiento espiritual genuino.

Al inicio, Paul estaba muy feliz por ella, un poco confundido y con un poco de envidia por lo que ella había encontrado, pero no obstante, feliz. Pero muy pronto eso cambió. Conforme Lily crecía espiritualmente, ella lo comenzó a estimular a hacer lo que ella había hecho: aceptar a Cristo y comenzar a crecer espiritualmente junto con ella. Entre más presionaba y estimulaba ella, más se irritaba él. Finalmente, él declaró su independencia espiritual. Ella podía seguir asistiendo a la iglesia pero él no lo haría, muchas gracias.

Paul después dijo que se dio cuenta que el hecho de mantenerse en sus trece era un intento de sujetarse de la persona que él era, de no ser forzado a entrar al molde de su esposa. Pero también se dio cuenta que su esposa estaba avanzando espiritualmente y que lo estaba dejando atrás. Se sentía débil e inferior espiritualmente y no le gustaba como se sentía eso. Ella se había vuelto la líder, aún no comprendiendo que la mejor manera de atraer a alguien a cualquier aventura nueva es a través del ejemplo, no a través de la intimidación.

Tristemente, Paul nunca comenzó a asistir a la iglesia y un abismo espiritual permaneció entre ellos dos. Si se hubiera manejado de una manera distinta, el resultado pudo haber sido más positivo para ambos.

LO QUE SABEMOS DE LOS SENTIMIENTOS DE INSUFICIENCIA ESPIRITUAL DE LOS HOMBRES

Este es el tercer capítulo de este libro de la sección de "espiritualidad", los tres tratan los secretos que los hombres guardan referente a los asuntos espirituales. El capítulo 12 habló acerca del aburrimiento de los hombres en cuanto a la iglesia y las actividades relacionadas a la misma, mientras que el capítulo 13 echó un vistazo a la incomodidad de los hombres con respecto al liderazgo espiritual en la familia. Por necesidad, estos dos capítulos plantearon las preocupaciones tanto de hombres como de mujeres: la feminización de la iglesia y cómo las mujeres quieren que los hombres sean líderes espirituales más fuertes en el hogar. Este capítulo continúa con ese tema.

En nuestra encuesta, un impresionante 68% de los hombres dijo que no está a la altura de las mujeres espiritualmente hablando, ya sea una parte del tiempo (53%), con frecuencia (14%), o siempre (1%). ¿Pero qué significa exactamente "no estar a la altura de las mujeres espiritualmente hablando"? Por su misma naturaleza, las encuestas hacen preguntas breves que se clasifican por la red de aquellos a quienes preguntamos, en este caso, 3,600 redes diferentes. Cuando esa pregunta en particular llega a los receptores en el cerebro de un hombre, algo sucede emocionalmente. El hombre contra la mujer no es un asunto intelectual; es un asunto emocional. Y añádale el componente subjetivo "espiritual" y hace que el agua sea aún más turbia. Más de dos tercios de los hombres están diciendo que de cierta manera, se sienten incompetentes espiritualmente comparados con las mujeres que los rodean. ¿Quiénes son estas mujeres: sus esposas, las mujeres que conocen en la iglesia, las amigas de sus esposas, las mujeres en general?

LO QUE LA INSUFICIENCIA ESPIRITUAL SIGNIFICA PARA LOS HOMBRES

Basado en mi propia experiencia y la experiencia de los hombres con quienes he interactuado a lo largo de los años en el ministerio, esto es lo que pienso que los hombres están diciendo en cuanto a su sentido de insuficiencia espiritual: "Mi esposa y otras mujeres que conozco son mejores cristianas ("más espirituales" para aquellos quienes no son cristianos) que yo. Conocen más de la Biblia, hacen más cosas espirituales con niños, están más involucradas en la iglesia, oran más, compran y leen más libros cristianos y religiosos. Comparado con ellas, yo soy un inexperto, bueno está bien, un flojo. Lo admito. Me siento intimidado por las mujeres cuando se trata de cosas espirituales."

Cuando decimos que algo o alguien es insuficiente, normalmente seguimos la oración con la palabra *para* (por ejemplo: "Nuestros fondos son insuficientes para el proyecto que describimos"). Entonces, ¿"para" qué exactamente es que los hombres se sienten insuficientes? Tiene que ser aquellas cosas que ellos consideran que son las costumbres de la vida cristiana.

Si un hombre de negocios se siente adecuado para las demandas de su negocio, esto significa que se siente competente para manejar a las personas, negociar, resolver problemas, hacer el balance de las finanzas, administrar su inventario, comprar y vender productos y un montón de otras labores. Pero si ese mismo hombre se siente incompetente espiritualmente, comparado con las mujeres, esto significa que él piensa que las mujeres serían mejores o más competentes que él para las "labores" de la vida cristiana: guiar a otros (incluyendo sus propios hijos) a la madurez espiritual, cuidando las almas de la gente, comunicando las verdades de la Biblia, aconsejando a otros, orando con la gente, compartiendo el evangelio con los no cristianos, alabando a Dios y otras cosas más.

¿Qué quiere decir un hombre en realidad cuando dice que se siente *insuficiente*? Aquí tenemos los sinónimos para la palabra *insuficiente* que se encuentran en unos cuantos tesauros que consulté: incapaz, incompetente, desigual, no apto, sin título, desamparado, impotente, inútil, ineficaz, débil, deficiente, inadecuado, raro, carencia, reservado, inferior, escaso, insignificante, disperso, limitado, patético, insatisfecho, inaceptable, no efectivo, ineficiente, sin habilidad, inepto, inexperto, cojo y andrajoso.

Esa colección de palabras es lo que los lingüistas llaman un "campo semántico", un grupo de palabras que pertenecen a la misma familia de significado. En alguna parte de esa colección hay dos palabras que van a los extremos opuestos del campo, con todos las demás en medio. A la mitad del espectro estarían las palabras más cercanas en su significado con la palabra *insuficiente*. Un grupo de sinónimos es útil en proporcionar un surtido de maneras diferentes para decir lo que sentimos. Si uno se sentara y tuviera una conversación con los hombres que contestaron nuestra encuesta y les preguntara cómo se compararían espiritualmente con las mujeres en sus vidas, no todos usarían nuestra palabra *insuficiente*. Ellos dirían: "Soy impotente... patético... ineficaz... inexperto... andrajoso... incapaz cuando se trata de mi vida espiritual a comparación con la vida de las mujeres cristianas que conozco".

¿Qué está sucediendo aquí? ¿Por qué los hombres se sienten espiritualmente tan mal de ellos mismos a comparación con las mujeres? Yo creo que este es un secreto importante que los hombres guardan, y uno que es importante que los líderes de las iglesias reconozcan, y las esposas también. No puede ser una situación saludable para los hombres sentirse insuficientes o débiles con respecto a su relación con Dios, especialmente con aquellas personas a quienes con frecuencia se les llama a guiar espiritualmente.

Este asunto se sincroniza completamente con los otros de los dos capítulos anteriores, los hombres en la iglesia y los hombres en el hogar. Ya sean protestantes o católicos, los hombres se aparecen en las iglesias con mucho menos frecuencia que las mujeres, como se demuestra en esta encuesta de ABC News:

Asistencia semanal de la iglesia

Hombres en general   32%
Mujeres en general   44%

Hombres católicos   26%
Mujeres católicas   49%

Hombres protestantes   42%
Mujeres protestantes   50%[1]

Este tipo de evidencia señala alguna clase de profecía que se auto realiza: los hombres se sienten insuficientes espiritualmente, así que no asisten a la iglesia; ellos no van a la iglesia (ni participan en actividades relacionadas), lo cual contribuye a su incompetencia espiritual. Y así sucesivamente. Dónde comienza el ciclo o quién es el culpable no es el enfoque de este capítulo. En lugar de eso, hablaremos más acerca de una forma de cómo romper dicho ciclo.

Ya sea que el asunto se trate de competencia espiritual u otra área de la relación hombre-mujer, la mayoría de los hombres viven con cierta cantidad de intimidación cuando se trata de mujeres. ¿De dónde provino la expresión "no me la puedo quitar de encima"? ¿Por qué el dramaturgo inglés, William Congreve, escribió que "el infierno no tiene ninguna furia como una mujer despreciada"? ¿Por qué vemos playeras que dicen, "Si mamá no está contenta, nadie está contento"? ¿Por qué comparamos el enfadar a una mujer con el meterse con una mamá oso y sus cachorros?

Tal vez comienza cuando los hombres son niños pequeños, quienes son educados en su mayoría por sus madres en el hogar o por otras mujeres en situaciones de cuidado de guardería. Donde sea que comience, los hombres aprenden desde muy temprano a no enfadar a las mujeres. O si lo hacen, lo hacen ya que van de salida de la ciudad. Ya sé que existen hombres machos por ahí que dicen que son los gobernantes de su dominio. Está bien, ellos son las excepciones que comprueban esta regla. Eso no es decir que no hay bastantes hombres quienes se relacionan con las mujeres felizmente y con éxito. Pero yo creo que aquellos son hombres quienes se han ganado su paz con sabiduría, hombres quienes han aprendido a implementar un estilo de liderazgo de servidor que como consecuencia produce armonía.

Existe evidencia de que los sentimientos de insuficiencia de un hombre tienen raíces antiguas. En el capítulo 7, hice referencia a la noción del Dr. Larry Crabb de que Adán se quedó mudo durante un momento crucial para él y su esposa, y toda la humanidad. En su libro llamado *The Silence of Adam* (El silencio de Adán), Crabb describe con gran detalle acerca de Adán en el jardín de Edén y del hecho de que no confrontó a la serpiente que estaba tentando a Eva. El punto de Crabb es para decir que Adán estuvo callado cuando debió haber dicho algo. Estuvo callado al no reprender a la serpiente y no se puso entre su esposa y el tentador, y estuvo callado por no hablar con su esposa y no retar su contemplación sobre el pecado. Esto es lo que Crabb escribe:

Adán no solamente estuvo callado con la serpiente, sino que también estuvo callado con Eva. Nunca le recordó de la palabra de Dios. Nunca la tomó a una visión más grande. No se unió con su esposa en batallar contra el ingenio de la serpiente. Él escuchó pasivamente mientras ella hablaba, en lugar de hablar con ella con respeto mutuo.

No estoy diciendo que Adán debió haber hablado por Eva, o con ella, como un padre habla con un hijo o como un superior le habla a un inferior. Muchos hombres cometen ese error. Ni tampoco estoy sugiriendo que los hombres deben hablar y las mujeres deben permanecer calladas. Tanto los hombres como las mujeres están creados a la imagen de Dios para hablar. Esto es nada más cómo el primer hombre pecó.

Adán...estuvo ausente y fue pasivo. Su silencio era simbólico de su rechazo a involucrarse con Eva...Dios castigó a Adán por comer la fruta prohibida. Pero también lo castigó por escuchar a su esposa. La desobediencia de Adán fue un proceso. Adán estuvo callado y después comió del árbol. Su desobediencia no comenzó con su acto de comer sino con su silencio. El desobedecer a Dios fue un resultado de haber renegado de su esposa. Fue un hombre callado quien finalmente rompió el mandato claro de Dios.[2]

Aparentemente, Adán se sintió insuficiente para decir algo en esa situación. ¿Se sintió intimidado por su esposa? ¿Tuvo miedo de recibir "la mirada" si hubiera interrumpido y dicho: "Este, um, Eva, ¿no crees que debamos platicar acerca de esto? ¿Realmente crees que esto es una buena idea?". Estoy seguro que mi visión es inexacta, pero me puedo imaginar a Adán, estilo Bob Newhart, haciendo el papel de un esposo indeciso y pidiendo disculpas, aclarando la garganta y tomando su vida en sus manos en esto que es el primer caso de un hombre tratando de cambiar de parecer a su esposa.

Lo que sea que Adán estaba sintiendo: insuficiencia, intimidación, temor, no lo debió haber sentido. Dios creó a Adán primero y después creó a Eva para ser su ayudante, no viceversa. Por más políticamente incorrecto que eso sea (estoy impresionado por mi propia audacia al decir eso), es el relato de la Escritura. Adán había experimentado el éxito de los logros espirituales y prácticos: él nombró todos los animales del mundo, antes de que Eva se apareciera. Él estaba cómodo en recibir instrucciones de Dios y llevarlas acabo. Aunque no había nadie más que él para guiar, él por lo menos había participado en el diálogo interno que proviene cuando uno sabe qué es lo correcto por hacer y decide hacerlo o no. Se guió a sí mismo a un lugar de *suficiencia espiritual* con Dios, en el Jardín de Edén.

No se preocupe, ahora no voy a decir: "Y después llegó Eva", como para inferir que Eva arruinó la fiesta perfecta de Adán con Dios. Para nada. Eva fue un regalo hermoso de Dios para Adán, quien probablemente disfrutó el mismo éxito espiritual que Adán disfrutó hasta aquel fatídico día en el jardín. Pero el punto es este: Adán no tuvo ninguna razón para sentirse insuficiente en su relación con Eva, ni tampoco necesitaba sentirse intimidado por ella. Desde luego que no se debió haber quedado callado. Debió haber intervenido. El por qué escogió repentinamente callarse y quedarse sin hacer nada, mientras su esposa desobedecía a Dios y después unirse con ella en esa desobediencia, es un misterio no resuelto.

La maldición de Dios sobre la pareja, al igual que sobre la serpiente y la tierra, es una indicación de la tensión que ha existido desde entonces entre el hombre y la mujer. Génesis 3:16 es el versículo clave: "A la mujer le dijo: '*Multiplicaré tus dolores en el parto, y darás a luz a tus hijos con dolor. Desearás a tu marido, y él te dominará*'" (las itálicas son mías). Cuando uno consulta con las autoridades acerca de este versículo, es obvio que las interpretaciones son variadas. La palabra clave es "desearás". Esto podría significar un deseo romántico y sexual, en la manera en que se utiliza en Cantares 7:10 o podría significar "poder dominarlo", como lo dice Génesis 4:7. Estos son los únicos dos otros lugares en el Antiguo Testamento donde se utiliza esta palabra. A causa de la proximidad de los dos acontecimientos en Génesis, existe un buen motivo para creer que "'desearás', en el 3:16, se debe interpretar como el deseo de la esposa de vencer o llevarle ventaja a su esposo".3 Si esa opinión es aceptable, eso pone los deseos de la esposa en contra del acto de "dominar" del esposo a la esposa.

Si los eruditos del Antiguo Testamento dudan del significado de Génesis 3:16, entonces lo correcto sería pisar con cuidado al construir un paradigma práctico para las relaciones de hombre y mujer después que ha pasado una eternidad. Aun así, sabemos que *algo* tenso sucedió en el Jardín de Edén entre el primer hombre y la primera mujer. Eva fue creada para el hombre, sin embargo se encargó de los asuntos sin consultar a Adán. Adán fue pasivo cuando debió haberse puesto en la brecha activamente y posiblemente haber salvado a Eva de sucumbir a la tentación. ¿Quién fue el inocente y quién fue el culpable? Ambos lo fueron, y todos lo somos. Los hombres y las mujeres de hoy en día caminan una línea muy fina, equilibrando el respeto y la responsabilidad, la libertad y la obligación. En los mejores días, es un reto. En los peores, es una catástrofe.

A esos malabarismos, añádale el movimiento moderno de las mujeres y ahí tiene el potencial para que los hombres se vuelvan callados una vez más. El movimiento feminista ha sido un desafío para los cristianos, hombres y mujeres. Muchas mujeres se han liberado de lo que ellas percibían ser generaciones de dominio masculino. Como respuesta, los hombres han actuado casi como Adán en el jardín, al retirarse y estar en silencio. Al no saber cómo responder espiritualmente o bíblicamente a la emancipación autodeclarada de sus esposas, ellos han echado las manos a la cabeza y dicho: "Está bien. Regresaré a lo que sí comprendo: el trabajo y el mundo de los hombres".

Los hombres en nuestra encuesta que dijeron que no están a la altura de las mujeres espiritualmente hablando, son hombres quienes nacieron en este ambiente masculino-femenino en el cual vivimos. Es probable que no estén menos confundidos de lo que Adán lo estaba el día que vio a su esposa tomar la iniciativa y renunciar a su mundo. Este no es un asunto fácil para resolver en los corazones de los hombres. El pedirle a un hombre que explique por qué siente que no está a la altura de las mujeres espiritualmente hablando es semejante a pedirle a un niño que explique el malestar de una enfermedad. Lo único que saben es que no se sienten bien; saben que algo anda mal.

DIRECCIONES NUEVAS

En un artículo de la revista *Psychology Today* de septiembre de 1995, el siquiatra Theodore Dalrymple escribió que hace veinte años, cuando recién comenzó a ejercer, nadie jamás se quejaba de una falta de autoestima o de odiarse a uno mismo. Ahora, escribe él, no pasa ni una semana sin que un paciente haga esa queja como si esperaran que él, el doctor, lo arregle. Un joven fue a visitarlo preocupado por su baja autoestima, con la que su madre estaba de acuerdo que era una condición de la cual él sufría. Fue esta condición, dijeron el paciente y su madre, la que causó que él golpeara a su novia embarazada, lo cual resultó en un aborto. El siguiente diálogo fue lo que continuó:

Doctor: "¿No podría ser al revés?"

Paciente: "¿Qué quiere decir con eso?"

Doctor: "Que su comportamiento causó que usted tuviera una mala opinión de sí mismo."

Por supuesto que el paciente rechazó esta posibilidad sin pensarlo.[4]

Me gusta la pregunta que Dalrymple le hizo al joven con la baja autoestima y pienso que merece consideración en esta discusión. En cualquier momento que un hombre se ve como insuficiente, es por una de dos razones: literalmente él no tiene la habilidad necesaria para ser suficiente (por ejemplo, soy insuficiente para la labor de la cirugía del cerebro) o tiene la habilidad pero se ha retirado a un lugar pasivo. Yo creo que existen muchos de nosotros los hombres quienes, como el doctor sugirió, hemos permitido que nuestro comportamiento pasivo produzca en nuestras propias mentes una autoimagen de insuficiencia. Si tengo la razón, entonces un cambio de comportamiento serviría de mucho para disipar una imagen como esta.

¿Un cambio de qué comportamiento? Un cambio a esos comportamientos coherentes con la suficiencia en la vida espiritual, los cuales mencioné anteriormente en este capítulo. Todos nos metemos en ciclos descendentes (sentirnos deprimidos, como decimos), que pueden durar unos cuantos días o semanas. Pero también creo que es posible que un género entero tenga depresiones que duren por muchas generaciones. Y puede que ahora el hombre estadounidense esté en esa situación en cuanto al liderazgo espiritual. Nos hemos retirado y hemos dejado un vacío en el liderazgo espiritual. Como resultado, las mujeres a nuestro alrededor han intervenido para llenar el lugar vacío. Cada uno de nosotros hemos llegado a la conclusión: "No estoy a la altura". Pero lo único que necesitamos hacer para estar a la altura es comenzar a ejercer comportamientos consecuentes con la suficiencia. Algunas veces la cabeza y las manos tienen que guiar, para mostrarle al corazón hacia donde ir.

CONEXIONES NUEVAS

Si usted ha leído este capítulo y ha concluido que es un llamado para los hombres a tomar la iniciativa y poner en su lugar a las mujeres, entonces, o lo escribí muy mal o lo leyó con un plan. Ese no es mi punto. Yo creo que uno de los pasajes más nobles de fortaleza en la Biblia está en Proverbios 31:10-31. Creo que es noble porque demuestra a una esposa y a un esposo personificando fortaleza y suficiencia en sus propios dominios, tan inseparables como los dos lados de una moneda. La esposa es la directora ejecutiva de un negocio multifacético que incluye agricultura, bienes raíces, textiles y filantropía. Y todo el tiempo, su esposo "es respetado en la comunidad; ocupa un puesto entre las autoridades del lugar" (v. 23). Ambos combinan capacidades espirituales e intelectuales, cada cual tomando la iniciativa en sus ámbitos respectivos, cada cual cediendo a la suficiencia del otro donde él o ella tiene carencia.

Como consejero, anhelo ver a los hombres y a las mujeres modernas deshacerse del yugo de la confusión cultural bajo el cual trabajan hoy en día; dejar de competir por el dominio y poder; servirse y amarse y edificarse el uno al otro para que la suficiencia que Dios da en Cristo se vuelva la suficiencia que ellos tienen individualmente el uno para el otro. Que Dios lo conceda por el bien de su pueblo y de su iglesia.

SECCIÓN 4

SECRETOS RELACIONADOS CON LAS MUJERES

Capítulo 15

COMUNICARSE CON LAS MUJERES

Cuando Ester comenzó a salir con Roberto, ella sintió desde el inicio que había algo diferente con él. Era callado y estoico, nunca se emocionaba tanto excepto cuando se trataba de su equipo de fútbol americano favorito, del oeste de Texas. Cuando el equipo estaba jugando, él se convertía en una persona distinta, lleno de energía y expresión, gritando a todo pulmón, ya sea que estaban ganando o perdiendo. Pero aparte de estos partidos, Roberto no hacía mucho ruido.

Fue su falta de expresión lo que causó que su propuesta de matrimonio significara tanto. Roberto planeó la noche en una lancha de esquiar en medio de una laguna. Él tenía flores, vino y pollo asado que había comprado en el restaurante local. Después de comer, la tomó de la mano y le dijo dos palabras que ella nunca volvería a escuchar: "Te amo". Luego le pidió que se casara con él, y ella dijo que sí. Estaba diciendo sí a una vida de devoción silenciosa.

A través de los años que siguieron, Roberto le fue fiel a Ester y le proporcionó una vida de comodidad. Él trabajaba duro, se tomaba dos vacaciones con ella al año, y era generoso con cuanto ponía en el presupuesto para su ropa y sus otras necesidades personales. Cuando se enfermaba, él cuidaba de ella y cuando se emocionaba por algo que había sucedido ese día, él escuchaba atento. Pero todo el tiempo hasta el día que murió, él solo dijo: "Te amo" una vez, la noche que le pidió a Ester que se casara con él.

Roberto y Ester son un caso extremo de la dificultad de un hombre para expresarse, y, en particular, sus sentimientos con su cónyuge. Su historia es radical en términos de que Roberto nunca le decía a su esposa que la amaba, pero no es tan extraño cuando consideramos el número de hombres que luchan con cómo comunicarse con las mujeres. De hecho, parece ser más la norma que el extremo. Así como Roberto, muchos hombres eligen expresar sus sentimientos al trabajar duro, permanecer fieles sexualmente y al ser un buen padre y esposo. Mientras que las esposas aprecian estos esfuerzos, aún añoran escuchar a sus esposos verbalizar no tan solo su amor, sino que también acerca de lo que piensan y lo que sienten. Desgraciadamente, eso no sucede con tanta frecuencia como debiera.

LO QUE SABEMOS DE LA COMUNICACIÓN DE LOS HOMBRES CON LAS MUJERES

En su excelente libro llamado *For Women Only* (Sólo para mujeres), acerca de lo que las mujeres necesitan saber acerca de los hombres, la autora Shaunti Feldhahn les hizo esta pregunta a los hombres que encuestó: "¿Qué es lo principal que desea que su esposa o media naranja supiera, pero siente que no se lo puede explicar o decir?". Ella se "asombró" con la respuesta (sus palabras, recuerde, ella es una mujer). De los cientos de respuestas que recibió, una predominaba sobre todas las demás. El 32% de los hombres dijo de manera explícita: "Quiero que sepa cuánto la amo".[1]

La razón por la que señalo que Feldhahn estaba asombrada y que es una mujer, es porque no me sorprendería si ella pensó: "Pues si quiere que su esposa sepa cuánto la ama, ¿por qué simplemente no se lo dice?". Cuando le dijo a un colega masculino acerca de la respuesta de los hombres a su pregunta, él dijo: "Los hombres en verdad tienen un deseo implícito de poder decir o demostrar el 'te amo', pero rara vez se sienten exitosos en realizarlo."[2]

En eso está el problema y el tema de este capítulo. Uno de los secretos que los hombres reprimen (y realmente no es un secreto; las mujeres son muy conscientes de él) es que ellos "se sienten frustrados al tratar de comunicarse con las mujeres". Esa pregunta en nuestra encuesta a 3,600 hombres, obtuvo la cuarta respuesta positiva más elevada de los 25 temas en la encuesta. Aquí tenemos las cifras: el 94% de los hombres dijo que se siente frustrado con sus esfuerzos para comunicarse con las mujeres algunas veces (47%), con frecuencia (39%), o siempre (8%). Aun si eliminamos las respuestas de "algunas veces", eso deja casi la mitad (47%) de los hombres que con frecuencia o siempre están frustrados con sus intentos para comunicarse con las mujeres.

Por supuesto que esto no es nada nuevo. Los hombres y las mujeres quienes han tenido una relación de alguna profundidad el uno con el otro, rápidamente descubrieron que el "intercambiar significados" entre ellos es un reto. La revista *Redbook* comisionó una encuesta de más de 2,100 hombres y mujeres que habían estado casados entre diez y doce años. Aunque todos los encuestados pensaban que la comunicación era importante, el 31% de las mujeres y el 26% de los hombres pensaron que su matrimonio a duras penas estaba saliendo bien en ese departamento. De los 17 componentes clasificados por los encuestados en cuanto a su necesidad en el matrimonio, estos fueron los cuatro principales:

	Mujeres	Hombres
El respeto el uno del otro	100	%99%
La confianza	100%	99%
La honestidad	100%	99%
La comunicación	99%	98%[3]

Obviamente, todos piensan que la comunicación es importante; pero no todos piensan que lo hacen muy bien, una opinión que comparten los consejeros profesionales del matrimonio. Una encuesta de 730 consejeros matrimoniales reveló que la causa número uno de la crisis marital es "la mala comunicación o la falta de una comunicación significativa". De hecho, los primeros cinco de los diez factores principales en la ruptura marital eran asuntos que pudieron haber sido impactados dramáticamente por medio de una mejor comunicación.[4]

Yo creo que la razón por la que esto es un tema tan controversial en las vidas de los hombres (mujeres y esposas, tomen nota), es doble: en primera, los hombres no piensan que tienen un problema con la comunicación. Si creyeran esto, ¿cómo serían exitosos en cualquier cosa? En el capítulo 7, hablamos acerca del secreto de que a los hombres les cuesta trabajo hablar de sus sentimientos. Pero eso es solo una parte de la comunicación. Cuando los hombres se comunican en el trabajo, lo hacen bien o lo suficientemente bien. Es en el hogar donde parece que luchan. Lo cual me lleva a la segunda razón: los hombres se frustran por ser percibidos como los "malos" en el proceso de la comunicación. La percepción es que las mujeres son buenas en comunicarse y los hombres no. Ellos quieren saber por qué la forma de comunicar de las mujeres es la forma "correcta" y la de los hombres es la "forma equivocada".

Así fue como lo dijo un hombre: "Mi esposa es una experta sobre lo que es un 'sentimiento' y lo que no es un 'sentimiento'. He intentado decirle lo que está pasando dentro de mí y ella me dice: 'Pero eso no es un sentimiento'. ¿Dónde está el libro que ella utiliza para decir lo que es un sentimiento y lo que no lo es? Me dan ganas de darme por vencido si nunca le voy a atinar".[5]

Cuando los hombres perciben que las mujeres y la cultura en general ya han decidido que ellos son el problema, se retiran con una actitud de "¿para qué?"

LO QUE LA COMUNICACIÓN CON LAS MUJERES SIGNIFICA PARA LOS HOMBRES

Al parecer, las mujeres quieren de los hombres lo que estados Unidos tuvo con Ronald Reagan, nuestro cuadragésimo presidente: el Gran comunicador. Él obtuvo el apodo a través de hablar sencillamente y con claridad, de una manera informal y optimista. Casi siempre hablaba con una sonrisa y le encantaba contar historias, compartir anécdotas y usar ilustraciones. Concedido, Ronald Reagan tuvo una carrera en radio, películas y declamación antes de convertirse en presidente. Pero es no significa que él nació sabiendo cómo comunicarse. Cuando era un estudiante de 22 años de edad de la universidad, se memorizó el discurso de inauguración de Franklin D. Roosevelt (otro gran comunicador) de 1933, en el que FDR había dicho: "Lo único que tenemos para temer es el temor mismo". Él ensayaba dar el discurso utilizando el palo de una escoba como micrófono. Y le encantaba las frases de Roosevelt como "una cita con el destino". El biógrafo de Reagan, Lou Cannon, dijo esto del presidente: "La grandeza de Reagan no fue que estaba en Estados Unidos, sino que Estados Unidos estaba en él".[6] Puede que eso sea la clave para cualquier comunicación exitosa; que ante todo, es un asunto del corazón, un asunto de querer ser entendido.

Las habilidades de la comunicación se pueden aprender y mejorar. ¿Quién no ha escuchado los informes (probablemente apócrifos) de Demóstenes, el mejor orador de Grecia? Como resultado de haber sufrido de joven un impedimento del habla, resolvió ser entendido. Así que llenó su boca de piedritas y se forzó a sí mismo a hablar con claridad. Recitó versos mientras corría. Habló a la orilla del mar sobre el estrépito ensordecedor de las olas. Por supuesto que para este entonces, Demóstenes estaba aprendiendo a hablar, no a comunicar. Y realmente existe una diferencia, como las esposas rápidamente indicarán. Pero Demóstenes finalmente se convirtió en un comunicador, el mejor orador de toda la tierra.

Cualquier hombre que quiera aprender a comunicarse con los que son importantes para él, lo puede hacer. Se trata de pensar en términos de idiomas extranjeros. Todo el esfuerzo, los errores, las experiencias, la vergüenza, los callejones sin salida y las frustraciones que uno experimenta cuando visita un país extranjero e intenta comunicarse con los nativos...esto es parecido a los hombres y a las mujeres tratando de comunicarse entre ellos. Es por eso que el Dr. John Gray tituló su libro, éxito de ventas, acerca de las relaciones hombre-mujer, *Los hombres son de Marte, las mujeres son de Venus*. El quinto capítulo de su libro llamado "Speaking Different Languages" (Hablando idiomas diferentes), tal vez sea el único mejor resumen impreso acerca de las diferencias entre cómo se comunican los hombres y las mujeres.

Aquí tenemos un buen ejemplo que proviene de la experiencia del siquiatra Scott Haltzman. (Si usted no se ríe al leer esto, entonces usted no es normal.) Cuando estaba en la universidad, Haltzman acababa de terminar una relación seria con una novia que vivía en Boston. Su mejor amigo lo estaba trayendo de regreso a la ciudad donde se ubicaba la universidad a la cual asistían, y mientras manejaban, Haltzman se estaba desahogando con su amigo. Después de varios minutos dolorosos de desnudar su alma devastada, su amigo lo interrumpió con una pregunta: "¿Ya compraste los libros de texto para nuestra clase de histología?".

¡Qué acción tan clásica de los hombres! Es el equivalente de una pareja joven recién casada despilfarrando una gran noche al comer en un restaurante local de hamburguesas. La esposa está ilusionada con el romance, disfrutando de su lugar en la vida, perdido de amor pero muy pobre, diciéndole a su esposo nuevo qué tanto significa para ella esta noche y su futuro. En medio de su monólogo que está dando con los ojos húmedos, él interrumpe, señalando a su plato y dice: "¿Te vas a comer ese pepinillo?"

Haltzman se sintió anonado por la falta de compasión de su amigo por su situación, pero se quedó callado acerca de sus sentimientos. Más adelante en la semana, tuvo la oportunidad de contar la misma historia a otra amiga de la universidad (esta vez una mujer) mientras estaban sentados en una banca en el parque. Esta amiga prestó atención a la historia en silencio, casi sin decir ni una palabra, mientras escuchó qué tan especial había sido la relación y qué tan difícil fue terminarla. Cuando finalmente terminó, la joven afirmó que en efecto él había perdido algo especial y que su dolor definitivamente era comprensible. Eso fue lo único que dijo. Pero fue suficiente para presentar al futuro siquiatra el poder de escuchar y comunicar al nivel de empatía y significado y cómo las mujeres captan esto por naturaleza, mientras que los hombres comúnmente no lo hacen.[7]

Yo puedo identificar por lo menos nueve razones del por qué la comunicación es un desafío para los hombres y las mujeres. Mantenga en la mente que estas son diferencias generales, no defectos de los hombres o defectos de las mujeres. Pero estas deberían ser consideradas por cualquier hombre que quiera comunicarse mejor con las mujeres.

1. Las diferencias masculinas-femeninas

Permitiré que Haltzman resuma este punto con una porción de investigación fascinante:

"Biológicamente, las mujeres están más apegadas a la expresión por medio de las palabras. Desde su nacimiento, las niñas entienden más sonidos verbales y aprenden a hablar a una edad más temprana y tiene vocabularios más grandes que los de los niños. Conforme crecen, el desequilibrio continúa: La mujer promedio utiliza siete mil palabras en un día, utilizando muchos gestos y hasta cinco tonos. Compare esto con las insignificantes dos mil palabras de los hombres al día, con solo tres tonos, y podrá ver el apego que las mujeres tienen por el habla."[8]

Esto por supuesto, evoca el estereotipo de gruñir y golpear el pecho que se ha aplicado a los hombres por los satíricos. Pero el hecho permanece igual: existen diferencias en cómo los hombres y las mujeres se comunican, *y con qué propósito*. Esta segunda diferencia es la base de la mayoría de los problemas de comunicación entre los hombres y las mujeres. Así como Gray explica de numerosas maneras en su libro, las mujeres utilizan (muchas) palabras para comunicar sentimientos, mientras que los hombres utilizan (algunas) palabras para comunicar información. (Si usted quiere tomar una cosa de este capítulo que podría cambiar su vida, eso sería.) Para las mujeres, la comunicación es un viaje con ningún destino fijo; para los hombres la comunicación es un autopista de flecha directa desde el Punto A al Punto B.

2. Las diferencias de personalidad

La mayoría de los adultos han llenado uno u otro tipo de prueba para perfilar el temperamento o personalidad (por ejemplo: Myers-Briggs, Performax, KeirseyTM Temperament Sorter-II, y otros). Si tomamos como ejemplo la prueba Performax DISC, claramente revela diferentes estilos de comunicación: A los del estilo High-D les gusta llegar a los asuntos principales lo más pronto posible. A los estilos High-S les gusta saborear la conversación. Y los tipos High-C les gusta cubrir cada pizca y chisme (volviendo locos a los tipos High-D). Ya sea masculino o femenino, los tipos de personalidad juegan un papel en cómo uno se comunica. Las parejas que toman estos tipos de pruebas juntos, con frecuencia sacuden la cabeza en asombro al ver los resultados: "¡*Por eso* es que hablamos de manera tan distinta!".

3. Las diferencias espirituales

Por lo general, un cristiano debería tener una perspectiva completamente diferente en cuanto a las relaciones y al carácter, en comparación con un no cristiano. El Nuevo Testamento dice que las cualidades tales como el amor, la amabilidad, la bondad, el dominio propio y la paciencia deben caracterizar al cristiano, y es de suponer, cómo un cristiano se comunica (Gálatas 5:22-23). Si existen diferencias espirituales marcadas entre dos personas, esas diferencias definitivamente puede impactar la comunicación.

4. Las diferencias de origen

No requiere de gran ciencia para saber que es probable que los patrones de la comunicación de nuestros padres o tutores se vuelvan en nuestros patrones por defecto. Ya que la mayoría de la comunicación en la vida se hace al estilo "por defecto", es decir, sin pensar o planear exactamente lo que vamos a decir y cómo lo vamos a decir, nuestra educación se vuelve un factor principal en cómo interactuamos con otros. Alguien cuyos padres se comunicaban abierta y respetuosamente, va a traer al matrimonio una expectativa completamente diferente con respecto a la comunicación, contrario a alguien que creció en un ambiente donde los padres se comunicaban con declaraciones monosilábicas y la televisión era la única en proporcionar oraciones completas.

5. Las diferencias de madurez

Un hecho sencillo de la vida es que algunas personas son más maduras que otras. La gente madura no se sale de sus casillas, no critica y no se calla cuando las conversaciones no salen como ellos quieren. Lo cierto es que la madurez es una medida subjetiva y las personas pueden tener madurez en diferentes áreas de la vida. Hay individuos que pueden manejar las finanzas de una manera madura pero ser inmaduros en sus habilidades en cuanto a la comunicación; pueden ser diligentes y responsables cuando se trata de trabajo, pero inmaduros con respecto a expresar sus sentimientos, deseos, preocupaciones y preferencias. Conforme las personas crecen a lo largo de los años, se debería esperar que ellas también desarrollen sus habilidades en cuanto a la comunicación (aunque obviamente esto no siempre es el caso).

6. Las diferencias intencionales

Por más desafortunado que sea, las personas pueden usar la comunicación como un arma o herramienta para causar daño a otros. Si una esposa sospecha que su esposo se está comportando de una manera inapropiada, puede que comunique intencionalmente sus sospechas de una manera hiriente. Entonces puede que su esposo cierre su puerta de la comunicación intencionalmente como una manera de vengarse y defenderse de los ataques de ella. La comunicación o la falta de ella, puede ser un síntoma de problemas fundamentales en una relación.

7. Las diferencias de interés

Hubo un tiempo en este país cuando los mundos de las parejas casadas eran los mismos. Compartían una meta en la granja familiar, supervivencia. Cada cual trabajaba arduamente y contribuía con sus habilidades hacia la misma labor, comunicándose entre ellos durante todo el día acerca de asuntos familiares y del trabajo. Eso no significa que eran grandes comunicadores, pero si significa que sus intereses coincidían casi por completo.

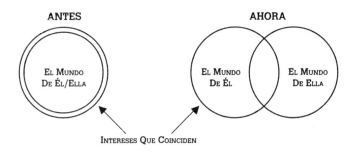

Considere cómo han cambiado los tiempos. Hoy en día, el esposo, o más probable, el esposo y la esposa, se van del hogar y están separados durante todo el día. Probablemente trabajan en mundos totalmente distintos. Puede que tengan títulos universitarios, incluso licenciaturas, en diferentes áreas y hablan diferentes "idiomas" durante todo el día. Vuelven a estar juntos al final del día y tienen que intentar combinar de nuevo sus vidas diferentes en una solo, antes de separarlas otra vez a la mañana siguiente.

Esto no se menciona como algo negativo o positivo, simplemente como una realidad. Entre menos coincidencia haya entre las vidas de dos personas, más difícil tal vez sea para ellos encontrar puntos en común, especialmente puntos emocionales en común entre ellos dos.

8. Las diferencias de conflicto

Los conflictos son eventos emocionales. La manera en que dos personas manejan el conflicto es un reflejo de muchos de los otros factores que ya fueron citados: la madurez, la orientación espiritual, el origen y otros. El individuo sabio o la pareja sabia es el que toma un paso hacia atrás y dice: "Estoy haciendo una montaña de un grano de arena" (madurez), "Juré que nunca te trataría de la manera en que mi padre trató a mi madre" (origen), o "Tienes razón. Te pido disculpas. ¿Me perdonas por lo que hice?" (espiritual).

9. Las diferencias de conocimiento

Los hombres y las mujeres que extienden su comprensión de la comunicación a través de leer libros, asistir a seminarios, recibir consejería, mejorarán en cuanto a esto. Acuérdese de Ronald Reagan y Demóstenes. Sí es posible aprender a comunicarse y hacer que tal educación de fruto en nuestras relaciones. Todas las personas están aumentando su base de conocimiento en alguna área de su vida todo el tiempo: las estadísticas en los deportes, las habilidades para cocinar, las habilidades de computación, las reparaciones del hogar. Todos esos conjuntos de habilidades requieren de una inversión de tiempo, talento y/o tesoro. Aquellos que invierten tiempo en aumentar sus habilidades de comunicación disminuirán marcadamente sus niveles de frustración.

DIRECCIONES NUEVAS

En los primeros años de 1990, la Dra. Barbara De Angelis escribió éxito de ventas del *New York Times*, para mujeres acerca de los hombres. Sus tres secretos para la comunicación con los hombres no son nada más consejos prácticos para las mujeres en nuestras vidas, sino que también nos recuerdan algunas verdades que tal vez ya nos sabemos pero rara vez consideramos, o lo que es más probable, expresamos a esas mismas mujeres (he añadido mis pensamientos después de sus puntos principales):

1. Los hombres se comunican de la mejor manera cuando tienen un enfoque para la conversación.

La mayoría de los hombres se sienten tranquilos cuando tienen una conversación que tiene una razón clara o un contexto claro para el diálogo. En el trabajo, conversamos para realizar un proyecto. En el hogar, hablamos con nuestros hijos para ayudarles a salir de alguna situación. Obviamente, esto no significa que necesitamos un propósito bien definido cada vez que hablamos con otros, eso es tanto malsano como absurdo. El comunicarse es uno de los elementos fundamentales de un ser humano, y esa conexión con otros incluye simplemente chismear o pasar el tiempo juntos. No obstante, el punto de De Angelis sugiere que dentro del contexto de relacionarse con las mujeres, estamos en plena forma cuando el propósito de la conversación ha sido claramente definido. Si esto es algo con lo que usted lucha en sus relaciones con mujeres, hágales saber que puede que usted funcione mucho mejor si se le da un programa hablado.

2. Los hombres interiorizan su proceso de pensar y sólo comunican el resultado final.

Las mujeres tienen la tendencia a pensar en voz alta por medio de hablar; los hombres tienen la tendencia de pensar en silencio por medio de considerar. Los problemas surgen cuando ambos lados olvidan este modo de operación y esperan que el otro opere bajo sus términos. Para evitar romper las líneas de comunicación con ciertas mujeres, platique con ellas acerca de sus necesidades al clasificar verbalmente un asunto. Hágales saber que usted preferiría un espacio de tiempo entre la presentación de un tema y la conclusión que puede que estén buscando. Si aún no lo han descubierto, ayúdeles a saber que usted tal vez necesite tiempo para pensar antes de adentrarse en una conversación con ellas.

3. Los hombres no tienen acceso a sus emociones tan fácilmente como las mujeres.[9]

No es que no seamos emotivos. Simplemente no llevamos nuestros corazones en la mano como la mayoría de las mujeres lo hacen. Comúnmente somos más lentos para reaccionar con emoción porque por lo general nos basamos más en la lógica. Pero no se deje llevar por la creencia de que uno no realmente siente algo al menos que lo exprese por fuera. Si las mujeres en su vida imponen con frecuencia esta expectativa sobre usted antes de tener conversaciones profundas, exprésseles cuidadosamente y discretamente que solo porque usted tal vez no demuestre sus emociones de la misma manera que ellas lo hacen no significa que a usted no le importa o no es apasionado.

Algunas veces realmente parece que, como lo dice Gray, los hombres y las mujeres son de diferentes planetas, al menos cuando se trata de comunicación. Aun así, es posible que nosotros atravesemos por los "problemas de un idioma extranjero" que con frecuencia encontramos con las mujeres, al recordar detenernos y pensar antes de reaccionar y hablar. Así como nosotros consideraríamos nuestras palabras cuidadosamente cuando hablamos con alguien de otro país, puede que necesitemos usar la misma deliberación al discutir asuntos del corazón con nuestros complementos femeninos queridos.

CONEXIONES NUEVAS

"Cada persona viviente, hombre o mujer, es buena en comunicar lo que es interesante para ellos", escribe Patrick Morley.[10] Aún no he conocido a un hombre que no pueda comunicar claramente, por completo y por periodos prolongados de tiempo acerca de lo que sea su pasión. Es igual con las mujeres. Tanto a los hombres como a las mujeres les gusta conversar acerca de lo que les gusta platicar. Si por casualidad esas cosas no son las mismas al mismo tiempo (¿qué más da?), entonces, alguien tiene que ceder.

Tal vez los hombres y las mujeres necesitan hacer que el otro sea el enfoque de sus intereses. Si a ambos sexos les gusta platicar acerca de sus intereses y pasiones, entonces tal vez pasarían más tiempo platicando y escuchando si estuvieran más interesados y apasionados el uno con el otro. Cuando una esposa dice: "Nunca hablamos", y su esposo responde: "¿De qué quieres hablar?", el enfoque está en el objetivo equivocado. La comunicación es una consecuencia de la pasión, algo que sucede sin esfuerzo.

Cuando los esposos y las esposas se proponen como meta el volverse más apasionados el uno con el otro, la comunicación se encargará por sí sola.

Capítulo 16

ELOGIE LO QUE ÉL HAGA Y AME AL HOMBRE

Yo crecí en un hogar donde el cumplimiento atraía los elogios y la atención. Desde muy temprano me di cuenta que lo que realmente importaba era lo que hacías. Cuando entré a mis años de adulto, "el hacer" era mucho más importante que "el ser".

Como resultado de ser elogiado desde una edad temprana por todos mis logros, aprendí a ser exitoso y a hacer que las cosas sucedieran. Me sentía bien de mí mismo cuando cumplía con una meta y me sentía mal cuando fracasaba. Si me desilusionaba o recibía comentarios negativos de alguien cercano a mí, lo tomaba como un juicio en contra de mi valor personal. Volvía a mi niñez y a la ausencia de elogios cuando fracasaba. Ya de adulto, si yo le entregaba a una persona o a un proyecto todo de mí y aún no era suficiente, me sentía no amado, poco valorado y no apreciado.

A lo largo del tiempo, llegué a comprender que tenía problemas de codependencia; yo dependía del elogio de otros a mi cumplimiento para así sentirme bien de mí mismo. Vivía en los extremos: éxtasis cuando tenía éxito o era aprobado, abatimiento cuando fracasaba o no era apreciado. Conforme mi carrera me llevó más al terreno del comportamiento humano y a la psicología, aprendí que no era el único hombre que se sentía así. Conocí a terapeutas brillantes quienes vivían con el estándar de que entre más éxito tenían, más dudaban de lo que las personas realmente pensaban de ellos aparte de sus logros.

Cuando un hombre sólo es apreciado por lo que hace y no por quien es, él comienza a pensar de sí mismo como un sueldo o un vale de comida para otros en lugar de una persona.

LO QUE SABEMOS DE LOS SENTIMIENTOS DE LOS HOMBRES EN CUANTO A NO SER APRECIADOS

Mark Twain una vez dijo: "Yo puedo vivir de un buen cumplido por dos meses". Así como el Dr. Gary Chapman señala, alrededor de seis cumplidos al año hubieran hecho que Twain sobreviviera en buenas condiciones en un año promedio.[1] Y aunque no lo crea, eso es probablemente cierto para la mayoría de los hombres. Mi impresión de los hombres a través de los años ha sido que ellos no necesitan afirmaciones diarias de "¡así se hace, hombre!" para que su existencia sea validada o para sentirse apreciados por su contribución. Pero sí necesitan *algo*, alguna evidencia de que lo que están haciendo y de quiénes son ellos es reconocido y apreciado. Y lo necesitan constantemente (lo cual es diferente a frecuentemente). En específico, necesitan que sus esposas les comuniquen algo que les hace saber que sí los aprecian.

Cuando comencé a trabajar en este capítulo, le pregunté a mi propia base mental de datos, esa acumulación de información variada acerca de los hombres, las mujeres, el matrimonio, el cristianismo y demás, que se ha recogido a lo largo de años de leer, escribir y ser consejero. Cuando busqué una idea de "no ser apreciado", lo primero y único que mi base de datos me dio fue "con frecuencia, las mujeres no son apreciadas por sus esposos". Esto me fue tan claro como si la idea hubiera aparecido en el monitor de mi computadora justo en frente de mí.

Y no lo podía debatir. Es verdad que los hombres algunas veces no aprecian a sus esposas. Pero entre más pensaba en ese concepto, más me preguntaba porque no recibí un regreso mental que decía: "Con frecuencia, los esposos no son apreciados por sus esposas". Después de todo, un matrimonio es sólo de dos personas. ¿No es igual de probable que ambos no se aprecien el uno al otro? Y, sin embargo, al reflexionar en eso, tuve que admitir que el no ser apreciado, es decir, no ser querido, adorado y demás era una discusión básicamente desigual desde la perspectiva de mi experiencia.

Para ver si mi experiencia era la que estaba torcida o si en realidad yo estaba consciente de algo, acudí al árbitro final de todas las cosas dignas de datos: no es la Biblioteca del Congreso, ni la Biblioteca Bodleian en Oxford, ni el Instituto Smithsonian, sino Google. Presenté varias búsquedas generales buscando variaciones de "no ser apreciado" y me sorprendí cuando miré los resultados. De los que tenían que ver con relaciones o con hombres y mujeres, todos parecían tratar con que la esposa o la mujer no era apreciada; no había nada acerca de los hombres no siendo apreciados.

Entonces busqué con más profundidad. Pregunté la frase exacta "hombres que no son apreciados" y obtuve un solo resultado. ¡Uno! ¿Es una broma? ¿Sólo existe un solo documento en toda la Internet que contiene la frase "esposos que no son apreciados"? Entonces, busqué la frase "ella no aprecia a su esposo" y obtuve resultados un poco mejores. Apareció un total de seis documentos y sólo uno tenía algo que ver con un enfoque devocional o práctico del matrimonio. (Con Google como mi testigo, como un acto de solidaridad con mis hermanos del mundo quienes no son lo suficientemente apreciados, yo de inmediato comencé a sentirme no apreciado.)

Ya para este momento concluí que mi base mental de datos no estaba tan equivocada: la mayoría de lo que pensamos cuando se trata del matrimonio es que los esposos no aprecian a sus esposas. Pero esa no es una reflexión acertada de lo que los esposos están pensando. Cuando llevamos acabo nuestra propia encuesta con 3,600 hombres, el hecho de que los esposos no se sienten "adorados y queridos por sus esposas" obtuvo las respuestas más positivas del noveno lugar de las 25 preguntas de la encuesta. El 6% de los hombres dijo "siempre", y el 29% dijo "con frecuencia" a esta declaración: "Los hombres necesitan sentirse más intensamente adorados y queridos por sus esposas". Añádale el 53% que dijo "algunas veces" y eso conforma más de tres cuartas partes de todos los encuestados.

Ahora, obviamente existe más en la Internet acerca de las esposas *queriendo* a sus esposos de lo que yo di a entender anteriormente. Pero espero que haya captado mi idea: simplemente no tendemos a pensar que los hombres necesitan ser apreciados tanto como lo pensamos de las mujeres.

LO QUE EL NO SER APRECIADO SIGNIFICA PARA LOS HOMBRES

Existe una percepción en la vida, especialmente en la comunidad cristiana, que los hombres son fuertes y las mujeres son débiles. La frase famosa que proviene de la antigua Versión Reina-Valera de la Biblia que ha sido estandarizada en la cristiandad, es que, de los dos, la mujer es el "vaso más frágil" (1 Pedro 3:7). Esto obviamente no es una referencia a alguna categoría moral, espiritual o intelectual, ya que otras citas bíblicas ponen al hombre y a la mujer en un nivel igual (Gálatas 3:28). Esto es una referencia sólo al rango físico. En ese sentido, los hombres son más fuertes y por lo tanto han sido vistos a través de los siglos como los protectores de las mujeres (por supuesto que con la excepción de aquellas que están en el movimiento de mujeres modernas).

Junte la caracterización de la debilidad con la noción de que la esposa es responsable de someterse al esposo (Efesios 5:22) y tiene una combinación lista para la mala interpretación y aplicación: la debilidad y la servidumbre. ¿Quién es más probable a no ser apreciado y que abusen de él que un sirviente que es demasiado débil para defenderse o demandar sus derechos? Por supuesto que eso es una malversación completa de una verdad bíblica. Las Escrituras no dicen que las mujeres en general, ni las esposas en particular, son sirvientes de los hombres o los esposos. Y no conozco a ningún hombre que considera que las mujeres son débiles de espíritu. Aunque sus cuerpos quizás no tengan tantas fibras musculosas carnales como los hombres, ellas llevan la misma imagen de Dios que los hombres y por lo tanto son de igual manera formidables en su propio derecho.

Pero las tendencias y las caracterizaciones suceden a lo largo de tiempo. Y a lo largo del tiempo, la idea se ha desarrollado que los hombres son más probables a no apreciar a las mujeres que viceversa. Tal vez no pueda comprobar que esa creencia no es verdad. Sin embargo, aún si lo fuera, eso no niega la idea que los hombres necesitan y añoran el mismo tipo de afirmación, ánimo, cariño y apreciación de sus esposas o parejas como las mujeres lo desean.

De hecho, pienso que este es uno de los secretos de los hombres más ocultos.

Me imagino que existen muy pocas esposas a quienes sus esposos les han dicho: "Amor, realmente necesito saber que aprecias lo que hago por nuestra familia. Yo sé que no soy perfecto, pero estoy en casa todas las noches en lugar de andar por la cuidad; no pierdo el dinero de la renta jugando; voy a trabajar cada mañana para proveer para ti y los niños; y me estoy esforzando por rebajar el nivel de mi colesterol para que no me muera de un paro cardíaco. ¿No vale de algo todo esto?"

Si una esposa escucha este tipo de ruegos por parte de su esposo, es más probable que sea en una venganza explosiva después de haber sido recordado que aún no ha aprendido a como sacar la basura sin que se lo pidan. Cuando un volcán entra en erupción, es una señal obvia de que algo se ha estado desarrollando debajo de la superficie por mucho tiempo. Y en muchos casos, lo que yo pienso que se está desarrollando es este secreto trino: los hombres algunas veces se sienten no apreciados; los hombres algunas veces sienten que reciben poco o nada de reconocimiento por las buenas elecciones que toman y el buen trabajo que hacen; y los hombres algunas veces sienten que son vistos como billeteras, como maquinas proveedoras, a las cuales sus esposas e hijos vienen para recibir las provisiones que necesitan cuando van de salida a sus propias vidas felices.

En su excelente libro titulado *Amor y respeto*, el Dr. Emerson Eggerichs, dice esto acera de los hombres:

Las esposas deben captar que sus esposos, al ser lastimados, no son la mitad de grandes y fuertes e insensibles como tal vez aparentan. Puede que una mujer se imagine a ella misma como una pequeña y dulce gota de rocío y a su esposo como un oso grande y fuerte que deba tener la habilidad para absorber cualquier tipo de castigo. Un tipo enorme se quedó sorprendido por el ataque de su amada y le dijo: "Me odias".

Ella respondió frustrada: "Cuando yo grito 'Te odio', tu debes saber que no lo digo en serio. Tu mides 6 pies y 9 pulgadas y pesas 260 libras, ¡por Dios! Hago eso porque sé que lo puedes soportar." Sin embargo, la verdad es que muchos hombres no lo pueden soportar. No importa qué tan grandes scan físicamente, ellos son vulnerables emocionalmente a lo que suena como desprecio.[2]

Ahí lo tiene, un ejemplo perfecto del concepto erróneo que los hombres, al ser "grandes" y "fuertes", tienen activo su propio sistema de autoapreciación, un recurso incorporado de palmaditas en la espalda que hace que ellos sean automáticos cuando se trata de cumplir con los deberes de la vida. Las mujeres algunas veces olvidan que la vida es una serie de elecciones para los hombres, así como lo es para las mujeres. Ellos no tienen que elegir hacer lo correcto para sus familias. Cuando eligen correctamente, es porque su sistema interno de valores le ha asignado valor a conservar sus relaciones con sus esposas e hijos, una elección por la cual merecen ser elogiados. El concepto entero de "hiciste bien, siervo bueno y fiel" (Mateo 25:21, 23) es una indicación que Dios aprecia las buenas elecciones y los premia con elogios, dados a mujeres y hombres. Si Dios elogia a ambos, es probablemente una buena señal que ambos necesitan de elogios.

Patrick Morley reimprimió una carta que le fue enviada por un hombre que tenía una esposa que entendía esta noción. Este hombre en particular, teniendo trece años de casado, se estaba preparando para un viaje de negocios que duraría una semana. Cuando llegó al hotel y comenzó a desempacar su maleta, encontró la nota a continuación de parte de su esposa:

"¡Te amo cariño! Gracias por ser un esposo tan especial. Alguien que se preocupa por su familia lo suficiente para pararse de madrugada e ir a trabajar para poder mantenernos. Un hombre que pasa mucho de su tiempo y energía con su hijo y sus amigos, enseñándoles. Un hombre que pasa tiempo con el Señor cada día para guiarnos en Cristo.

¡Qué maravilloso es que el Señor me guió hacia ti! Pido a diario en oración por ti, mi amor. Le doy gracias a Él por ti, que me dio a ti con quien pasar mi vida. Pido que te dé fuerza y paz y gozo. Espero que esta semana pase muy rápido para todos nosotros. Pido que Dios te cuide. Cariño, te amo más ahora que aquel día cuando dije 'hasta que la muerte nos separe'".[3]

Este hombre dijo que guardó la nota metida en su Biblia para poder sacarla y leerla siempre que necesitaba de ánimo y afirmación. ¿Qué hombre no haría eso? Esa esposa comprendía la realidad de los viajes de negocios para el esposo que viaja. Muchas esposas piensan que estos viajes constan de cuentas de gastos de representación, buena comida y tiempos de lujo, unas vacaciones del trabajo que ellas no tienen. En realidad, los hombres que viajan con frecuencia dirán justo lo opuesto a eso. Por lo general, ellos preferirían estar en casa, durmiendo en sus propias camas a arrastrarse de un hotel genérico a otro en ciudades desconocidas, batallando con la soledad y las tentaciones que acompañan estos viajes. La esposa que elogia a su esposo por pagar ese precio, hace mucho al hacerle saber que su fidelidad si es apreciada.

Un hombre que el Dr. Gary Rosberg y su esposa conocían en su iglesia, estaba pasando por un tiempo difícil en su trabajo. En realidad, su trabajo y su carrera estaban en peligro. Cuando el empleo de un hombre es amenazado o le es puesto un fin, por cualquier razón, esto puede ser terriblemente debilitante. Es como decirle a un guerrero que vaya a pelear una batalla y derrotar al enemigo sin darle una espada. Ya que mucha de la identidad de un hombre y la confianza en sí mismo provienen de su trabajo, el cual le es quitado, la imagen de sí mismo es devastada. Y es igual de difícil para la esposa. No nada más ve sufrir al hombre que ama, sino que se preocupa en silencio por la seguridad económica y por el futuro. Es una situación difícil cuando tanto el esposo como la esposa son débiles, vulnerables y están preocupados. Por esta razón, el Dr. Rosberg y su esposa desarrollaron un compañerismo con esta pareja de una manera comprensiva.

Pero lo que vieron fue a una esposa que se unió en apoyo a su hombre. Ella decidió enfocarse a afirmar a su esposo a pesar de la temporada difícil en la que él se encontraba. Ella se salió del ciclo descendente autoempeorado y comenzó a inyectar ánimo en él. Aquí está la descripción del Dr. Rosberg de lo que él observó a lo largo de las siguientes semanas:

Conforme nos hemos mantenido en comunicación con esta pareja, hemos visto a Judy responder justo de la manera que debe hacerlo:

- Ella le está recordando a su esposo de la gracia de Dios.
- Ella está acercando los niños a Todd en medio de esta lucha.
- Ella está llamando a los amigos de Todd para decirles que necesitan estar presentes en la vida de Todd.
- Ella está de rodillas orando.
- Ella está a su lado, lo más cerca que puede, animándolo.

Eso es lo que una esposa alentadora hace en los momentos difíciles y los momentos buenos. De esto se tratan los votos del matrimonio, de amar, honrar y querer.[4]

Y es increíble lo que ese tipo de afirmación hace para un hombre. Muchas mujeres han aprendido que, aunque una manera de llegar al corazón de un hombre es a través de su estómago, otra manera es definitivamente a través de sus hombros, es decir, con un brazo amoroso colgado sobre ellos y una palabra afirmante susurrada en el oído.

Chapman relata como una mujer se asomó a su oficina un día y le pidió un minuto de su tiempo. Ella estaba por volverse loca con su esposo. Por nueve meses había estado tras de él pidiéndole que pintara una habitación en su hogar y aún no lo había hecho. Siempre que él tenía tiempo libre, ella interrumpía lo que sea que él estaba haciendo para recordarle que podía estar pintando la habitación. Chapman preguntó, "¿Usted está segura que su esposo sabe que quiere que él pinte la habitación?" Puesto que era obvio que su esposo sabía después de nueve meses de recordatorios, Chapman la exhortó a abandonar el tema: "Ya no le tiene que decir. Él ya lo sabe".

En lugar de recordarle a su esposo acerca de la habitación que no estaba pintada, se le dijo a la mujer que empezara un proceso gradual de agradecerle a su esposo por las cosas buenas que hacía por su familia. Ya sea sacar la basura, pagar los recibos, lo que sea. "Cada vez que hace cualquier cosa buena, déle un cumplido verbal", le aconsejaron. Con una marcada falta de entusiasmo para este plan, ella acordó que lo haría.

Tres semanas después, pasó a la oficina de Chapman para reportar que después de nueve meses de quejas y tres semanas de dar cumplidos, la habitación estaba pintada.[5]

La afirmación es la clave para llegar al corazón de un hombre. Cuando un hombre no se siente apreciado, él desarrolla una perspectiva de "¿por qué me molesto en hacerlo?" No es que deja de hacer lo que todos los hombres hacen muy bien: trabajar, conquistar, lograr, avanzar hacia delante; *sino que los deja de hacer para el beneficio de aquellos por quienes los quiere hacer, aquellos a quienes él ama.* Algo terrible sucede con demasiada frecuencia: un hombre descubre a alguien más quien afirma y aprecia lo que hace, alguien quien (al parecer) sí lo aprecia y comienza a dirigir sus esfuerzos hacia esa persona. Todos nosotros sabemos cuales son los resultados terribles que siguen a eso.

Trabajando en retrospectiva, ¿es responsable la esposa desagradecida por la infidelidad de su esposo? ¡Claro que no! Pero el tapiz de la vida se cose con mil hilos, y cualquiera de estos tiene la capacidad para alterar poco o mucho la apariencia final. Mirando hacia atrás, uno nunca sabe qué hubiera pasado si...

DIRECCIONES NUEVAS

Como seres dirigidos por metas y tareas, a los hombres les gusta ser recompensados. Nosotros rebosamos al trabajar por una recompensa definida, aún cuando esa recompensa es simplemente una palabra amable de elogio de nuestras esposas. Repito, esto no es necesario cada vez que nos proponemos a completar una tarea (si así fuera entonces tenemos algunos problemas de cumplimiento), pero sí es necesario de vez en cuando para mantenernos motivados y para recordarnos en primer lugar del por qué trabajamos.

He observado a hombres que sufren de una falta de gratitud de sus esposas. Y he observado a otros hombres quienes de plano no eran apreciados. Ellos equivalían a poco más que un negocio provechoso y sus matrimonios lo demostraban. Después de muchos años de trabajar arduamente sin recibir palmaditas en la espalda, muchos de ellos se desgastaron por amargura, y con el tiempo, odio hacia sus esposas, incluso hacia sus propios hijos.

Entonces, ¿qué puede hacer si teme que su relación con su esposa va en esta dirección? O peor aún, ¿qué tal si su esposa ya perece estar callada en cuanto a expresar su agradecimiento por su mucho trabajo?

En primera, es importante recordar que uno nunca puede forzar a alguien a ofrecer un cumplido verdadero. El agradecimiento y la apreciación se derivan del corazón. Todos nosotros sabemos la diferencia entre un agradecimiento sincero y uno falso. Es por esto, que usted debe jurar que no intentará manipular a su esposa para que ella elogie sus acciones.

En segunda, revise su propio corazón. ¿Se ha vuelto amargado por la actitud aparente de ingratitud de su esposa? ¿Esto ha comenzado a contaminar el por qué sirve a su familia? Si encuentra que usted se queja al despertar e irse a trabajar *todos los días* o cada vez que es forzado a sacrificar algo por el bien de proveer para ellos, entonces definitivamente es hora para un cambio. Platique con su esposa acerca de esto. Sea abierto acerca de lo que siente. Usted no puede esperar a que ella le lea la mente; de hecho, puede que ella ni esté consciente de que no le ha dado un cumplido desde hace mucho tiempo.

En relación con este mismo tema, asegúrese que usted también está dando elogios libremente. Sería una tontería esperar elogios verbales de su esposa si ella no ha recibido ninguno de usted en todo el mes, o en el peor de los casos, en todo el año. La apreciación florece cuando es mutua, así que cólmela de palabras amables. ¿Recuerda a la mujer que visitó la oficina del Dr. Chapman? Su esposo no avanzó ni un centímetro a pintar su habitación hasta que comenzó a esforzarse a alabarlo por su trabajo diario. Puede que sea el mismo caso para su esposa. ¿Usted es lo suficientemente hombre para ser el primero en ofrecer palabras amables incondicionales y gratuitas?

CONEXIONES NUEVAS

El autor de éxitos de librería, el Dr. John Gray, escribe esto en su libro clásico *Los hombres son de Marte, las mujeres son de Venus*: "El admirar a un hombre es estimarlo con maravilla, placer y aprobación satisfecha. Un hombre se siente admirado cuando [su esposa] se maravilla felizmente por sus características o talentos únicos, los cuales tal vez incluyan humor, fuerza, persistencia, integridad, honestidad, romance, amabilidad, amor, comprensión y otras virtudes anticuadas por el estilo. Cuando un hombre se siente admirado, se siente lo suficientemente seguro para dedicarse a su mujer y adorarla."[6]

Permítame dirigir los siguientes párrafos específicamente a las esposas. Si usted ya tiene el hábito de afirmar a su esposo, no necesita hacer nada más que continuar su buen trabajo. Lo más probable es que su esposo ya está seguro y se siente muy apreciado. Sin embargo, quedan dos consideraciones para aquellas esposas quienes no tienen el hábito de afirmar a sus esposos, sin importar cuál sea la razón.

En primera, tal vez esté en un lugar donde no puede ver los puntos buenos de su esposo y sus buenas obras. Puede que piense que hay muy poco para afirmar, pero lo hay. Cualquier esposa puede tomar un papel y lápiz y rápidamente hacer una lista de una decena o más de las características o comportamientos de su esposo por los cuales puede ser elogiado: él trabaja, él arregla las cosas en la casa, él lava los trastes, él lee o juega con sus hijos... Si le es difícil escribir esa lista, piense en las cosas que a usted le alegra que *no* hace. Lo opuesto de cada una de esas cosas es un rasgo admirable.

En segunda, ya que haya hecho aquella lista, puede comenzar a trabajar *lentamente* (el énfasis está en lentamente) en integrar su apreciación a su relación con su esposo. Si él no está acostumbrado a recibir cumplidos por parte de usted, ¿sospechará? Probablemente. Pero conforme pasa el tiempo, cuando él vea que su apreciación es genuina y permanente, ¿lo apreciará? Absolutamente.

Cualquier esposa que elige animar a su esposo a través de la afirmación y la apreciación, pronto descubrirá que ella cosechará lo que sembró. Lo cual me lleva al punto de cierre: ¿por qué le ponemos tanto énfasis en mostrar apreciación a los hombres? ¿No se necesita mostrar a las mujeres que son apreciadas también? Por supuesto. Pero este libro se trata de los secretos que los hombres guardan. Un secreto profundo que los hombres guardan es que con frecuencia se sienten no apreciados. La ley de la reciprocidad que Dios ha constituido en su creación dice: "Dad y se os dará". Cuando alguien, ya sea esposo o esposa, decide poner a prueba esta ley con un corazón puro, esto activará un ciclo autoperpetuo de bendición. Los esposos y las esposas se pueden alimentar de la apreciación por el otro por el resto de sus vidas juntos, si uno decide tener el coraje de comenzar por fe. La conexión resultará ser inquebrantable.

Capítulo 17

CUESTIÓN DE RESPETO

Al parecer, Mark tenía todo en la vida. Había hecho mucho en ella y era admirado por muchos. Era uno de esos hombres que podía iluminar una habitación cuando entraba. Tenía una confianza y presencia que rebosaba de seguridad en sí mismo. Por fuera, parecía el hombre menos probable a luchar con una autoestima baja. Sin embargo, así era.

Le pregunté a Mark con quién platicaba más y su respuesta fue tan sorprendente como creativa. Dijo que platicaba más consigo mismo. Confesó que durante toda su vida ha habido un diálogo constante en el fondo de su cabeza dudando cada acción, comentando acerca de cada relación y evaluando todo lo que él hacía o no hacía. El aspecto de confianza que él proyectaba era fabricado para ensordecer el ruido en su cabeza.

Mark fue educado en un hogar cristiano o por lo menos un hogar que asistía a la iglesia. Pero la madre de Mark no era exactamente el mejor ejemplo de cómo tener una relación bíblica entre esposo y esposa. Ella estaba obsesionada con ella misma y sus necesidades, y le daba muy poco al padre de Mark. Si existía un gramo de respeto por él, ella nunca lo mostraba. Mark escuchaba a través de paredes delgadas mientras ella sermoneaba a su padre. Su padre nunca discutía con ella, porque ella no se lo permitía. Ella lo callaba y demandaba que sólo la escuchara. Ella también lo criticaba y lo trataba de controlar abiertamente frente a otros. Los comentarios controladores y las críticas cáusticas se convirtieron en guiones para los diálogos internos de Mark. Era prácticamente imposible que él no los escuchara.

La meta de Mark, al buscar una pareja de matrimonio, era evitar cualquier persona que fuera como su madre. Pero como sucede con frecuencia, no lo pudo evitar, y terminó en una relación muy parecida a la de sus padres. Antes de que él y su esposa se casaran, él se sentía como un rey, pero después, sus críticas y su enojo rugían y rabiaban. Fue tan abrumador para él, que consideró suicidarse. No podía imaginar pasar el resto de su vida en el "infierno" en el que estaba.

Cuando los hombres con una medida de carácter están atrapados en una relación donde no existe un respeto por parte de la esposa, por lo general, no se vengan con una aventura amorosa, ni matan su dolor con el alcohol o las drogas. En lugar de eso, simplemente absorben la falta de respeto y viven en desesperación, queriendo con frecuencia ponerle fin a todo, pero nunca justificando el infringir sus votos de matrimonio.

Después de haber conocido a Mark y platicar con él, me pregunté en qué tipo de "infierno" fue educada su esposa, donde la mujer aprendió que un hombre debe ser usado en lugar de respetado, donde una mujer aprendió a tomar lo que puede en lugar de honrar lo que un hombre puede proporcionar. Debió haber sido una existencia bastante triste, incluso tal vez peor que la de Mark. Cuando un hombre vive sin el respeto de una mujer, él vive sin la cuarta cosa más importante para él como ser humano, las primeras tres son el oxígeno, el agua y la comida. Sí, para los hombres, el respeto es así de importante.

LO QUE SABEMOS DE LOS HOMBRES Y EL RESPETO

Todos saben que Rodney Dangerfield "no recibía nada de respeto". Dijo que a su hermano gemelo se le olvidó su cumpleaños... que cuando llamó al centro de ayuda de prevención del suicidio, intentaron convencerlo a cometerlo... que su banco le ofreció un regalo gratis si cerraba su cuenta... que su doctor le dijo: "Con una cara como la de usted, no necesita una vasectomía"..., que cuando se estaba ahogando y gritando por ayuda, el salvavidas le dijo que no hiciera tanto ruido.

Todos nos podemos identificar con Rodney en algún nivel. Pero existe una gran categoría de la población que diría "¡Amén!" a sus lamentos: hombres, y especialmente hombres casados. Estos sienten que su necesidad de respeto se ha perdido entre el interés predominante del mundo en el amor. No es que los hombres estén en contra del amor. Mientras que para las mujeres el amor se deletrea a-m-o-r, para los hombres el amor se deletrea r-e-s-p-e-t-o. Las mujeres obtienen el amor directamente, pero para los hombres, se involucra una desviación; el amor sólo se recibe a través del respeto. Y la mayoría de los hombres sienten que las mujeres desaciertan por completo esa desviación.

En nuestra encuesta a 3,600 hombres, nosotros hicimos esta declaración: "Los hombres necesitan ser mucho más respetados por las mujeres". El 25% de los hombres encuestados dijo que "con frecuencia" se siente de esa manera, mientras que el 8% dijo que "siempre" se siente así. Otro 52% dijo que "algunas veces" siente la falta de respeto. Me pareció interesante que los hombres cristianos se sentían menos respetados (34.3%) que los hombres no cristianos (28.7%).

Existe un secreto sutil sucediendo aquí. Si sustituyéramos la palabra amor en nuestra declaración original de la encuesta, "Los hombres necesitan ser mucho más amados por las mujeres", las mujeres que fueran a ver los resultados (85% que hasta cierto punto respondió positivamente) probablemente dirían: "¿Y qué? Yo me siento igual. Yo también necesito sentirme más amada". En otras palabras, ya que el amor es la necesidad más grande de una mujer, puede que vea a los hombres simplemente respondiendo de igual manera y diga: "Está bien, estamos igual. Ambos necesitamos lo mismo".

Lo que sorprende a las mujeres, y este es el secreto que los hombres llevan, es que el amor y el respeto no son lo mismo (más adelante hay más sobre esto). De hecho, las mujeres se sorprenden mucho, si no es que se impresionan, al saber que los hombres sienten una necesidad muy grande de ser respetados. Esto es algo que ellas no siempre comprenden: "Sí recibo amor; no recibo respeto".

La autora Shaunti Feldhahn describe haber ido a un retiro poco después de haberse graduado de la universidad. La conferencista dividió a los asistentes en dos grupos: los hombres de un lado del salón, las mujeres del otro lado. Les preguntó a ambos grupos que cuál de dos malas situaciones elegirían si tuvieran que hacer una elección: la primera, sentirse solos y no amados; o la segunda, sentirse inadecuados y no respetados. Ella recuerda haber pensado que esa elección era muy fácil, ¿quién quisiera alguna vez sentirse no amado?

Pero cuando el líder les preguntó a los hombres que cuántos de ellos elegirían sentirse no amados por encima de sentirse no respetados, las mujeres en el salón se quedaron audiblemente boquiabiertas. La mayoría de las manos de los hombres estaban levantadas. Sólo unos cuantos de los hombres dijeron que preferirían que les faltaran al respeto a no ser amados. Cuando el líder se dirigió a las mujeres, los resultados fueron exactamente lo opuesto: la mayoría de las mujeres dijo que preferirían que les faltaran al respeto a no ser amadas.

Cuando Feldhahn comisionó para su libro sus propias encuestas acerca de los hombres, ella incluyó esta pregunta, y los resultados fueron similares a la encuesta no oficial del retiro a la que asistió. El 74% de los hombres dijo que escogería estar solo y sin amor por encima de ser inadecuado y no respeto. El 26% escogió lo opuesto.

Cuando ella estaba haciendo pruebas beta con las preguntas de la encuesta, ella recibió comentarios raros acerca de esta pregunta en particular. Algunos hombres no pensaban que existía una diferencia entre las dos opciones. Ya que la diferencia entre el amor y el respeto era totalmente clara para ella, ella batalló con este problema, hasta que capto la idea: Para un hombre, el amor y el respeto son uno sólo y lo mismo. Es decir, "si un hombre no se siente respetado, él no se va a sentir amado".[1]

Emerson Eggerichs, quien ha escrito la biblia acerca de la diferencia entre el amor y el respeto en el matrimonio, contribuyó la siguiente pregunta a la encuesta que Feldhahn utilizó con los hombres:

Incluso las mejores relaciones algunas veces tienen conflictos con respecto a los asuntos cotidianos. En medio de un conflicto con mi esposa o pareja, es muy probable que esté sintiendo...

a. Que mi esposa o pareja no me respeta en este momento.
b. Que mi esposa o pareja no me ama en este momento.

El 81% de los hombres escogió la opción "a" y el 19% escogió "b".[2]

Este capítulo se trata del por qué los hombres quieren respeto, *necesitan* respeto y cómo esto los hace sentir amados cuando lo obtienen. El secreto que las mujeres tienen que descubrir es que cuando aman a los hombres de la manera en que ellas (las mujeres) quieren ser amadas, esto deja a los hombres con una deficiencia que sólo una cosa puede llenar: el respeto.

LO QUE EL RESPETO SIGNIFICA PARA LOS HOMBRES

Anteriormente, dije que nuestra cultura es más de amor que de respeto. En realidad, es mucho más. No me escriban acerca de la validez de este método de investigación, pero por el bien de descubrir más acerca de estos temas, escribí estas dos palabras en Google para ver qué sucedía. Hubo 1.78 mil millones de respuestas para *amor* y 756 millones de respuestas para *respeto*. ¿Qué significa esto? Por supuesto que nada definitivo. Pero por lo menos significa que en nuestro mundo, se discute (se utiliza la palabra) el amor con más del doble de frecuencia que el respeto.

No me sorprendí por los resultados de esta sencilla parte de la investigación. De alguna manera, el amor recibe más comentarios, especialmente en la comunidad cristiana. La palabra *amor* aparece en la Biblia NVI 551 veces, mientras que la palabra *respeto* aparece 32 veces. La Biblia nos dice que Dios es amor, no *respeto* (1 Juan 4:8); tenemos todo un capítulo dedicado al amor (1 Corintios 13) y ninguno dedicado al respeto; se nos dice que debemos amar a Dios y a nuestros prójimos, no respetarlos (Mateo 22:37-40).

Pero cuando se trata del pasaje más extenso de la Biblia acerca de los esposos y las esposas, encontramos algo interesante. En ninguna parte de Efesios 5:22-33 dice que las esposas deben amar a sus esposos.3 A los esposos se les dice que deben amar a sus esposas, pero a las esposas se les dice que deben respetar a sus esposos: "En todo caso, cada uno de ustedes ame también a su esposa como a sí mismo, y que la esposa respete a su esposo" (v. 33). Para obtener el contraste completo entre estas dos responsabilidades, lea el versículo en la Biblia versión Amplificada, una traducción que ofrece una versión expandida en inglés del significado de la Biblia en sus lenguajes originales:

"En todo caso, cada uno de ustedes [sin excepción] ame también a su esposa [siendo en el sentido] como a sí mismo, y que la esposa respete a su esposo [que se dé cuenta de él, que lo respete, lo honre, lo prefiera, lo venere y lo aprecie; y que le de su aprobación, lo alabe y lo ame y lo admire extremadamente]."

En 1984, Tina Turner hizo esta pregunta a través de una canción, "What's Love Got to Do with It?" (¿Qué tiene que ver el amor?). Es probable que existan muchas mujeres que les gustaría preguntar: "¿Qué tiene que ver el respeto?". En años recientes, hemos visto a muchos hombres prominentes hacer poco para ganarse el respeto. Comenzando con los encuentros sexuales en la oficina ovalada de nuestro cuadragésimo segundo presidente, al fracaso de algunas de las corporaciones más grandes de Estados Unidos debido a escándalos de contabilidad, corporaciones dirigidas por hombres, y, en por lo menos tres de los casos, hombres que eran cristianos abiertos, se escucha que las mujeres dicen: "Por favor. Yo mostraré respeto cuando los hombres hagan algo respetuoso".

Cuando las esposas se encuentran casadas con alguien al que declaran amar, pero que no les cae bien, el factor del respeto desaparece. En otras palabras, las mujeres ven el respeto como algo que se debe ganar, mientras que no se sienten así con respecto al amor. El amor debe ser incondicional; el respeto se gana. Pero para un hombre, el respeto debe ser tan incondicional como lo es el amor.

Con frecuencia, Emerson Eggerichs le ha preguntado a los hombres: "¿Su esposa lo ama?" y ellos dicen: "Por supuesto".

"¿Usted le cae bien?"

"No."

Cuando él aconseja a mujeres que dicen: "Yo amo a mi esposo, pero no lo respeto", Eggerichs les pregunta: "¿Qué tal si su esposo le dijera: 'Te respeto, pero no te amo'?" Las mujeres se horrorizan con este cambio total de condiciones. Sin embargo, ellas sienten que es completamente admisible decirles a sus esposos que los aman, pero no los respetan.[3]

Él continua diciendo: "En muchos casos, el desagrado de la esposa se interpreta por el esposo como falta de respeto e incluso desprecio. En su opinión, ella ha dejado de ser la mujer que era antes cuando se acortejaban, que lo admiraba y siempre lo aprobaba. Ahora ella no aprueba y se lo hace saber. Entonces el esposo decide que motivará a su esposa a volverse más respetuosa al actuar de una manera no amorosa. Esto normalmente resulta ser igual de exitoso como el tratar de vender una camioneta a un granjero Amish."

En este punto algo comienza, al cual Eggerichs llama el "Ciclo loco": El hombre no se siente respetado, así que intenta motivar a su esposa al negarle amor. Ella no se siente amada e intenta motivar a su esposo al negarle respeto. Y entonces comienza el ciclo descendente.[5] Para muchas parejas, esta lucha de poder ha estado sucediendo por décadas; su matrimonio se ha caracterizado por esta lucha. Y todo porque no entienden que el ciclo se puede volver autoperpetuo en una dirección positiva si tan sólo invirtieran la tendencia. El amor puede estimular al respeto, el cual estimula más amor, el cual estimula más respeto, etc.

El Dr. John Gottman, un investigador de matrimonios, lo describe de esta manera: "Tales interacciones pueden producir un ciclo vicioso, especialmente en matrimonios con altos niveles de conflicto. Entre más critican y se quejan las esposas, más se retiran los esposos y andan con evasivas; entre más se retiran y andan con evasivas los esposos, más se quejan y critican las esposas".[6]

Con frecuencia, el resultado de tal vivir amargo de tira y afloja es el divorcio.

La historia del centurión romano que buscó la sanidad de Jesús para su siervo es un buen paradigma para comprender cómo los hombres piensan acerca del respeto (Lucas 7:1-10). Jesús iba a ir al hogar del soldado cuando el centurión mandó decirle a Jesús que no era necesario que Él estuviera ahí personalmente. El soldado comprendía la naturaleza de la autoridad, que si Jesús tan sólo diera la "orden", el siervo sanaría. Jesús y el centurión pensaban igual en cuanto a la autoridad, diferentes dominios, pero el mismo principio.

Los hombres piensan acerca del respeto de ellos mismos de la misma manera en que piensan acerca del respeto en el servicio militar. (Sin duda, esto es el por qué tantos hombres se identifican con el servicio militar.) En las fuerzas armadas, el respeto le es dado al uniforme y a lo que representa: al invierno congelado de Delaware de la Revolución americana, gas mostaza y guerra en las trincheras de la primera guerra mundial, Normando en la segunda guerra mundial y Hamburger Hill en Vietnam. Representa a los hombres quienes, aunque tal vez no se lleven bien personalmente en el campamento, arriesgarían sus vidas el uno por el otro en combate. Se considera un hecho, un principio incondicional sobre el cual depende la seguridad de la nación.

Los hombres piensan del respeto en un matrimonio de la misma manera, como un principio incondicional sobre el cual depende la seguridad de la unión marital. Los esposos se ven a sí mismos como los que visten el uniforme de la masculinidad, un uniforme que merece respeto incondicional aun si la persona que lo lleva puesto tal vez no lo merezca. (Para mantener equilibrada la balanza, las mujeres se ven a sí mismas como las que visten el uniforme de la feminidad, un uniforme que merece amor incondicional aun si la persona que lo lleva puesto tal vez no lo merezca.)

Cuando las esposas no logran respetar a sus esposos, ellas perjudican a algo mucho más grande que el "organismo viviente basado en carbono" con quien intercambiaron votos de matrimonio. Ellas perjudican una institución que Dios diseñó para que funcionara con el combustible de respeto. (Repito, lo mismo es cierto para hombres que no logran amar a sus esposas.) Cuando los hombres no obtienen el combustible que necesitan de sus esposas, hacen lo que cualquier sistema basado en combustible hace: pierden el poder y con el tiempo dejan de trabajar. Y si el combustible del respeto es proporcionado de una fuente alternativa, comúnmente es suficiente para arrancarlos de nuevo en acción.

El Dr. Willard F. Harley Jr., un autor y gurú de matrimonios, dio consejo a una pareja que tenía una escasez de respeto para el esposo, un artista comercial. Antes del matrimonio, la esposa había colmado de alabanzas los talentos artísticos de su futuro esposo, y continuó haciéndolo después de que se casaran, exhortándolo a ejercer una carrera como artista y a que desarrollara su potencial. El esposo interpretó sus exhortaciones como una insatisfacción con lo que él era actualmente y comenzó a resentir sus esfuerzos. Conforme pasaban los años, se encontró empalmado con una diseñadora gráfica que lo colmaba de elogios y respeto por todo su trabajo y sus habilidades como un artista comercial. Finalmente alguien lo respetaba por lo que era, no por lo que podría ser.[7]

Usted puede adivinar el triste final de esta historia. Esto ilustra el poder del respeto en la vida de un hombre. El respeto es el combustible con el cual andan sus motores, y si él no tiene cuidado con la fuente, puede terminar en serios problemas.

DIRECCIONES NUEVAS

Desde muy temprano en este capítulo, distinguimos entre las dos maneras que los hombres y las mujeres definen al amor: para las mujeres, es amor; para los hombres, es respeto. La mayoría de nuestra discusión se centró en que los hombres no son respetados lo suficiente y por lo tanto no se sienten amados. Sin embargo, con frecuencia, nosotros los hombres somos culpables de olvidar la otra cara de esta moneda. Preferimos andar abatidos, con actitudes como la de Rodney Dangerfield, consolándonos solamente con nuestros hermanos a quienes por igual les han faltado al respeto. Pero la verdad es que puede que haya una razón lógica del por qué estamos perdiendo el respeto de nuestras esposas: ¡no estamos amando!

Las palabras del apóstol Pablo en Efesios 5:22-33 no son simplemente un texto elemental para las esposas. Dentro de un puñado de versículos, él declara por lo menos cuatro veces, "Esposos, amen a sus esposas". Eso no es gran ciencia. Para recibir amor (el cual en nuestro caso es respeto) requiere de dar amor. Y, ya sea que esté soltero, recién casado o ha estado casado por 40 años, el amar a ese alguien especial involucra un ingrediente universal, pero también completamente único: amarla de la manera en que ella quiere ser amada.

Así como cada mujer fue creada para tener una apariencia diferente, cada una fue creada para ser amada a su propia manera especial. No haga lo típico de un "hombre" y le aviente señales genéricas de afecto. Muéstrele a su mujer que ella es importante, simplemente por ser quien es. Descubra (o en el caso de los veteranos de relaciones, recuérdese) qué cosas importan más para ella, lo que ella aprecia más recibir de usted. Y recuerde, esto tiene poco o nada que ver con sus preferencias de usted. Los hombres, con frecuencia, contendrán lo que dan porque se sienten incómodos por cómo las mujeres quieren ser amadas. Permítame ofrecer un recordatorio: el amor verdadero, por su misma naturaleza, es desinteresado. El aspirar a ese tipo de amor, tanto en palabras como en acciones, puede transformarlo de un imitador de Dangerfield a un general entre sus propias tropas.

CONEXIONES NUEVAS

En este libro, ya discutimos el concepto de lenguajes y culturas. Cuando de respeto se trata, las mujeres deben tomar esto como un lenguaje y cultura que se necesita aprender, uno que no es nativo para ellas. (Así como los esposos deben hacer con el lenguaje y la cultura del amor.) Entonces, una pregunta natural por hacer es esta: ¿Por qué creó Dios a los hombres y a las mujeres con estos lenguajes y estas culturas diferentes? ¿No hubiera sido más fácil si tanto los esposos como las esposas se alimentaran del mismo valor o misma necesidad?

La razón por la que los hombres y las mujeres necesitan diferentes combustibles es para que se alimenten el uno al otro como una máquina perpetua de movimiento. Cuando cada uno da lo que el otro necesita, un baile misterioso y de contrapunto comienza, dos líneas claramente melódicas que se oponen entre sí para crear una armonía hermosa.

Si esto no está sucediendo ahora en su matrimonio, entonces hágase la pregunta: ¿Quién comenzará el baile? ¿Quién pondrá primero su pie al frente?

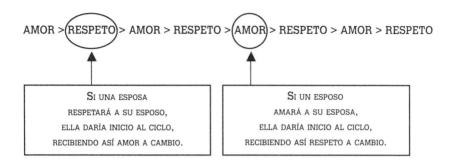

AMOR > RESPETO > AMOR > RESPETO > AMOR > RESPETO > AMOR > RESPETO

| SI UNA ESPOSA RESPETARÁ A SU ESPOSO, ELLA DARÍA INICIO AL CICLO, RECIBIENDO ASÍ AMOR A CAMBIO. | SI UN ESPOSO AMARÁ A SU ESPOSA, ELLA DARÍA INICIO AL CICLO, RECIBIENDO ASÍ RESPETO A CAMBIO. |

Sin importar que usted sea un esposo o una esposa que lee estas palabras, son para usted. La verdad no respeta géneros ni personas.

Capítulo 18

SATISFACER LAS NECESIDADES DE ELLA

David llevaba cinco años casado con Sharon cuando descubrió su aventura amorosa con un antiguo conocido. David había pasado esos cinco años tratando de darle a su esposa lo que quería y necesitaba. Él estaba involucrado de todas las formas que él conocía, pero nada que él hacía parecía satisfacer sus necesidades. Ella quería controlar sus palabras, sus acciones y los lugares donde iba. Así que él le dio ese control. Dejó de decir cosas que a ella le molestaban. Dejó de hacer cosas que la disgustaban. Se reportaba sin importar a donde iba. Le dio el control que ella quería y decía que necesitaba, para así poder sentirse sujeta y segura en su amor. Entonces, después de que se lo dio, se salió del matrimonio y se sujetó a una persona de su pasado.

Cuando David comenzó a recibir consejería, le dijeron que él había contribuido a la aventura amorosa. Su consejero le dijo que si él hubiera intentado conectarse con su esposa, ella no se hubiera extraviado. Para él, esto era difícil de escuchar después de todo lo que él había hecho para tratar de complacerla. No fue como si la hubiera ignorado; él le dio todo. Así que cambió de consejeros.

El segundo consejero le dijo algo que tenía más lógica. Dijo que él no había contribuido a la aventura amorosa, ella era la única responsable por la aventura, pero él había contribuido a los problemas en el matrimonio. Él podía aceptar eso. Comenzó a sentirse cómodo con el consejero. Lo más difícil que le dijo el consejero fue que era su responsabilidad perdonarla por lo que había hecho, sabiendo muy bien que tal vez volvería a suceder, porque su esposa estaba tan sujeta a él de manera ambivalente, que sería difícil que él satisficiera sus necesidades verdaderas.

El padre de Sharon la abandonó cuando ella tenía 14 años. Un día, él estaba en el hogar y, al día siguiente se había ido, para nunca regresar. Ella se sentía abandonada, aislada, fuera de control y sola. También sentía vergüenza por cualquier cosa que jamás había hecho que causó que su padre fuera lo suficientemente infeliz como para irse. Para compensar, asumió todo sobre ella misma, y comenzó a tomar el control de todo lo que podía. A causa de que nunca sanó de la herida causada por su padre, David absorbió el impacto de fuerza completa cuando ella se casó. Mientras tanto, David no era el hombre más seguro de sí mismo en el mundo. Se preguntaba si estaba a la altura de otros hombres. Dudaba de su aptitud sexual. Añoraba hacer feliz a una mujer, porque cuando lo hacía, él se sentía competente. Pero escogió a una mujer que no permitía que la hicieran feliz. Ella sólo estaba contenta cuando tenía el control total. Sólo se sentía segura cuando todo el mundo estaba respondiendo a ella como se había pronosticado. Ella era un abismo vacío de necesidades tan grande que ningún hombre podría satisfacer completamente. Y, como ella descubrió, ni siquiera dos hombres la podían ayudar.

David aceptó la realidad de quién era ella y por qué había sido tan atraído por ella. Llegó a darse cuenta que él había estado alimentando su necesidad de tener control y se había perdido a sí mismo en el proceso. También se había convertido en un "jugador con una función" en lugar de un hombre. Ella lo vio cambiar de ser un hombre con estatus a un debilucho que permitía que le dieran órdenes. Al tratar de satisfacer sus necesidades, él había empeorado su matrimonio. Mientras intentaba complacerla, él había destruido su respeto por él. Y, en el proceso, él nunca comprendió completamente qué era lo que ella realmente necesitaba.

LO QUE SABEMOS DE LOS HOMBRES EN CUANTO A SATISFACER LAS NECESIDADES DE LAS MUJERES

Los hombres de la iglesia de Gordon MacDonald se estaban reuniendo para su reunión mensual del primer lunes (por la noche), una plática dada por Gordon, seguida por comida y el partido de fútbol americano del lunes por la noche. Mientras los hombres estaban platicando y bebiendo café antes de que iniciara la reunión, un hombre se acercó con Gordon y le entregó un regalo del tamaño de un libro, envuelto en papel de regalo. Él dijo: "Una mujer que estaba en la entrada me dio esto y me pidió que se lo entregara a usted". Gordon quitó la envoltura de papel y encontró un libro titulado *Everything Men Know About Women* (Todo lo que los hombres saben de las mujeres). Al abrirlo, descubrió exactamente 100 páginas en blanco que no contenían ni una sola palabra.

Al poco tiempo, cuando Gordon estaba presentando su plática, le enseñó el obsequio a la multitud de hombres. Algunos se rieron, pero otros no. Él escribe: "¿El regalo de la mujer es una broma pesada o un mensaje serio? Ninguno de nosotros sabemos. Pero hace que la mente masculina se concentre".[1]

Después de 30 años de investigación del alma femenina, Sigmund Freud, el renombrado sicoanalista, supuestamente dijo que aún no podía contestar una gran pregunta: ¿Qué es lo que una mujer quiere?[2]

Uno de los esfuerzos más grandes para reunir información que tal vez hubiera ayudado al Dr. Freud fue *A National Survey of Families and Households* (Una encuesta nacional de familias y hogares). La NSFH encuestó a 5,000 parejas casadas en diferentes años, desde 1987 a 2003, para reunir una variedad amplia de información acerca de la vida familiar de la cual investigadores en diferentes disciplinas podrían sacar conclusiones y hacer aplicaciones.[3] En marzo del 2006, W. Bradford Wilcox y Steven I. Nock, dos sociólogos de la universidad de Virginia, publicaron un reportaje basado en la NSFH respecto a los factores claves que llevan a la felicidad de las esposas en el matrimonio. Aquí están algunas conclusiones que ellos reportaron:

- El factor singular más importante en la felicidad marital de una esposa es la participación emocional de su esposo, qué tan afectuoso y comprensivo es y cuánto tiempo de calidad pasan juntos como pareja.
- "Me sorprendí mucho al descubrir que aun las mujeres dadas a ser igualitarias, son más felices cuando su matrimonio está organizado más por líneas de géneros" (Wilcox).
- En contra de la sabiduría académica convencional, las esposas son más felices en su matrimonio cuando los esposos ganan el 68% o más de los ingresos de la pareja (a condición de que los esposos también participen emocionalmente).
- Las esposas que no trabajan fuera del hogar, son más felices que las esposas que si trabajan fuera del hogar.
- Las esposas que comparten un fuerte compromiso en un matrimonio de toda la vida con un mismo hombre (el matrimonio es una "relación de toda la vida y nunca se le debe poner un fin, con la excepción de circunstancias extremas"), son más felices que las esposas que su compromiso es más débil. El compromiso compartido lleva a una confianza mutua e inversión emocional más elevada de los esposos, y ambos son factores que llevan a la felicidad de las esposas.
- Las esposas que piensan que la división de los deberes del hogar en su matrimonio es algo justo, son más felices que las esposas que piensan que sus esposos no hacen su parte equitativa. Se debe notar que eso no necesariamente significa una división del 50% de los deberes del hogar. Porque las esposas más felices que ven a sus esposos que trabajan mucho para ganar las finanzas de la familia, no les molesta hacer más de la mitad de los deberes de la casa, y consideran que eso es "justo".
- Las esposas que tienen opiniones más tradicionales en cuanto al matrimonio (por ejemplo, las mujeres deben dedicarse a cuidar el hogar y los hijos, y los esposos deben dedicarse a ganar dinero) son más felices.
- La sabiduría convencional y académica ahora sugiere que los 'mejores' matrimonios son uniones de igualdad. Nuestro trabajo sugiere que la realidad es más complicada... Nosotros interpretamos nuestros resultados para sugerir que las parejas necesitan prestar más atención a cómo sus parejas se sienten acerca de su relación y acerca del matrimonio en general, porque la igualdad no necesariamente produce equidad" (Nock).[4]

La información anterior obviamente es útil para evaluar el cuadro grande de lo que las mujeres quieren y necesitan (es decir, lo que hace que las esposas sean felices). Es muy fácil tomar una frase lapidaria de los medios de comunicación y sacar la conclusión que las mujeres están siguiendo las instrucciones del locutor Howard Beale, de la película de 1976 titulada *Network* (Red): "Entonces, quiero que se pongan de pie. Quiero que todas ustedes se salgan de sus sillas. Quiero que se pongan de pie ahora mismo y vayan a la ventana. Ábranla y saquen su cabeza y griten: '¡Estoy furiosa y ya no voy a tolerar más esto!'".[5]

Con base en el estudio de NSFH, aparentemente existen bastantes esposas que están felices con su matrimonio. Pero también existen muchos hombres que estarían de acuerdo con el Dr. Freud: no están seguros de lo que las mujeres quieren y están igualmente dudosos de lo que deben hacer para satisfacer las necesidades de sus esposas. Cuando les propusimos a los 3,600 hombres en nuestro estudio que "los hombres se sienten incapaces de satisfacer las necesidades (emocionales, espirituales y sexuales) de las mujeres, el simple 2% dijo "siempre", el 21% dijo "con frecuencia" y el 60% dijo "algunas veces". Eso hace un total de 83% el cual está confundido, al menos una parte del tiempo, acerca de cómo hacer las contribuciones a las vidas de sus esposas que sienten que deben hacer.

LO QUE EL SATISFACER LAS NECESIDADES DE LAS MUJERES SIGNIFICA PARA LOS HOMBRES

Voy a hacer que este capítulo sea lo más sencillo que se pueda al decir que nadie realmente sabe lo que las mujeres necesitan. A la inversa, nadie sabe lo que los hombres necesitan. Si yo supiera la respuesta a esas preguntas, entonces escribiría un libro corto acerca de cada uno y después me iría a descansar en una isla tropical junto con mis millones de dólares de derechos de autor. Al menos que algo les suceda a los hombres como le sucedió a Mel Gibson en la película del 2000 titulada *What Women Want* (Lo que las mujeres quieren), donde sucede que él repentinamente tiene la habilidad para "escuchar" lo que las mujeres están pensando como resultado de una descarga eléctrica, nosotros permaneceremos despistados. Es decir, despistados con la excepción de una estrategia: preguntar.

Yo no sé qué tipo de mujer era Eva en el Jardín del Edén. ¿Tenía ella una personalidad multifacética que Adán tuvo que comprender o era una mujer una mujer, como la frase de Gertrude Stein "una rosa es una rosa es una rosa"? Mientras que no es probable que conozcamos la respuesta a esa pregunta, esto si sabemos: no existe tal cosa como "mujer", un bípedo genérico, un clon del cual se convierte en la esposa de cada hombre que se casa. Podemos generalizar ciertas cosas acerca de las mujeres como un género: son emocionales, les gusta comunicarse verbalmente e íntimamente y les gusta ser queridas y honradas.

Alguien que acaba de leer esas palabras en este momento no está de acuerdo conmigo ("¡Mi esposa no es así para nada!") o me está llamando un machista ("¡Eso es totalmente del siglo pasado!"). ¿Lo ve? En cuanto uno sienta aunque sea unos cuantos principios de cómo son las mujeres (u hombres), alguien se rebelará y estará en desacuerdo.

Un lugar seguro donde empezar es con los principios generales que se obtienen de años de encuestas y observaciones. Pero los hombres que quieren disminuir su nivel de frustración y cambiarse a sí mismos de las categorías de "siempre", "con frecuencia" o "algunas veces" de la siguiente encuesta, a las categorías de "rara vez" o "nunca", necesitan comenzar un proceso intenso de descubrimiento. Para ser honesto, no importa lo que se necesita para satisfacer las necesidades de las mujeres. Lo único que importa es lo que se necesita para satisfacer las necesidades de la mujer en su vida.

Cada hombre casado es unido con una persona que es más compleja que una nave espacial de la NASA, por mucho. Además del hecho de que el cerebro humano es infinitamente más complejo que cualquier otra cosa conocida por el hombre, ya ha tenido varias décadas de influencias exteriores para cuando una mujer se instala en el matrimonio. Piense en todas las cosas que pudieron haber influido a una esposa en sus años de desarrollo (algunas cosas de las cuales puede que el esposo ni esté enterado): elogios vs. críticas, riqueza vs. pobreza, salud vs. enfermedad, familia grande vs. familia pequeña, experiencias escolares, experiencias sexuales (voluntarias y forzadas), inteligencia, imagen propia, modelos a seguir (de la feminidad, la masculinidad y el matrimonio), consuelo emocional vs. dolor, abuso de diferentes tipos, y así sucesivamente.

El mapa de la vida de cada mujer es diferente, y como resultado, no existen dos mujeres iguales. Eso significa que la esposa de cada hombre es como una flor delicada que pasa años abriéndose, revelando la belleza y gracia, y quizás cicatrices y heridas del desarrollo, que están por dentro. ¿No sería bueno si los esposos y las esposas en el día de su boda, además de intercambiar anillos y votos, pudieran entregarle el uno al otro un libro titulado *¿Mi vida hasta ahora?* En ese libro estaría todo, incluyendo el capítulo titulado "Cómo satisfacer mis necesidades", lo que cada persona sabía que debiera revelar a su cónyuge acerca de ellos mismos, haciendo mucho más fácil el proceso de "conocerte".

¡Ay!, pero eso no sucede. Así que las parejas terminan por hacer un baile (o un duelo) por muchos años tratando de entender a la persona "real" con las que se casaron. Cada mujer ha experimentado la consternación después del cortejo que llega cuando el hombre que antes olía a Ralph Lauren antes de la boda, ahora huele como una bolsa del gimnasio. Y el hombre descubre que la mujer que tenía la cara tan suave como la de un bebé, sólo logró tenerla así con una media hora de trabajo cada mañana. Y estas son las sorpresas fáciles. Las difíciles son las profundas, las emocionales que sólo se hacen visibles conforme los pétalos de la flor se abren lentamente a través de los años, revelando secretos que algunas veces se han guardado por mucho tiempo.

Hay dos partes de la revelación de la flor que se abre: la apertura en sí y el observar lo que se revela. Las flores se tienen que abrir; las esposas no. Aun cuando se abren, los esposos no siempre son lo suficientemente sensibles para ver lo que es revelado y tomarlo en serio. Tengo el presentimiento que el secreto que los hombres guardan (el no saber cómo satisfacer las necesidades de sus esposas), es debido a que sus esposas están revelando todo el tiempo quienes son, aun en los momentos supuestos negativos. Simplemente no somos los suficientemente estudiosos para concluir: "Esa palabra satisfizo una necesidad, pero esa acción definitivamente no lo hizo. Siendo yo un hombre inteligente, escribiré eso en mi libro para una futura referencia".

Si los hombres seriamente quieren aprender cómo satisfacer las necesidades de sus esposas, lo pueden hacer. Y el mejor lugar para comenzar es haciendo preguntas. Esto sugiere por supuesto, que las esposas estén dispuestas a tener una conversación. Que ellas tomarán en serio a sus esposos (a pesar de cualquier historial de insensibilidad) y participarán en el diálogo. Sin embargo, lo único que un hombre tiene que hacer es recordar el proceso inicial de llegar a conocer a su esposa cuando estaban en cortejo. No fue gran ciencia, y aun no lo es. Pasaban horas y horas juntos hablando y explorando la personalidad del otro. Y lo más importante que hacían era actuar con base en lo que aprendieron. Si un hombre descubría que a su chica le gustaba tal música o tal comida o esas flores, él hacía algo al respecto. No había nada que no haría para mostrarle al que le inspira afecto que él piensa que su relación con ella va en serio.

Es en este punto que se pone en juego el principio comprobado a través del tiempo: el cortejo para los hombres es una conquista. Una vez que se van de la recepción de la boda, la gráfica de "llegar a conocerte" baja precipitadamente como las acciones del "punto com" a principios del año 2000. Bueno, no tan rápido. Pero de todas maneras comienza a bajar. A pesar de las mejores intenciones de un hombre para pensar de otra manera, hay algo dentro de él que dice: "Yo conozco a mi esposa. No me hubiera casado con ella si no la conociera". La verdad es que él sólo piensa que la conoce. Lo único que él sabe es lo que "x" número de meses de cortejo pueden revelar, y más importante, sólo sabe lo que ella ha dado a conocer. Lo que él no sabe es lo que será revelado conforme la flor continúa abriéndose y las presiones de la vida cambian: combinando su dinero, equilibrando el tiempo, respetando preferencias, teniendo y educando a los hijos, adaptándose a los estilos personales de vivir (la limpieza, los hábitos del baño, los hábitos de comer, las rutinas personales). Y luego tenemos a las familias. Es verdad que cuando uno se casa, no se casa con una persona, se casa con la familia. La sensibilidad de la esposa a su familia inmediata y parientes le añade a la mezcla una gran cantidad de variables.

Mis palabras de aliento para cada hombre que quiere saber cómo satisfacer mejor las necesidades de su esposa es que, por segunda vez, comience a cortejar a su esposa. Si un hombre dedica la misma intensidad e interés a su esposa después del matrimonio como lo hizo antes, y mantiene ese nivel de interés durante todo su matrimonio, conocerá las necesidades de su esposa y cómo satisfacerlas.

DIRECCIONES NUEVAS

Para el hombre que piensa de manera sistemática (como la mayoría de los hombres lo hacen), ayuda tener un plan. Le animaría a usted a crear algún tipo de diario, un documento de textos en la computadora funciona mejor que una copia impresa, ya que se puede expandir sobre él infinitamente sin llegar al final de la "página". En este documento, comience a pintar una imagen verbal de la mujer con quien está casado. En esto, usted estará describiendo a sí mismo todo lo que conoce de su esposa, particularmente sus necesidades. Obviamente, esto no significa que su esposa es una persona "necesitada". En lugar de eso, piense en sus necesidades como si fueran parecidas a sus necesidades de oxígeno, comida y agua. No recuerdo a nadie que haya sido criticado por tener necesidad de esas tres cosas esenciales, así que piense en su esposa de la misma manera.

Puede que necesite pensar en estas necesidades en términos de categorías para ayudarle a darse cuenta que, con el tiempo, usted conoce más o menos algo acerca de diferentes áreas de su vida:

- **Emocional:** ¿Cómo describiría a su esposa como un ser emocional? ¿Cómo se afectan sus emociones por la presencia de usted en su vida como la persona que la ama?
- **Espiritual:** ¿En qué lugar se encuentra ella espiritualmente? ¿Usted le está manteniendo el ritmo? ¿Se está quedando atrás? ¿Está a un lado de ella? ¿Qué podría hacer usted para aliviar su tensión espiritual?
- **Física:** ¿Cómo está cambiando su esposa físicamente? ¿Cómo están reaccionando usted y ella a esos cambios? ¿Qué necesita ella de usted de acuerdo a lo que ve en el espejo?
- **Sexual:** Su esposa es un ser sexual. Mirando sus necesidades sexuales en lugar de las de usted, ¿qué puede hacer para darle la libertad para ser quien es y convertirse en quien ella quiere ser en esta área?
- **Económica:** ¿Qué representa el dinero para su esposa? ¿Cómo difiere esto de lo que significa para usted? ¿Cómo le puede comunicar a su esposa que ella es más importante para usted que el dinero?
- **Amistad:** ¿Quién es la mejor amiga de su esposa? ¿Cuál es la postura de usted en la escala de buen/mejor/el mejor amigo? Si usted no es su mejor amigo, ¿usted sabe por qué? ¿Qué es lo que hace su mejor amiga que usted podría comenzar a hacer?
- **Intimidad**: ¿Hasta qué grado busca su esposa la intimidad a través del tiempo juntos y la conversación? ¿Qué tan dispuesto está usted a hacer una inversión más grande en ella al ajustar su horario y zona de comodidad?
- **Vida casera**: ¿Es usted una ayuda o un estorbo a los deseos de la vida casera de su esposa de tener un hogar que refleja cómo es ella como mujer? ¿Usted sabe lo que ella quisiera que fuera su hogar pero no lo puede lograr? ¿Por qué?

Después de haber leído esa lista, quizás esté preguntando: "Oye, ¡¿se trata todo esto de que yo cambie?!". Si, así es en efecto. Este libro se trata de los hombres y sus secretos. Y un secreto grande es que los hombres no comprenden cómo satisfacer las necesidades de las mujeres. Así que al menos que usted sea el 2% de la población de hombres (en nuestra encuesta) que dijo que esto "nunca" es un asunto, entonces si, esto se trata de usted.

Pero no se desanime, el Dr. John Gray hizo una lista de seis cosas recíprocas que suceden cuando un hombre comienza a satisfacer las necesidades de su esposa:

1. Él le proporciona cuidado, ella le devuelve confianza.
2. Él le proporciona comprensión, ella le devuelve aceptación.
3. Él le proporciona respeto, ella le devuelve apreciación.
4. Él le proporciona devoción, ella le devuelve admiración.
5. Él le proporciona validez, ella le devuelve aprobación.
6. Él le proporciona consuelo, ella le devuelve palabras de ánimo.[6]

Obtenga una copia del libro de Gray titulado *Los hombres son de Marte, las mujeres son de Venus* y lea los detalles. Esto es otro ejemplo de la reciprocidad que Dios ha incorporado en el proceso de dar: nosotros cosechamos lo que sembramos (Gálatas 6:7). Cuando los hombres comienzan a satisfacer las necesidades de sus esposas, de repente, comienzan a descubrir que más de sus propias necesidades también están siendo satisfechas. Cuando el duelo se convierte en un baile, ambas personas en la pareja comienzan a apreciar y a disfrutar el proceso. (Si usted va a la librería para comprar el libro de Gray, también le animo a comprar el libro de Gordon MacDonald titulado *When Men Think Private Thoughts* (Cuando los hombres tienen pensamientos privados). El capítulo 9 llamado *"What a Wife Really Wants"* ("Lo que una esposa realmente quiere"), es probablemente la discusión más penetrante de diez cosas que una esposa quiere que usted encontrará impreso. Mientras que ninguna lista es perfecta, la suya vale mucho la pena considerar.)

CONEXIONES NUEVAS

Hace muchos años, el Dr. Bruce Wilkinson ofreció un nuevo paradigma para la educación en su libro llamado *The Seven Laws of the Learner* (Las siete leyes para el estudiante). En su libro, él dijo que era el trabajo del maestro hacer que el estudiante aprendiera. En lugar de hacer que los exámenes de la clase sean un misterio en el cual el estudiante trata de averiguar lo que el maestro pensó que era importante y por eso estaría en el examen, Wilkinson sugiere tres pasos: decirle al estudiante lo que es importante; hacer que el estudiante domine el material; después aumentar la confianza del estudiante al permitir una demostración en el examen de su dominio recién descubierto.

Al trabajar juntos, las parejas pueden deshacerse del misterio de satisfacer las necesidades del otro al hablar. En lugar de que los esposos intenten adivinar cuáles son las necesidades de sus esposas, las esposas les debería contar. No es verdad que: "Si te digo, eso destruye el romance". Al preguntarle a alguien a dónde quiere ir para cenar, ¿esto destruye la comida? ¡Por supuesto que no! El que pregunta simplemente está cediendo sus preferencias a la otra persona con la esperanza de que ella disfrute aun más la velada. El decirle a su esposo sus necesidades es la manera en que usted le permite demostrar su "dominio" de usted al hacer lo que a usted le gusta.

Entonces, esposo, hable con su esposa. Y esposa, quite el misterio del baile al ayudarle a su esposo a conocerla mejor. Recuerde, el cómo y cuándo se abre una flor, depende de usted.

Capítulo 19

EL ÉXITO: EL FACTOR DE LA INTIMIDACIÓN

Cuando Tim estaba soltero, conoció a una mujer con la cual se sentía realmente atraído. Muchas jovencitas le habían atraídos, pero esta jovencita fue la primera que tomó un pedazo de su corazón y no se soltó. Ella era alta, hermosa, exitosa y de una familia adinerada. En cuanto Tim comenzó a conocerla y descubrir el origen de éxito y logros de la cual ella provenía, él comenzó a separarse. Siempre que estaba con la familia de ella, se sentía intimidado por todos ellos. Era obvio que él era un pez fuera del agua, o por lo menos así se sentía él. Le encantaba todo acerca de esta joven como persona. Lo que no le encantaba era la manera en que él se sentía cuando contemplaba el nunca poder ser lo que seguramente ella esperaba. Aun el cojín de comodidad económica que sus recursos tal vez traerían a su matrimonio, no ayudaba. Él se retiró de la relación basándose en una percepción invisible, que él nunca podría competir con esta mujer y su éxito.

Entonces, cuando Tim conoció a una mujer que provenía de un origen de una clase media más baja, sin expectativas particularmente altas para ella misma o para la persona con quien se casaría, él se sujetó a ella. Ella lo adoraba, lo cual él amaba, y se casaron. Desgraciadamente, la perspectiva de ella acerca de la vida cambió de agradecida a tener derecho. Ella vio en Tim la oportunidad para disfrutar una porción más grande del pastel de lo que ella estaba acostumbrada, e insistió en que él proveyera cada vez más. Se convirtió en un matrimonio infeliz.

Tim se dio cuenta de que le hubiera ido mucho mejor si se hubiera casado con la mujer acomodada por la cual se enloquecía de amor. Se quedaba despierto por las noches preguntando por qué había tenido miedo de pasar por esa puerta abierta.

LO QUE SABEMOS DE LOS HOMBRES Y LAS MUJERES EXITOSAS

El 10 de abril del 2002, la columnista muy conocida y muy leída del periódico *New York Times*, Maureen Dowd, desencadenó una tormenta de fuego entre los escritores de diarios en la Internet y otros columnistas. Sus 755 palabras de ese día se titulaban "The Baby Bust" ("El reventón de bebes"), motivado por la publicación del 2001 titulado *Creating a Life: Professional Women and the Quest for Children* (Crear una vida: las mujeres profesionales y la búsqueda de niños), escrito por la economista Sylvia Ann Hewlett.

Hewlett encuestó a mujeres y descubrió que el 55% de las mujeres de 35 años de edad que tiene una carrera, no tiene hijos; entre un tercio y una mitad de las mujeres profesionales con 40 años de edad, no tiene hijos; el número de mujeres sin hijos con edades de entre 40 y 44 ha aumentado el doble en los últimos 20 años; y entre los ejecutivos de una corporación que ganan $100,000 o más, el 49% de las mujeres no tiene hijos, a comparación con sólo el 10% de hombres. Dowd cita la conclusión de Hewlett: "Hoy en día, la norma parece ser que entre más exitosa la mujer, es menos probable que ella encuentre un esposo o que dé a luz un hijo. Para los hombres, lo contrario es cierto".

Dowd citó una parte de un segmento de un programa llamado *60 Minutes*, por CBS, que hizo una reseña del libro de la señorita Hewlett, en el cual fueron entrevistadas dos mujeres que se inscribieron en la escuela de negocios de Harvard. Ambas dijeron que cuando ellas conocían a hombres que tal vez les interesaban, escondían el hecho de que asistían a Harvard, llamándolo el beso de la muerte, "la bomba H". Una de las mujeres dijo: "En cuanto uno dice la Escuela de negocios de Harvard... eso es el fin de la conversación". También observaron que lo opuesto es cierto: "En cuanto los hombres dicen: 'Ah, yo asisto a la Escuela de negocios de Harvard', todas las mujeres se enamoran de ellos".

La señorita Dowd (de cincuenta y tantos años y soltera) no es conocida como una amiga de los hombres. Ella comenzó su columna al observar cómo un hombre con el que se encontró en una obra de Broadway, la llevó a un lado para platicar con ella. Le dijo que siempre la había querido invitar a salir, pero que tenía miedo porque su trabajo la hacía muy intimidante: "Los hombres, me dijo él, prefieren mujeres que parecen ser dóciles e intimidadas. Él dijo que yo nunca encontraría una pareja porque si hay algo que los hombres temen, es a una mujer que usa sus facultades de la crítica".

Para resumir los puntos en su columna, aquí están las conclusiones de Dowd:

- "Al parecer, los hombres aprenden desde muy temprano a proteger sus egos de cáscara de huevo de las mujeres que logran mucho."
- "Entre más logran las mujeres, más tienen que sacrificar."
- "Los hombres se desvían de las mujeres 'desafiantes', porque tienen un deseo atávico de ser la fuerza superior en una relación."
- "Si los hombres tan sólo abandonaran su deseo tonto de dominar al mundo, el mundo sería un lugar mucho más fino."[1]

La señorita Dowd, al parecer, interpreta los resultados de la economista Hewlett al significar que la razón por la que las mujeres exitosas que tienen una carrera se la pasan sin tener hijos, es porque los hombres están demasiados intimidados por ellas como para aceptarlas como parejas de matrimonio. (Dowd, quien ganó el premio Pulitzer, continuó en el 2005 con *Are Men Necessary: When Sexes Collide* (Son necesarios los hombres: cuando los sexos colisionan). Dadas las críticas mediocres del libro, uno se pregunta si la razón por la cual mujeres como ella están en la edad media y sin hijos es la intimidación de los hombres a su éxito o por el disgusto de su tono. Pero me desvié.)

Ya sea que Dowd ha interpretado correctamente o no la información de Hewlett, ella definitivamente ha tocado en algo que es apoyado por una cantidad importante de investigación, tanto empírica como anecdótica: algunos hombres se intimidan por mujeres exitosas. Nosotros investigamos este asunto en nuestra propia encuesta y descubrimos que un poco más del 21% de los hombres o dijo que siempre (2%) o con frecuencia (19%) "se siente intimidado por mujeres exitosas". Otro 54% dijo que algunas veces se intimidaba, incrementando el total a un 75% de 3,600 hombres quienes son "amedrentados" (intimidados) por mujeres exitosas.

Las mujeres han de sentir esta incomodidad. Una encuesta de 234 mujeres en posiciones de gerencia de alto nivel descubrió que el 80% cree que los hombres se sienten incómodos al trabajar con ellas. También dijeron que no se invierte el dinero suficiente en el entrenamiento corporativo para preparar a los hombres para la realidad de las mujeres entrando en posiciones ejecutivas de alto nivel.[2]

Cuatro universidades británicas juntaron sus recursos en un estudio de 30 años para medir el impacto de la inteligencia sobre el éxito. Comenzaron por medir el coeficiente intelectual (CI) de 900 niños de once años de edad y los volvieron a examinar una vez más cuando tenían 40 años. Las mujeres más listas eran menos probables a encontrar un hombre que se quisiera casar con ellas; por cada aumento de 16 puntos en su CI sus posibilidades de casarse disminuyeron un 40%. En contraste, por cada aumento de 16 puntos en el CI de los niños, sus posibilidades de matrimonio aumentaron un 35%.[3]

Un estudio de la Universidad de Michigan descubrió que los hombres son más probables a casarse con alguien con un puesto en el trabajo menor al de ellos que con un compañero o superior. Stephanie Brown, una sicóloga del Institute for Social Research (Instituto para la investigación social) de la universidad e investigadora principal del estudio, dijo: "Estas conclusiones proporcionan apoyo empírico para la creencia general de que las mujeres poderosas están en desventaja en el mercado del matrimonio porque los hombres tal vez prefieran casarse con mujeres menos realizadas... Nuestros resultados demuestran que la preferencia masculina para las mujeres subordinadas aumenta conforme aumenta la inversión en la relación...Nuestros resultados también proporcionan una explicación adicional del porqué...los adultos masculinos típicamente prefieren parejas que son más jóvenes y que ganan menos dinero".[4]

Después de mirar este tipo de evidencia, la pregunta prácticamente se hace por sí sola: aparte de mirar lo largo del cañón de una pistola, ¿por qué se intimidaría cualquier hombre por una mujer exitosa?

LO QUE LAS MUJERES EXITOSAS SIGNIFICAN PARA LOS HOMBRES

Es útil comenzar por definir al éxito. En general, el éxito es la realización, el lograr algún tipo de meta, el llegar a algún tipo de estatus. En la cultura en la que vivimos, el éxito comúnmente es medido en dólares y centavos, el número de ventanas en la oficina de uno u otros marcadores tales como casa, automóvil y otras posesiones. ¿Son estas las cosas que intimidan a los hombres? Probablemente sí, en algunos casos.

Pero las mujeres pueden tener éxito en otras maneras que son iguales de amenazantes para los hombres. Quizás ellas no son ricas ni famosas, pero han demostrado el mismo tipo de energía y tenacidad en lograr sus propias metas como algunos otros en el mundo corporativo. Quizás comenzaron en una agencia sin fines lucrativos, trabajando con familias del área céntrica y degradada de la ciudad y se negaron a tomar un no como respuesta de banqueros, políticos y personas de ayuda social hasta que recibieron la ayuda que necesitaban. ¿Son estas mujeres igual de exitosas, y por lo tanto, igual de intimidantes para algunos hombres? Es bastante probable.

¿Y qué de una mujer que es exitosa en un lugar aún más pequeño: su propia familia y grupos íntimos de conocidos? Se me viene a la mente la mujer en Proverbios 31, una que demuestra las mismas dos características que cualquier otra mujer exitosa: confianza y competencia. ¿Es intimidante este tipo de mujer para su esposo? Si él se siente intimidado por mujeres exitosas, es probable que esté intimidado por ella. Y si está intimidado, entonces su matrimonio probablemente es uno de esos en los cuales sus amigos hombres susurran sus opiniones con respecto a quién lleva realmente los pantalones. No porque ella sea intimidante a propósito, sino porque él se intimida sin necesidad.

¿Qué es exactamente lo que a los hombres les intimida de las mujeres exitosas? Antes que nada, debemos tener en mente que la intimidación de cualquier tipo no es de Dios. Es una experiencia carnal. La intimidación en sí es un acto de utilizar el temor para obligar a otra persona a la conformidad. La Biblia dice claramente: "Pues Dios no nos ha dado un espíritu de timidez, sino de poder, de amor y de dominio propio" (2 Timoteo 1:7). La timidez es el resultado de la *intimidación*. Y si Dios no nos intimida (hacernos tímidos a través del temor), podemos suponer que la intimidación no es una respuesta apropiada de los hombres hacia las mujeres exitosas.

Aun así, la intimidación puede suceder de dos maneras: una mujer intencionadamente puede utilizar su éxito para amenazar u obligar a un hombre a la conformidad. O un hombre puede responder indebidamente al éxito de una mujer y *sentirse* intimidado. En el primer caso, la culpa la tiene la mujer; en el segundo, la culpa la tiene el hombre. Y mientras que probablemente existan algunas mujeres en este mundo que utilizan su poder o puesto para intimidar a los hombres, yo voy a sugerir que ellas están en la gran minoría. Eso nos deja con esta conclusión: por lo general, los hombres que son intimidados por mujeres exitosas están actuando con base en su propia inmadurez. Ellos, no las mujeres exitosas, tienen la culpa. Gail Dean es una mujer afroamericana exitosa, de 38 años de edad y una trabajadora social con una educación universitaria. Nunca se ha casado y duda que algún día lo haga. En una serie de entrevistas conducidas por el periódico *Washington Post*, la Henry J. Kaiser Family Foundation (Fundación para la Familia de Henry J. Kaiser) y por la Universidad de Harvard, ella dijo: "Lo que más me impacta es cómo los hombres afroamericanos se intimidan por las mujeres exitosas. Soy dueña de mi propio hogar, soy independiente y llego a conocer hombres que se intimidan por eso, sienten que no son el hombre si es que la mujer tiene más de lo que ellos tienen."[5]

Suponiendo que la señorita Dean no está manipulando su éxito de manera inapropiada en sus relaciones con hombres, esto sería un ejemplo de un hombre soportando la responsabilidad por su propia intimidación. ¿Qué razón legitima pudiera haber para ser intimidado por una mujer que tiene su propia carrera y es dueña de su propio hogar?

Si los hombres se están intimidando por mujeres como estas, necesitan arrepentirse de tales sentimientos y los comportamientos que acompañan a los mismos. En lugar de ser intimidados, ellos deben regocijarse en el éxito de otro ser humano quien está abriendo su camino en este mundo, logrando su potencial y cumpliendo metas buenas. Los celos, el orgullo, la inseguridad, la vergüenza del puesto propio o nivel de cumplimiento de uno, la envidia, la avaricia, el resentimiento, estás actitudes simplemente no tienen lugar en el corazón de un hombre que quiere ser maduro y tener una relación provechosa con las mujeres. Ya sea que la mujer es una esposa, una posible pareja de por vida con quien uno está en una relación o una compañera de trabajo, todas esas relaciones pueden ser saboteadas por la percepción de un hombre, provocada por sí mismo, de que una mujer está buscando intimidarlo a la conformidad o a la sumisión.

Es fácil identificar la intimidación inapropiada basada en el orgullo, los celos y de más. Y una vez que se reconoce, se puede lidiar con los pecados y defectos como los mencionados. Pero existe otro aspecto de cómo un hombre mira a la mujer exitosa que para nada es fácil de explicar, de diagnosticar ni corregir. Es la parte turbia de nuestra existencia, el lugar donde quienes fuimos creados a ser, se encuentra con las realidades del mundo en el que vivimos.

Yo voy a permitir que John Eldredge establezca la situación con una historia acerca de sí mismo de *Wild at Heart* (Alocado de corazón):

El otro día, mi esposa y yo estábamos manejando de regreso a casa de una salida por la tarde y se nos había hecho un poco tarde para llegar al último partido de la temporada de fútbol de nuestro hijo. Yo estaba en el asiento del piloto y estábamos disfrutando una conversación persistente acerca de algunos sueños que teníamos para el futuro. Después de varios minutos, nos dimos cuenta que estábamos atorados en un embotellamiento de tráfico que no iba a ningún lado. Momentos preciosos pasaron volando mientras que la tensión aumentaba en el automóvil. En un esfuerzo para ser de ayuda, Stasi sugirió una ruta alternativa: "Si aquí te vas hacia la derecha y subes la calle First, nos podemos atravesar y ahorrar cerca de cinco minutos del viaje". Yo estaba listo para divorciarme de ella. Hablo en serio. En casi veinte segundos estaba listo para una separación. Si el juez hubiera estado en el automóvil, yo hubiera firmado los papeles en ese instante. ¡Dios mío! ¿Todo por un comentario acerca de cómo manejo? ¿Eso era todo lo que estaba sucediendo en ese momento?

Me quedé sentado detrás del volante furioso y en silencio. Por fuera, me veía calmado; por dentro, esto es lo que estaba sucediendo: *¡Por Díos! ¿No cree que yo se como llegar? Odío cuando hace eso.* Entonces otra voz dice: *Ella síempre hace eso.* Y yo digo (internamente, todo el diálogo se llevó acabo internamente, en un abrir y cerrar de ojos), *Sí, es cíerto...ella síempre está dícíendo cosas así. Odío eso acerca de ella.* Un sentimiento de acusación y enojo y de santurronería se extendió a través de mí. Entonces una voz me dice: *John, esto nunca va a cambíar.* Y yo digo: *Esto nunca va a cambíar.* Y la voz dice: *Sabes John, exísten muchas mujeres por ahí que estarían profundamente agradecidas por tenerte como su hombre.* Y yo pienso: *Sí, exísten muchas mujeres por ahí...*Usted capta la situación. Cambie los personajes y la situación y lo mismo le ha sucedido a usted.[6]

Para serle justo a Eldredge, él no está hablando acerca de la intimidación en este pasaje. Está hablando acerca de cómo el enemigo de un hombre, el diablo, puede provocar en un instante al alma de un hombre y causar que él culpe a alguien más por su propia rabia.

Pero yo pienso que su historia es una buena ilustración de lo que sucede cuando un hombre se encuentra con la confianza y competencia *en una mujer,* incluso en la mujer que ama. Me atrevería a sugerir que si uno de los amigos hombres de John hubiera estado en el automóvil, en lugar de su esposa, y le hubiera dado la misma sugerencia, su reacción hubiera sido completamente diferente. En ese caso, hubieran sido dos amigos, dos compadres y machos alfas parados a la orilla de un arroyo embravecido tratando de resolver una manera para cruzar: "Podemos hacer esto...y usar eso...y amarrarle aquí...saltar allá...columpiarnos y ¡boom!, estamos del otro lado. ¡Hay que hacerlo!".

Hay algo intrínsico en un hombre que quiere decir: "¡Yo se el camino!". Y no estoy hablando nada más de direcciones de manejo. Estoy hablando acerca del camino por la vida. Cuando un hombre escucha a otro hombre decirlo, lo escucha en un idioma completamente diferente a cuando una mujer lo dice. Traducción: Cuando un hombre se encuentra con una mujer que aparenta conocer el camino por ella sola (es exitosa), esto literalmente lo puede asustar (intimidar). Puede tentarlo a retirarse y decir: "Ey, ¿quién o qué es esto?". Cuando un hombre está en la presencia de una mujer que ya sabe el camino en la vida (es exitosa), *puede ser tentado* a sentir que él no tiene ningún lugar ahí, como si simplemente no tuvieran necesidad de él.

Hay otro aspecto de los hombres y las mujeres que se pone en juego aquí, y es un punto que también tomo de *Salvaje de corazón*. Eldredge dice que aparte de necesitar una batalla para pelear y una aventura por vivir, cada hombre necesita una belleza para rescatar. Por más difícil que pueda ser de entender para algunas mujeres, los hombres están diseñados para ser rescatadores de doncellas en apuros. En este día de la independencia de las mujeres, no es políticamente correcto que las mujeres digan que les gustaría perder la cabeza por un hombre. Y es probable que no todas las mujeres se sientan así. Pero muchas sí lo sienten, así es como están diseñadas.

Así que cuando un hombre conoce, vive o trabaja con una mujer que no aparenta necesitar su fuerza, protección o provisión (por ejemplo, es exitosa), él *puede ser tentado* a sentirse inútil (intimidado) como en el ejemplo anterior. Él mira a esta mujer como si fuera la Mujer Maravilla, una mujer que definitivamente no necesita a un hombre.

Recuerde los pensamientos de Eldredge de la historia anterior: *Sabes John, existen muchas mujeres por ahí que estarían profundamente agradecidas por tenerte como su hombre.* Es en ese punto, si los hombres se rinden a lo que están sintiendo en la presencia de una mujer competente y confiada, que ellos comenzarán a buscar a través de la jerarquía, a través de la cadena alimenticia, una mujer que no conoce el camino y que necesita que la rescaten. El sentimiento que Eldredge articuló es completamente consecuente con las tendencias de algunos hombres a abandonar la presencia de mujeres exitosas y buscar otra.

¿De dónde provienen estos sentimientos? El hombre fue creado para vivir en un mundo perfecto, para saber el camino por la vida y proporcionar fuerza a la mujer que era su compañera en la vida. De manera recíproca, habría cosas que la mujer haría por él con las cuales ella fue creada para hacer. Juntos, ellos se complementarían el uno al otro; ambos serían exitosos sin un vestigio de intimidación.

Pero no vivimos en un mundo perfecto. Tenemos a hombres y mujeres caminando por la vida sin ningún apego cualquiera "al ideal". Y sin embargo aún "sienten" esas preferencias y tendencias diseñadas. Por lo tanto, el reto es aprender a manejarse apropiadamente a sí mismos en un mundo imperfecto.

Eldredge, después de contar la historia anterior, continuó diciendo que su respuesta fue inapropiada. Y que tampoco sería apropiada la respuesta de cualquier hombre en la presencia de una mujer que ya conoce el camino en el que va y no necesita un hombre para que la "rescate". Se convierte en responsabilidad de un hombre guardar esos sentimientos y no permitir que perjudiquen completamente las relaciones apropiadas.

DIRECCIONES NUEVAS

Es importante para nosotros los hombres que examinemos cada situación en la que sentimos intimidación, temor o inutilidad en la presencia de una mujer. Si nuestro instinto para guiar y proveer es inapropiado en esa situación, es nuestro deber contener nuestros sentimientos. (Si una mujer intencionadamente está tratando de intimidar, esa es otra historia. Pero la rara vez que eso ocurra no es la situación que estamos tratando ahora.)

Si hemos sido negativos, críticos, cerrados, hemos juzgado, hemos sentido lástima por nosotros mismos, hemos estado enojados o cualquier cosa menor a ser comprensivo y agradecidos al estar en la presencia de una mujer exitosa, entonces necesitamos cambiar completamente nuestra actitud. Está claro que Dios ha dotado a las mujeres con talentos y habilidades increíbles y si no somos lo suficientemente maduros para reconocer y celebrar esos dones, entonces nosotros somos los culpables.

Al mismo tiempo, debemos reconocer y celebrar nuestros propios instintos para guiar y proteger a una mujer en la situación apropiada, *lo cual incluye someterse a su liderazgo y protección cuando es ofrecido y se necesita.* Es por tales razones que el apóstol Pablo exhorta a los cristianos, especialmente a los esposos y las esposas, a "[someterse] unos a otros, por reverencia a Cristo" (Efesios 5:21).

CONEXIONES NUEVAS

Es rara la vez cuando un hombre puede explicar completamente el por qué siente lo que siente en la presencia de una mujer, sin tener en cuenta si ella es fuerte o débil, exitosa o no. Con frecuencia los hombres saben lo que sienten aun cuando no saben exactamente por qué. Pero juntos, las parejas pueden proporcionar un puerto seguro el uno para el otro mientras escuchan las cosas por las cuales un cónyuge necesita aceptación incondicional y un compromiso de privacidad comprometedor, para poder compartir.

Los esposos y las esposas pueden explorar juntos los misterios de sus deseos innatos y tendencias innatas. A lo largo del camino puede que ellos suban y bajen como los picos y valles en una sierra montañosa, conforme interpretan su "forma innata" diferente a cualquier otra pareja. Y tendrán que "tomar por fe", sin juicio, las explicaciones de los sentimientos del otro en cuanto a asuntos que son sensibles y profundos.

Pero ahí está el misterio de la unión, diverso, pero unificado; diferente en género, lo mismo en humanidad; débil en el fracaso, fuerte en la confesión; más confiados y competentes juntos que separados.

Capítulo 20

¿ME CASÉ CON LA MUJER EQUIVOCADA?

Cuando se le pidió que revelara su secreto por haberse quedado casado por (en ese entonces) 54 años con la misma persona, Billy Graham respondió: "Ruth y yo somos felizmente incompatibles".

Esa es una respuesta muy buena a una pregunta que cada hombre y mujer hace en algún momento durante su matrimonio: ¿cómo me pude quedar casado con esta persona? Con el tiempo, la raíz de esta línea de interrogación se revela a través de una sola pregunta: ¿me casé con la persona equivocada? Desgraciadamente, la noción de que la incompatibilidad es una señal que uno se ha casado con la persona equivocada es una epidemia en nuestra cultura de hoy en día. Los índices de divorcio entre los cristianos y no cristianos por igual, por muchos años han fluctuado alrededor de la marca del 50%. Y aunque no tengo las estadísticas para apoyar esto, yo apuesto que la razón principal que se da para los divorcios es la "incompatibilidad", o en lenguaje legal, "diferencias irreconciliables".

LO QUE SABEMOS ACERCA DE LOS HOMBRES Y SUS REMORDIMIENTOS MARITALES

En algún punto, todos se sienten incompatibles con la persona con la que se casaron. La mayoría de los hombres que encuestamos respondió de manera positiva a la declaración: "Los hombres desean haberse casado con alguien que no es su esposa". El 1% dijo "siempre", el 13% dijo "con frecuencia" y el 59% dijo "algunas veces". Todo junto, eso representa casi tres cuartos de los encuestados en nuestra encuesta. Incluya a aquellos que dijeron "rara vez" y llegamos al 94%. Repito, en algún punto en la vida, casi todos desean haberse casado con alguien más.

Mientras que la mayoría de los hombres guarda ese secreto como si fueran la única persona en el mundo que jamás se ha sentido así, yo acabo de revelar un secreto aún más grande: *todos* piensan ese pensamiento. Y en cualquier momento en el que todos están haciendo algo, ¿realmente es un secreto? La noticia no es que las personas desean haberse casado con alguien diferente, sino que le están llamando por el nombre incorrecto a lo que están sintiendo. *Todos* pasan por periodos difíciles en el matrimonio, y a *todos* les dan ganas de arrojar la toalla.

Y si usted quiere saber la verdad, todos se casaron con la persona equivocada. Esto es según Stanley Hauerwas, un profesor respetado de Duke Divinity School (La escuela de divinidad de Duke) en la Universidad de Duke. De hecho, su opinión con respecto a nuestra elección en el matrimonio ha llegado a ser llamada la "Ley de Hauerwas":

En un curso de matrimonio que solía enseñar en la Universidad de Notre Dame, siempre les daba a los estudiantes un fundamento que podían anotar y poner en sus bolsillos; cuando las cosas se volvían difíciles lo podían sacar y decir: "Dios, es grandioso tener un fundamento para guiar mi vida". Mi fundamento fue que uno siempre se casa con la persona equivocada. Aunque es un fundamento revocable: Uno también se casa siempre con la persona correcta. El punto es que no sabemos con quién nos estamos casando.

Ese fundamento tiene el propósito de retar la suposición de que la vida de una persona es fundamentalmente una cuestión de elección. Es una cuestión de elección, pero con frecuencia uno no sabe lo que está eligiendo. Ahí es donde viene bien la fidelidad. Una pareja que se está casando debe estar dispuesta a hacer una promesa, aunque ninguna de las dos personas sabe exactamente qué tipo de promesa se está haciendo.[1]

En su libro titulado *Community of Character* (Comunidad de carácter), Hauerwas añadió este pensamiento: "El problema principal moralmente es el aprender a cómo amar y cuidar de este desconocido con el cual uno se encuentra casado".[2] En América, no hemos hecho un muy buen trabajo de amar y cuidar después del matrimonio.

Mike McManus, el presidente de Marriage Savers (Rescatadores del matrimonio), la organización principal en América que trabaja para conservar y fortalecer los matrimonios, cita los siguientes puntos de referencia:

- El índice de matrimonio se ha desplomado un 48% desde 1970. Si el mismo porcentaje de parejas se estuvieran casando ahora como en 1970, habría un millón más de matrimonios al año, 3.3 millones de matrimonios, no 2.2 millones. El porcentaje de personas de entre 30 y 44 años de edad que nunca se ha casado se ha triplicado del 14% al 44%.
- La mitad de todos los matrimonios nuevos terminan en divorcio. Han habido 38 millones de divorcios desde 1970, lastimando a 35 millones de niños. Un cuarto de todos los adultos entre las edades de 18 y 35 años han crecido en familias divorciadas.
- El número de parejas no casadas viviendo juntas ha aumentado doce veces de 430,000 en 1960 a 5 millones ahora. Como se menciona anteriormente, sólo hay 2.2 millones de matrimonios al año. Esto significa que *la cohabitación se ha vuelto la manera dominante en que se forman las uniones hombre-mujer*. Aquellos que se casan después de haber vivido

juntos son un 50% más probables a divorciarse que aquellos que no lo hicieron.
- Los nacimientos fuera del matrimonio han aumentado del 5.3% al 34.6%, o de 224,000 a 1.4 millones de niños desde 1960 al 2003. Las parejas que cohabitan son de igual manera probables a tener un hijo menor de 18 que las parejas casadas (42% vs. 45%).

En cuanto a los efectos del divorcio, McManus observa que los hombres divorciados son dos veces más probables, a comparación con los hombres casados, a morir en cualquier determinado año de una enfermedad cardiaca, un derrame cerebral, hipertensión o cáncer, cuatro veces más propensos a morir en accidentes, siete veces más elevados por cirrosis del hígado y neumonía, ocho veces más por homicidio. Los hombres casados viven *diez años* más que los hombres divorciados. Las mujeres divorciadas también viven vidas más cortas.[3]

Aquellos hombres que se preguntan si se casaron con la persona equivocada encontrarán algún consuelo en el ministerio de Marriage Savers. Este grupo obtiene una cantidad igual de satisfacción al ver que una pareja desdichada no se casa que al ver parejas que están casadas permanecer juntas. Es decir, trabajan arduamente para ayudar a las parejas, a través de la consejería premarital que dura entre cuatro y seis meses, determinar si en realidad deberían casarse. En su propia iglesia, McManus y su esposa trabajaron con 302 parejas en consejería premarital desde 1992 al 2000. De ese número, 21 se separaron y se salieron del curso antes de que terminara, y otras 34 parejas completaron el curso pero decidieron no casarse. Ese es un 18% que se hubiera casado pero que decidió no hacerlo después de la consejería. (En otras palabras, de haberse casado, se hubieran casado con la persona equivocada o con la persona correcta en el momento equivocado.) De las 247 parejas restantes, solo siete se divorciaron, un índice de fracaso del 3% (o un índice de éxito del 97%) a lo largo de una década. Comparado con el índice nacional del fracaso de los matrimonios del 50%, estos son resultados envidiables.[4]

Los Marriage Savers han encontrado que en promedio, el 10% de los que toman su inventario premarital decide no casarse. *Aquellos que se separan tienen los mismos resultados en su inventario que aquellos que se casan pero después se divorcian,* proporcionando más evidencia de que es posible evitar un mal matrimonio.[5]

Muchos sentimientos de "¿qué hice?" emergen poco después del matrimonio. Un estudio de varios cientos de parejas recién casadas descubrió que...

- 63% tenía serios problemas relacionados con sus finanzas.
- 51% tenía serias dudas acerca de la duración de su matrimonio.
- 49% tenía problemas maritales importantes.
- 45% no estaba satisfecho con su relación sexual.
- 41% descubrió que el matrimonio era más difícil de lo que había anticipado.
- 35% declaró que su pareja lo criticaba con frecuencia.

Un gran número de recién casados que se encuentran en la encrucijada, evidentemente eligen poner fin a su matrimonio ya que el divorcio ocurre con más frecuencia durante el segundo y tercer año de matrimonio. La mitad de todos los matrimonios de primera vez que terminan en divorcio termina dentro de los primero siete años.[6] El matrimonio en verdad es un choque cultural y no es ninguna sorpresa que tantos divorcios sucedan al principio. Pero, ¿qué hay de los que permanecen casados, pero aún siguen acosados por dudas acerca de su decisión?

LO QUE LOS REMORDIMIENTOS MARITALES SIGNIFICAN PARA LOS HOMBRES

Si una persona vive la vida desde una perspectiva humanística nada más, sin una relación con Dios, entonces la elección de una pareja de matrimonio es como cualquier otra elección: "Tú pagas tu dinero y corres tus riesgos", como dice el dicho. Pero si un cónyuge es cristiano, se ha desarrollado una nueva mística: el descubrir la voluntad de Dios. Una corriente de opinión existe en algunos campos espirituales que Dios tiene una y solo una persona con la que uno debe casarse. Aquellos que se están aproximando al matrimonio hacen su diligencia debida: la oración, la consejería, el estudio bíblico, más oración y hacen su elección. Entonces, una vez que están en el matrimonio, cuando las cosas comienzan a salir mal (no "si es que" salen mal, sino "cuando"), su primer pensamiento es: "¡Cometí un error! No capté la perfecta voluntad de Dios para la persona con la que debí casarme. Intenté arduamente descubrir su voluntad, ¡pero es obvio que me la perdí!" Y para corregir ese error, se divorcian.

Aparte de esta mentalidad de "darle al blanco", existe lo que yo le llamo una perspectiva de "corral de moral" para escoger una pareja. Es decir, un hombre cristiano podría "juntar en un corral" a todas aquellas mujeres que cumplen con los estándares básicos morales y espirituales: un amor para Dios, un estilo de vida bíblico, elogiada por los que la conocen, y después elegir a la mujer con la cual ha desarrollado un amor y compromiso especial. En otras palabras, la voluntad de Dios en el matrimonio tiene que ver con el alcance extenso de la accesibilidad moral y espiritual, no la elección específica de un individuo.

Aquellos que siguen la filosofía de darle al blanco se pueden atormentar tanto antes del matrimonio como después de él, preguntándose si eligieron correctamente. Aquellos que llegaron al matrimonio con una perspectiva más extensa, quizás sean menos atormentados por la elección pero igualmente atormentados acerca del resultado; puede que deseen haberse casado con alguien más.

En su estilo típico, Zig Ziglar abre paso a través de la niebla y se enfoca en el asunto real una vez que se ha casado una persona:

Hace algunos años mientras llegaba en un avión (lo cual es generalmente la manera en que vuelo), observé que el tipo sentado a un lado de mí tenía su anillo de bodas en el dedo índice de su mano derecha. No pude resistir la tentación así que comenté: "Amigo, tiene su anillo de bodas en el dedo equivocado". Él respondió: "Así es; me casé con la mujer equivocada".

No tengo ninguna manera de saber si se casó con la persona equivocada o no, pero lo que sí sé es que muchas personas tienen muchas ideas equivocadas acerca del matrimonio y de lo que se necesita para hacer que ese matrimonio sea feliz y exitoso. Seré el primero en admitir que es posible que usted sí se casó con la persona equivocada. Sin embargo, si usted trata a la persona equivocada como si fuera la persona correcta, es muy posible que usted termine por haberse casado con la persona correcta después de todo. Por otro lado, si usted se casa con la persona correcta, y trata incorrectamente a esa persona, ciertamente usted habrá terminado por casarse con la persona equivocada. También sé que es mucho más importante ser el tipo de persona correcta que casarse con la persona correcta. En pocas palabras, ya sea que se haya casado con la persona correcta o equivocada, principalmente depende de usted.[7]

Eso pone la pelota directamente de regreso en la cancha de la persona que se pregunta si se casó con la persona correcta o no. Existe una cantidad significativa de investigación que debería ayudar a cualquier persona que esté contemplando el divorcio a volver a considerar esa opción. Aquí está un resumen de algunas de esas conclusiones en un reporte del 2002 por el Institute for American Values (El instituto para valores estadounidenses):

- En promedio, los adultos que se divorcian a causa de la infelicidad no eran más felices cinco años después del divorcio que los adultos igualmente infelices que permanecieron casados (con base en doce medidas del bienestar psicológico).
- Dos tercios de las personas infelizmente casadas que permanecieron con ese estado civil reportaron que sus matrimonios eran más felices cinco años después.
- Aun entre las parejas que dijeron que sus matrimonios eran "muy infelices", el 80% estaba felizmente casado cinco años después.
- La información sugiere que si una pareja no está feliz, ellos tienen una posibilidad del 64% de ser felices y casados cinco años después, pero sólo una posibilidad del 19% si es que se divorcian y se vuelven a casar.
- El estudio descubrió tres maneras por las cuales parejas infelices se volvían felices mientras permanecían casados:

    1. La resistencia- aguantarse durante los momentos difíciles con la expectativa que los buenos momentos llegarán.
    2. El buscar ayuda- en lugar de ser pasivos, muchos cónyuges y muchas parejas buscan ayuda de otros.
    3. La diversificación- se encontró que los cónyuges buscaban felicidad

de otras maneras mientras continuaban buscando la felicidad en el matrimonio (en lugar de divorciarse).

• El divorcio no reducía la depresión, ni aumentaba la autoestima a comparación con las parejas infelices que permanecieron casadas.

• La mayoría de los divorcios (74%) le sucedieron a adultos que cinco años anteriormente habían estado felizmente casados (el síndrome de la "memoria corta").

• Los matrimonios infelices son menos comunes que los cónyuges infelices.[8]

Actuando bajo la teoría de que las personas perecen a causa de falta de conocimiento (Oseas 4:6), aquí hay más razones del por qué el divorcio no es un remedio para aquellos que no están felices en sus matrimonios:

• Cuando un hombre casado tiene 48 años de edad, él tiene una posibilidad del 88% de vivir hasta la edad de 65, pero un hombre divorciado sólo tiene la posibilidad del 65%. Esto es porque los hombres casados sientan cabeza y no participan en tantas actividades de peligro mortal. Cuando los hombres pierden a sus esposas a causa del divorcio o la muerte, ellos reanudan sus hábitos de soltero y son cuatro veces más probables de tener un accidente automovilístico o a cometer suicidio.

• Las personas casadas son dos veces más probables a decir que son "muy felices" que aquellos que son solteros por cualquier razón. Un 40% de las parejas casadas dice que son muy felices, a comparación con el 15% de aquellos que están separados y el 18% de las parejas divorciadas. Lo que es sorprendente es que sólo el 22% de los que nunca se han casado y los que cohabitan es muy feliz, el mismo porcentaje que los viudos.

• Una pareja casada con más de cincuenta años de edad en 1994 tenía bienes netos de un promedio de $66,000 dólares por persona, comparado con los bienes promedios de una persona divorciada de $33,600 dólares. Una persona que nunca se casó a sus 55 años de edad, en promedio tiene $35,000 de valor neto, una persona separada tiene $7,600. Un hombre casado gana 30% más que un hombre soltero con la misma educación; entre más feliz su matrimonio, más grande es la diferencia de salario. Si su matrimonio se acaba, la prima salarial se desgasta debido a los efectos de un estilo de vida (de soltero) más irregular. Las esposas actúan como consejeras excelentes de carrera y ayudan a los hombres a vivir vidas más saludables.

• El sexo marital es mejor. Un 43% de los hombres casados tuvo sexo por lo menos dos veces a la semana, comparado con sólo el 26% de los hombres solteros. Ambos sexos disfrutan más el sexo marital que sus colegas no casados a causa del ingrediente emocional secreto que se añade: el compromiso.[9]

Incluso al encontrarnos con el bombardeo abrumador de estadísticas acerca de la sabiduría de trabajar para resolver las cosas en las temporadas difíciles del matrimonio, aún existe la parte emocional: el ser infeliz en un matrimonio simplemente se *siente* mal. Desgraciadamente, vivimos en una cultura que tiene como uno de sus estribillos aquel que dice: "Si se siente bien, ¡hazlo!". Lo opuesto de esa filosofía es obviamente: "Si no se siente bien, ¡no lo hagas!". Le hemos colocado un valor tan grande al sentirnos bien que hemos descuidado la verdad comprobada a través del tiempo que, a largo plazo, el *sentirse* bien siempre es un resultado de *hacer* el bien. Y el hacer el bien implica la voluntad, ese centinela firme que está puesto en guardia silenciosa sobre la matriz moral de un hombre. El autor de *El señor de los anillos*, J. R. R. Tolkien escribió a su propio hijo acerca de esto en 1941:

Ningún hombre, no obstante qué tan verdaderamente amó a su prometida y esposa siendo un hombre joven, ha vivido fiel a ella como esposa en mente y cuerpo sin el ejercicio deliberado y consciente de la *voluntad*, sin abnegación. A muy pocos se les dice eso...aun aquellos educados "en la Iglesia". Aquellos de afuera al parecer rara vez lo han escuchado. Cuando el encanto desaparece o simplemente ha disminuido, ellos piensan que han cometido un error y que la verdadera alma gemela aún está por encontrarse. La verdadera alma gemela con demasiada frecuencia resulta ser la próxima persona sexualmente atractiva que se le atraviesa. Alguien con quien, en efecto, podrían haberse casado con provecho, si tan sólo... De ahí que el divorcio, para proporcionar el "si tan sólo". Y por supuesto que como regla están en lo correcto: ellos sí cometieron un error. ¡Solamente un hombre muy sabio al final de su vida podría hacer un juicio acertado con respecto a quién, entre las oportunidades posibles en total, él se hubiera casado con más provecho! Casi todos los matrimonios, incluso los matrimonios felices, son errores: en el sentido de que es casi seguro que (en un mundo más perfecto o incluso con un poco más de cuidado en este mismo mundo imperfecto) ambas parejas tal vez hubieran encontrado compañeros más adecuados. Pero la "verdadera alma gemela" es la persona con la que está casada actualmente. En realidad elige muy poco: la vida y las circunstancias hacen la mayoría de las elecciones (aunque si existe un Dios, estas deben ser sus instrumentos o sus apariciones).[10]

DIRECCIONES NUEVAS

Sin duda, Tolkien tiene razón: ¿Qué espécimen más perfecto de cualquier cosa en la vida, una casa, un automóvil, un aparato, una inversión, un cónyuge, no se podría encontrar con tal de buscar un poco más? Pero en algún punto, cada uno de nosotros hace una elección imperfecta de las opciones imperfectas (el mal menor) y sigue viviendo, manejando, cocinando, ganando dinero y contrayendo matrimonio. El *vivir* es lo importante, no el *elegir*.

Sin embargo, para un hombre práctico, el elegir a una esposa debe ser visto como algo diferente a cualquier otra elección. Ninguna otra compra o decisión en la vida se hace de la manera en que se hace la elección y consumación de una esposa: con un voto de permanecer fiel hasta que la muerte se lo lleve. Un hombre sabio, un antiguo rey de Israel, tenía algunas palabras fuertes para cualquiera que hacía votos delante de Dios y del hombre:

Vale más no hacer votos que hacerlos y no cumplirlos. No permitas que tu boca te haga pecar, ni digas luego ante el mensajero de Dios que lo hiciste sin querer. ¿Por qué ha de enojarse Dios por lo que dices, y destruir el fruto de tu trabajo? (Eclesiastés 5:5-6).

Los votos del matrimonio son votos que no se deben de romper a la ligera. Si, existen algunas circunstancias cuando es mejor disolver algunos matrimonios, donde el fracaso moral, el abuso, las drogas y otras exigencias tal vez pongan en peligro a un cónyuge o a los hijos o llevan al grupo que ofende más allá del punto de ayuda a corto plazo o rehabilitación. Para regresar a nuestra propia encuesta, no es probable que el 73% de los hombres que encuestamos esté en una situación tan difícil. Más bien, están en la situación en la que cada hombre casado ha estado en un grado mayor o menor en su vida, preguntándose si se casó con la persona correcta o incluso deseando que se hubiera casado con alguien más.

Tales sentimientos son parte de las vicisitudes de la vida, son de anticiparse. Un nuevo traqueteo en el armazón de apoyo después de dos años no justifica regresar el automóvil. En lugar de eso, usted recuerda el gozo que le ha traído y lo arregla. Las complicaciones no invalidan los compromisos.

A causa de haber crecido con su música, se me viene a la mente la letra de la canción de Crosby, Stills, Nash y Young titulada "Love the One You're With" (Ama a la persona con quien estás). Por supuesto que su letra original reflejaba la mentalidad del "amor libre" de su época. Su canción animaba a su público, en la ausencia de un amor verdadero, a "amar a la persona con quien estás". Eso es verdaderamente un mal consejo en el sentido moral. Pero también es un consejo profundamente bueno en el sentido marital. Si usted está casado, lo más profundo, noble y moralmente significante que usted puede hacer es "amar a la persona con quien está", la persona con quien se ha comprometido hasta que la muerte los separe.

Una trabajadora social que se llamaba Rose Starks, escribió un verso a principios del siglo XX que refleja esa opinión:

Algunos piden en oración casarse con el hombre que aman,
Mi oración variará un tanto;
Humildemente pido en oración al cielo de lo alto
Que yo ame al hombre con quien me case.

Otro autor escribió estas palabras sencillas: "Elija a su amor, después ame a su elección".[11] Y otro: "Los matrimonios felices comienzan cuando nos casamos con los que amamos, y estos florecen cuando amamos a aquellos con quienes nos casamos".[12]

CONEXIÓNES NUEVAS

Nuestra pregunta de la encuesta y las respuestas de los hombres pueden poner a las esposas en una posición incómoda: "¿Mi esposo es parte del 73% que dijo, al menos algunas veces, que desea haberse casado con alguien más?". Pues, estadísticamente hablando, existe una posibilidad del 73% que lo es. Pero, ¿y qué? ¿Usted puede decir que es una esposa que *nunca* ha pensado lo mismo? Recuerde, estamos hablando de que nada es nuevo bajo el sol. Estamos hablando de sentimientos comunes en cualquier matrimonio. Estamos hablando acerca de una versión más solemne del remordimiento del comprador que aflige a todos en alguna hora tenebrosa.

El punto no es llevar el marcador, sino de unirse y admitir la realidad de que el matrimonio tiene sus momentos difíciles. También es de acordarse de que el matrimonio mantiene en potencial las profundidades de las cuales ninguna pareja puede penetrar completamente. Es de pensar de esta manera, como se declara en un sitio en la red:

De hecho, las parejas exitosas tienen el mismo número de desacuerdos que las parejas que se divorcian. Y lo que es aún más interesante es que todas las parejas están en desacuerdo con respecto a los mismos asuntos básicos: el dinero, los hijos, el sexo, los deberes del hogar, los suegros y el tiempo. La diferencia entre las parejas exitosas y las fracasadas radica en cómo manejan sus diferencias. Las parejas exitosas están en desacuerdo de tal manera que hacen que su relación sea más fuerte. Ellas también tienen otras habilidades y actitudes que les ayudan a edificar la felicidad y satisfacción a largo plazo. La buena noticia es que cualquiera puede aprender a hacerlo mejor y de manera más inteligente. Las parejas pueden olvidar los comportamientos que destruyen al amor y... reemplazarlos por comportamientos que mantienen vivo al amor. El aprender estas habilidades también les da a las parejas una nueva actitud de "si se puede". Todos nosotros necesitamos las mismas habilidades básicas. Podemos utilizar las herramientas para construir una buena relación del suelo para arriba, y mantener sana una buena relación o para reconstruir una que está seriamente necesitada de reparaciones. Resulta que usted sí puede obtener de regreso los sentimientos, y mantener vivo al amor.[13]

En la obra de Thornton Wilder titulada *The Skin of Our Teeth* (La piel de nuestros dientes), el personaje Maggie le dice a su esposo: "No me casé contigo porque eres perfecto. Ni siquiera me casé contigo porque te amaba. Me casé contigo porque me diste una promesa. Esa promesa compensaba tus fallas. Y la promesa que te di compensaba las mías. Dos personas imperfectas se casaron y fue la promesa lo que hizo el matrimonio. Y cuando nuestros hijos estaban creciendo, no fue una casa lo que los protegió; y no fue nuestro amor lo que los protegió, fue esa promesa".[14]

El poder de una promesa para proteger nunca ha sido igualado. Este puede salvar a un matrimonio cuando todo lo demás ha fracasado.

SECCIÓN 5

SECRETOS RELACIONADOS CON LA SEXUALIDAD

Capítulo 21

¡HAY UN EGO EN MI CAMA!

U na amiga mía tiene cuatro niños maravillosos y llenos de energía que la mantienen ocupada todo el día. Ella es una mamá tradicional, y es excelente en eso. Ella es organizada como un director de empresas, trata las heridas como una enfermera, hace las tareas como una maestra, cocina como una cocinera profesional, pasea a sus críos como si fuera un chofer de alto rango y también se ocupa de sus necesidades emocionales como si fuera una sicóloga experta. Pareciera que cada día sus hijos ejercitan de maneras nuevas sus egos en desarrollo. *¿Soy lo suficientemente poderoso?*, *¿Soy lo suficientemente fuerte?*, *¿Soy lo suficientemente inteligente?*, *¿Soy lo suficientemente capaz, competente, adecuado?* Todos los días está al pendiente del desarrollo de sus egos, siempre al cuidado del hecho de que como se siente ella al respecto y quién sean ellos, tendrá consecuencias para el resto de sus vidas.

Un día el esposo trabajador de mi amiga llegó a casa con un caso malo de "no sé". Desde el momento que atravesó por la puerta empezó con sus quejas: *No sé si podré soportar este trabajo por más tiempo. No sé si tengo lo que se necesita para llevarlo acabo. No sé si vale la pena...*y así sucesivamente. Ella logró entender dónde estaba él mentalmente y emocionalmente, se dirigió hacia donde estaba, lo miró a los ojos y dijo: "Cariño, he estado trabajando todo el día en 'egos jóvenes' para los niños, y no creo que tenga lo que se necesita para atender toda la noche el 'ego de un hombre de mediana edad'". Afortunadamente, ambos se rieron al mismo tiempo al darse cuenta que su comentario era graciosísimo y daba justo en el blanco.

No es de sorprenderse para la mayoría de las mujeres que los hombres tengan egos de los que se necesita estar al pendiente. Sin embargo, puede resultar en sorpresa que uno de los lugares en donde los egos masculinos son más frágiles sea en la recámara.

LO QUE SABEMOS DE LOS EGOS DE LOS HOMBRES EN LA RECÁMARA

A pesar de todas sus fanfarronadas y bravatas, los hombres tienen una reputación de convertirse, en ciertas situaciones, en masas temblorosas tipo gelatina. O por lo menos eso es lo que los medios modernos de comunicación nos harían creer.

En nuestra cultura, hubo un tiempo que los hombres eran visualizados como algo seguro (en este capítulo, utilizaré la palabra inseguro para referirme al ego masculino frágil). Dos ejemplos bien conocidos vienen a mi mente. En primera, estuvo Jim Anderson, gerente de General Insurance Company, quien vivía con su familia, su esposa Margaret y sus hijos Betty ("princesa"), Bud y Kathy ("gatita"), en la calle Maple, en Springfield. Todas las noches en esta tele comedia de la década del cincuenta, Jim llegaba a casa del trabajo y mostraba que Father Knows Best (Papá sabe lo mejor). No es que él sea perfecto. De hecho, Margaret puso los pies sobre la tierra y algunas veces comprobó que Jim estaba en lo incorrecto. Pero estuvo bien, porque el ego de Jim no era frágil. Él era un hombre seguro, capaz de tomar con confianza el liderazgo de su familia. Sin importar la situación o el reto, él siempre parecía competente y seguro de sí mismo.

Otro buen ejemplo es el de Ward Cleaver, esposo de June y padre de Wally y Theodore ("castor"). En *Leave it to Beaver* (*Déjaselo al castor*), Ward y June tenían un hogar estable del la década del 1950. Nunca supimos a qué se dedicaba Ward, pero tenía que ver con vestir un traje y cosas como "ventas", "informes", "la oficina de casa" y de vez en cuando el viaje de negocios. Ward estaba siempre disponible para sus dos hijos, de los cuales el más pequeño llamaba más la atención por sus aventuras. Al igual que Jim Anderson, Ward no era perfecto, pero por lo general era inquebrantable y seguro en su versión de hombría de posguerra.

Otros hombres admirables existieron en la pantalla pequeña, tales como: Ozzie Nelson (*Ozzie y Harriet*), Steve Douglas (*Mis tres hijos*), Ben Cartwright (*Bonanza*) y el Dr. Alex Stone (*El show de Donna Reed*). Todos estos hombres eran seguros: sus egos eran cualquier cosa menos frágiles.

Por más que intento, no puedo pensar en alguien que sea su similar en los programas populares de televisión de hoy en día. A principios de 1980, teníamos a Charles Ingalls en *Little House on the Prairie* (*La pequeña casa en la pradera*). A mediados de la década del ochenta y principios del noventa, se nos fue dado el Dr. Cliff Huxtable de *The Cosby Show* (*El show de Cosby*). Y, en años recientes, hemos tenido al Rev. Eric Camden en *7th Heaven* (*El séptimo cielo*). Pero por lo general, los hombres, en especial los esposos, son representados como tontos inseguros y torpes, quienes dejan el lado inteligente y seguro de la vida a su esposa e hijos.

Eso es nada más en las telecomedias. Los comerciales de televisión son peores. En los anuncios modernos, siempre hay una esposa calmada, serena y bien informada que rescata a su tonto esposo para resolver la crisis de treinta segundos del día.

Aquí existe el enigma del huevo o la gallina. ¿Simplemente están reflejando los medios de comunicación una tendencia que ven en la sociedad? En otras palabras, ¿son las comedias de televisión de hoy en día una representación acertada del hombre moderno o está manejando Hollywood el barco, con sus escritores y productores tratando de debilitar a Estados Unidos, en un esfuerzo escrito para feminizar la cultura? O como un tercera posibilidad, ¿podría esto ser un ciclo descendente autoperpetuo de la inseguridad masculina que se alimenta a sí misma: la cultura- los medios de comunicación – la cultura – los medios de comunicación – la cultura... para siempre?

Yo sospecho que la pregunta no puede ser contestada definitivamente, pero esto sí sé: si fuéramos a combinar todos los hombres estadounidenses en un "Hombre" compuesto, yo creo que su ego sería mucho más frágil de lo que era hace cincuenta años. Lo políticamente correcto, la tolerancia, la necesidad de la aprobación, el movimiento de las mujeres, la homosexualidad, la metrosexualidad, todos estos movimientos han contribuido (o reflejan) a una generación actual de hombres que son menos seguros sexualmente de lo que necesitan y quieren estar.

Quizás en ninguna otra parte es vista y sentida esta inseguridad con más regularidad que en la recámara. Por cualquier razón, un gran número de esposos en nuestra cultura confiesan tener "un ego frágil en la recámara" (del 33.1% de los 3,600 hombres entrevistados había menos de un punto de porcentaje de diferencia entre los cristianos y no cristianos en sus respuestas positivas).

Aunque estoy generalizando, esto significa que un tercio de los hombres encuestados entran con alguna medida de temor y temblor, al dominio sexual de sus relaciones con sus esposas. Eso obviamente no puede ser una situación cómoda para aquellos hombres, ni tampoco puede resultar en una relación sexual satisfactoria para una pareja. Las razones por las cuales los hombres se sienten inseguros en la recámara son tantas como el número de hombres encuestados, y más todavía. En un buen día, los misterios de la satisfacción sexual entre un hombre y una mujer son infinitamente complejos. El sexo gratificante es más un arte que una ciencia, más de sentirlo que explicarlo. Sin embargo, a pesar de todas las variantes y lo desconocido, podemos identificar algunas de las cosas que crean inseguridad para un hombre mientras busca el placer de la compañía de su esposa.

LO QUE EL EGO DE UN HOMBRE SIGNIFICA PARA ÉL EN LA RECÁMARA

Imagine lo que significa para el hombre moderno estadounidense entrar en un encuentro sexual con su esposa. No sucede así, pero complázcame por un momento. La esposa del hombre ya está en la cama esperando su llegada. Él entra a la habitación y se para delante de ella completamente desnudo, esperando recibir permiso para acercarse. Ella lo mira de arriba abajo (él detecta una sonrisa satisfactoria cuando sus ojos toman una pausa momentánea en su parte media) como si fuera un filete asado en la nevera del supermercado. Después de un tiempo que parece una eternidad, con lo que suena como un suspiro de resignación en el mejor de los casos y de altivez en el peor, ella le hace señas para acercarse. Sintiendo como si él debiera postrarse en agradecimiento, se limpia el sudor de la frente y con humildad se acerca a la cama, aún inseguro de cuál será su suerte una vez que está tapado en la cama. (Piense en el episodio de *Seinfeld* cuando Elaine le pregunta a su pretendiente acerca de su "mérito de esponja".)

He utilizado lo absurdo (al menos espero que sea más absurdo que verdadero) para ilustrar el estereotipo del sexo marital en nuestra cultura. En el matrimonio, la impresión es que el sexo es algo que los hombres quieren, una necesidad que se requiere que *obtengan* de sus esposas. Y a causa de que lo quieren con frecuencia, pronto los hombres se sienten mal por haber preguntado. Piense cómo se siente si uno le tiene que pedir prestado algo al vecino una y otra vez. Después de un tiempo, uno se comienza a acercar con timidez, luego con disculpas y después con vergüenza. La pregunta obvia que uno ve en los ojos de su vecino es: "¿Cuándo va a conseguir su propia podadora de arbustos, su propia bomba para bicicleta o su propia escalera?".

Al pasar el tiempo, los hombres se sienten tímidos, compungidos e incluso avergonzados de acercarse a sus esposas para obtener sexo. Por lo general, esta es la única área de su vida en donde esto es cierto. En el trabajo, ellos visten su traje a rayas con su corbata o su cinturón austero de herramientas, su uniforme de policía, de militar o algún otro traje de armadura que les proporciona credibilidad en la calle. ¡Ellos son *alguien*!

Cuando del sexo se trata, la armadura del cuerpo se quita y son forzados a pararse completamente desnudos, desprovistos de cualquier cosa que los reco-miende con sus esposas. Cuando de sexo se trata, cualquier cosa mala que jamás han hecho, cuelga en ellos como si fueran medallas en el pecho de un general del ejército rojo. Nadie más conoce a un hombre como su esposa y, sin embargo, aún tiene el descaro de pedirle sexo a pesar de su estatus de ser "menos que la escoria".

Si es usted un hombre quien está leyendo esto, yo sé que se puede identifi-car. Puede que esté casado con una mujer maravillosa que le encanta el sexo tanto como a usted y hace que se sienta como si le estuviera haciendo un favor cada vez que usted viene a la cama, pero lo que acabo de describir se esconde en sus entra-ñas. No sé como llega a estar ahí, pero ahí está.

Y es si usted una mujer quien está leyendo esto, puede que esté impactada (no es probable) o desconcertada que la cortina se ha retirado del tocador. Puede que usted sea esa mujer maravillosa que acabo de describir que recibe a su esposo a su cama en todo momento. Si es así, ¡que su tribu aumente! Pero aun así, usted conoce la tensión a la que me refiero.

Cuando tratamos con el tema directamente, hay veces que los hombres abordan el sexo como si fueran niños de cinco años pidiéndoles un dulce a sus mamitas. Es raro el matrimonio en el cual un hombre y una mujer comparten una relación igual y comunicativa... donde el sexo es visto como un regalo de Dios para promover el placer y edificar la intimidad...donde la cama no es una tabla de ajedrez...donde el hacer el amor no es un premio por un buen comportamiento o para ser negado en caso de haber transgresiones por las cuales no hubo expiación.

No estoy sugiriendo que lo contrario a lo anterior describe su matrimonio o incluso la mayoría de los matrimonios. Pero sí estoy diciendo que es constante con un estereotipo que existe acerca del sexo en los matrimonios modernos.

La emasculación que muchos hombres experimentan cuando abordan el sexo en el matrimonio, recuerda una de las inseguridades masculinas descritas por el psicólogo Alon Gratch (obviamente, la situación anterior no es cierta con los solteros que tienen un encuentro sexual de una sola noche):

[Robert] Stoller, junto con el antropólogo Gilbert Herdt, ha descubierto y descrito una tribu remota de Nueva Guinea de la cual su estructura social completa se basa en la noción explícita y consciente de que las mujeres son peligrosas. Según Stoller, los hombres en esa tribu sambiana creen que los líquidos menstruales y vaginales de la mujer contaminan. Ellos creen que las mujeres vacían a los hombres de su sustancia masculina, semen, la esencia de la vitalidad y masculinidad a través de las relaciones sexuales. Desde luego que, para poder protegerse a sí mismos de estos peligros femeninos, los hombres sambianos imponen una separación estricta entre los sexos. Incluso en la cabaña de la familia, donde los hombres casados viven con sus cónyuges e hijos pequeños, existen espacios y caminos separados entre hombres y mujeres. Y todos los contactos con las mujeres, más en particular las relaciones sexuales, son escudriñados y controlados.[1]

Ahí está: *las mujeres son peligrosas.* Eso es lo que hace que los hombres sean inseguros, por lo menos en la recámara. Eso es lo que hace que sus egos masculinos sean tan frágiles. Aunque las razones son muchas, el sentimiento de peligro es exactamente igual entre los hombres modernos occidentales como lo es para los hombres de la tribu sambiana. Las mujeres tienen el potencial, ya sea a través de sus acciones, sus palabras o su simple presencia, para aplastar la autoestima de un hombre.

¿Cómo es que las mujeres pueden tener una influencia como esta sobre sus hombres? Aquí están seis razones por las cuales los hombres están inseguros acerca del sexo en el matrimonio.

1. La incapacidad para cumplir

Nosotros vivimos en una generación de Viagra, y es una experiencia devastadora para los hombres que quieren tener sexo, pero no pueden. Para un hombre, nada dice "anciano" como el perder la habilidad para cumplir sexualmente. El periódico *New York Times* dice que hasta la mitad de todos los hombres que tienen más de 40 años experimentan impotencia de manera leve o esporádica. Sin embargo, las ventas de drogas para la disfunción eréctil comenzaron a disminuir en el 2005, y, en general, no han llegado al nivel de ventas que se esperaba desde que se introdujo la Viagra en 1998. Muchos expertos creen que la razón, en parte, es debido a la vacilación de los hombres en admitir que tienen un problema de impotencia.[2] Si eso no dice "ego frágil masculino", entonces nada lo dice.

2. Sentimientos de imperfección

Entre más viejo se hace un hombre, más puede mirar en un espejo y reconocer que no es un Casanova el que le está regresando la mirada. Al final del día, un hombre que se está quedando calvo, que tiene sobrepeso o está obeso, que necesita afeitarse y no se ha bañado desde que llegó a casa, mira en el espejo y suspira. Él sabe que se necesitará más que una gota de perfume para transformarlo en algo atractivo. Él sabe que lo que le está ofreciendo a su esposa no es lo que debe ser. Y lo único que se necesita es un comentario hecho por su esposa acerca de su peso, su aliento, su olor, su pijama favorita hecho jirones, su cabello largo, lo que sea y se pierde la ventaja.

3. Los "dolores de cabeza"

La excusa estereotípica para la esposa que no quiere participar en el sexo con su esposo es: "No esta noche, cariño. Tengo un dolor de cabeza horrible". Sea cual sea la razón (y dada, ¿quién quiere hacer otra cosa más que dormir cuando tiene un dolor de cabeza?), el recibir un "No" como respuesta a una petición verbal o no verbal para tener sexo es una experiencia desagradable para el hombre promedio, especialmente si piensa que el "dolor de cabeza" es sólo una excusa. El ser negado para el sexo es como ser rechazado para un aumento de sueldo por parte de su jefe. Se toma toda la semana para juntar el valor para preguntar, sólo para que le digan que han colocado una congelación de los sueldos, que su cumplimiento del año pasado estuvo en baja forma, que toda la compañía tiene una escasez de ingresos o la frase genérica: "Déjeme ver lo que puedo hacer". En pocas palabras, uno se siente tonto por haber preguntado cuando la respuesta es "No".

4. La falta de atracción

Es posible que se dé el otro lado de la moneda en algunos casos: la esposa quiere tener sexo, pero el esposo, por razones mencionadas anteriormente u otras, no está interesado. Quizás no se siente atraído a su esposa físicamente a causa de su falta de mantenerse atractiva a través de los años. O puede que no esté atraído a ella emocionalmente; tal vez ella lo ha criticado tanto o no lo ha apoyado a través del tiempo que él no quiere arriesgarse a recibir encima otra cubetada de palabras duras. Sea cual sea la razón por la que ella no lo atrae, él se sentirá culpable al respecto. Y la culpabilidad es un destructor garantizado de la imagen de sí mismo y el ego de una persona. Normalmente, cuando nuestra imagen o nuestro ego sufre un golpe, lo justificamos o lo racionalizamos hasta que desaparece, y es posible que un esposo haga eso. Pero a largo plazo, eso no funcionará. La culpabilidad simplemente se convertirá en otra razón para temerle a la recámara.

5. La falta de "saber cómo"

Por más difícil que sea creerlo, un porcentaje significativo de hombres es deficiente en cuanto a sus habilidades sexuales. Aún están actuando con base en lo que aprendieron en la escuela preparatoria o universidad. Sí, ellos saben cómo encajan las partes A y B. Pero los matices sutiles de las relaciones sexuales, las redes de estimulación y la respuesta de sus esposas en particular, los han evadido. La mayoría de los hombres nunca han leído un libro, escuchado casetes, asistido a una clase o hablado con un consejero acerca del sexo. Ellos han invertido casi la misma cantidad de tiempo en aprender a cómo darle placer a sus esposas que en descubrir como cambiar el aceite de sus automóviles, y hacen ambas cosas con casi el mismo grado de tacto y sensibilidad. No es de extrañarse, entonces, que sus esposas pueden ser tan poco entusiastas cuando ven que ellos se comienzan a excitar para algo de acción en la recámara.

6. La traición
Nada manda al ego frágil masculino a estrellarse en mil pedazos como la traición de una esposa. La mayoría de los hombres ya luchan con sentirse suficientes; el descubrir que la esposa de uno ha estado acariciando la idea de una aventura amorosa o ya ha sido infiel puede ser devastador. La simple posibilidad de tal infidelidad causa estragos en la médula de la masculinidad. Sin embargo, la realidad es que el adulterio femenino está en aumento dentro y fuera de la iglesia, y es una amenaza que cuelga por encima de la cabeza de cada hombre: "O le cumplo o ella se va a buscarlo a otra parte". Cuando realmente lo hace y él se entera, el dolor por lo regular es indescriptible. Es difícil que una mujer se recupere cuando su esposo tiene una aventura amorosa. Pero en mi experiencia, es casi imposible que un hombre se recupere cuando su esposa le es infiel. Me pregunto si la misma cantidad de mujeres tendrían aventuras amorosas si supieran el nivel de devastación que causarían a sus hombres. Las mujeres tienden a pensar que un hombre se puede librar de eso y seguir adelante, pero por lo regular ese no es el caso.

DIRECCIONES NUEVAS
Así como con la mayoría de las cosas maritales, el ego masculino tipo porcelana en la recámara no es un problema binario que se puede simplificar a una situación de "uno u otro". No es un caso en el que la esposa o el esposo tiene la culpa. Es un área gris, como lo es la mayoría de la vida, que requerirá de comunicación y comprensión para poder resolverse.

Cuando se trata de mejorar la relación sexual en un matrimonio, nosotros los esposos debemos estar dispuestos a evaluar el estado de nuestro propio ego, nivel de seguridad o nuestra imagen propia. Por tan difícil que tal vez eso sea, el hablar con franqueza con nuestras esposas acerca de nuestros temores y nuestras ansiedades en la recámara, comúnmente puede conducir a nada más que cambios positivos. Como siempre, la comunicación puede ser la solución más poderosa.

Sin embargo, es importante que nos adueñemos de las debilidades que encontramos. Si descubrimos que no somos atractivos físicamente o emocionalmente, debemos esforzarnos para mejorar esa área. Es poco realista esperar que nuestras esposas estén guapísimas en todo momento cuando ni siquiera nos podemos disciplinar a nosotros mismos a la hora de la cena o con viajes regulares al gimnasio (hablaremos más de esto en el capítulo 25). Asimismo, es importante recordar que para las mujeres, la atracción emocional con frecuencia es igual de importante en un hombre como lo es la apariencia física.

Finalmente, si nosotros no sabemos cómo hacerle el amor a nuestras esposas con sensibilidad y paciencia, es hora de que aprendamos. El santuario de la recámara proporciona un lugar donde podemos dejar a un lado el equipaje cultural de "cómo se supone que debe ser el sexo" y en lugar de eso, concentrarnos en el placer esencial de satisfacer las necesidades sexuales de nuestra esposa sin ser egoístas. (Si su recámara es un caso de "dar todo y no recibir nada" por parte de usted, hablaremos de eso en el capítulo 24). También es un refugio seguro en donde podemos descubrir exactamente lo que complace a nuestras esposas; pero finalmente, la inteligencia que se obtiene de los libros sólo le va a ayudar hasta cierto punto en la recámara. No existe ningún sustituto para el hablar las cosas con nuestras parejas y descubrir juntos por qué el sexo verdaderamente es uno de los regalos más grandes de Dios para el matrimonio.

CONEXIONES NUEVAS

Así como el cerebro crea nuevas terminaciones nerviosas cuando experimenta o aprende algo nuevo por primera vez, los esposos y las esposas también pueden establecer nuevas conexiones en el mundo del sexo. Entre más grande sea la amenaza percibida de "no sé si podríamos tener esta conversación alguna vez", más grande es la recompensa real.

Dentro de los límites seguros del matrimonio, el sexo es lo más cercano con lo que los hombres y las mujeres modernos de hoy en día llegarán a tratar de reproducir la pureza y transparencia que Adán y Eva experimentaron en el Jardín del Edén: "En ese tiempo, el hombre y la mujer estaban desnudos, pero ninguno de los dos sentía vergüenza" (Génesis 2:25). Cuando un esposo y una esposa pueden ser iguales en la santidad de su recámara, vistiendo nada más que su respeto y honor el uno del otro, ellos experimentarán un nivel de intimidad y afirmación que Dios diseñó específicamente para esa situación en la vida.

Pero la transparencia física también requiere de una transparencia espiritual y emocional. Los hombres saben que le han fallado a sus esposas. Lo que necesitan saber es que de todas maneras son perdonados y amados. Necesitan sentirse aceptados a pesar de sus fallas y fracasos y lo mismo se aplica para las mujeres. Cuando el sexo se comparte como una manifestación de amor en lugar de una recompensa para la perfección, no habrá egos frágiles, de hombre o mujer, en la recámara.

Existe una ironía en todo esto. El ego masculino se puede destruir por una mujer que tiene una aventura amorosa, pero no lo puede reparar una mujer. Los hombres que tienen problemas con la seguridad comúnmente buscan a una mujer que les diga que ellos están bien, que son suficientes y varoniles. Algunos hombres, al sentirse insuficientes o no capaces de ser amados, acuden a una mujer, incluso a imágenes pornográficas de mujeres, para que sostenga su ego. La mujer en la fotografía lo hace sentirse bien de él mismo mientras fantasea que ella está amándolo.

Sin embargo, el consuelo es fugaz. No arregla nada, porque los hombres se convierten en hombres solamente en la presencia de otros hombres. El hierro en verdad afila al hierro, y el hombre que lucha con problemas del ego necesita la compañía de otros hombres para convertirse y sentirse como un hombre suficiente, y más aún si su esposa se vuelve una adúltera y le da la espalda. Puede que él recurra a ella o a otra mujer para ayudarlo a sanar, pero no funcionará. El adúltero no puede hacer la parte del sanador. Sólo la afirmación de otros hombres puede ayudar a restaurar su alma y reconstruir la masculinidad que le ha sido quitada.

Capítulo 22

LOS HOMBRES TIENEN FANTASÍAS SEXUALES, ¿QUÉ HAY DE NUEVO EN ESO?

Un pastor me vino a ver un día y me dijo que tenía un problema muy serio que estaba impidiendo su capacidad para predicar. Siempre que se acercaba al púlpito para predicar, sus ojos, como un radar, encontraban una mujer atractiva y se quedaban enganchados. Durante todo el tiempo que está predicando a su congregación de unas mil personas, él estaba fantaseando acerca de esta mujer y como sería tener relaciones sexuales con ella. En un domingo reciente por la mañana, llegó a estar tan mal, que perdió su concentración por completo y dijo en voz alta: "¿En qué me quedé?", y después se esperó hasta que alguien le recordó lo que acababa de decir.

Mientras platicamos, le pedí que me dijera acerca de sus primeros recuerdos de la pubertad y sus primeras comprensiones de excitación en cuanto al sexo opuesto. Él recordó que se sentía constantemente insuficiente e inseguro. Sus tres hermanos mayores tenían novias y parecían ser competentes con las chicas. Su padre murió cuando él tenía seis años, dejándolo con nadie quien lo guiara por el laberinto de hormonas, deseos y fantasías sexuales. Conforme él maduraba, sus sentimientos de insuficiencia e inseguridad se quedaron con él y se retiró a un mundo de fantasía, temeroso de ser rechazado si fuera a tratar de iniciar una relación con una niña de su edad.

Él pensó que el casarse con su esposa resolvería todos los aspectos sexuales. Ellos se conocieron cuando él estaba en el seminario y ella era todo lo que él deseaba en una esposa. Ella incluso quería casarse con un pastor y estaba emocionada por servir a su lado. Mientras eran novios, su vida de fantasías estaba enfocada en ella mientras anticipaba su unión. Desgraciadamente, el sexo marital resultó ser de satisfacción para ella, pero decepcionante para él. Ella simplemente no estuvo a la altura de su vida anterior de fantasías, por la cual él gradualmente se dejó llevar de nuevo. Con el tiempo, se volvió imposible para ella competir con la vida sexual que él vivía en su mente. El resultado fue una pareja desconectada que no estaba disfrutando de su matrimonio ni de su relación sexual.

La fantasía es una parte de la vida de casi todos los hombres. Pero antes que un hombre pueda centrar sus fantasías en una sola persona legítima, su esposa, la pareja debe estar conectada. Tiene que haber una relación verdadera y próspera entre los dos antes que el hombre pueda detener la obsesión. A través del tiempo, mi amigo pastor comenzó a reconocer que su vida de fantasías estaba arraigada en sus sentimientos de insuficiencia, su poco sentido de su masculinidad y su desconexión con su esposa. La victoria verdadera comenzó cuando fue honesto con ella acerca de su problema. Como normalmente sucede, el traer a la luz su secreto oscuro le quitó mucho del poder. Con la ayuda de su esposa y con el tiempo, él pudo reenfocar sus deseos sexuales en ella y recobrar control de su vida de pensamientos.

LO QUE SABEMOS ACERCA DE LAS FANTASÍAS SEXUALES DE LOS HOMBRES

Antes que nada, establezcamos un hecho: casi todo hombre que haya respirado ha fantaseado sobre una mujer. Si uno tiene imaginación o alguna vez ha tenido un pensamiento (de lo que sea) creativo que no sea basado en la realidad, entonces ha fantaseado. Dado pues ese calificador con todo incluido, el tema de este capítulo: las fantasías sexuales frecuentes e intensas de los hombres, no es precisamente un gran secreto. No es un gran paso de decir que "todos fantasean acerca de algo" a decir que "la mayoría de los hombres fantasean mucho acerca del sexo".

Una encuesta del noticiero llamado *Primetime Live* de ABC, descubrió que el 70% de los hombres "piensa en el sexo todos los días", mientras que el 43% "piensa en el sexo varias veces al día" (las cifras para las mujeres eran 34 y 13% respectivamente). No se necesita a George Gallup para discernir que la pregunta "¿Qué tan seguido piensan los hombres en el sexo?" no es muy útil para llegar debajo de la superficie de las fantasías sexuales de los hombres. Cuando los hombres piensan en el sexo, puede que ellos piensen en el sexo con sus esposas, o puede que no; el sexo en situaciones que honran a Dios, o puede que no; el sexo en formas que preservan una buena conciencia, o puede que no.

En la misma encuesta, el 16% del total de los encuestados (no solamente hombres) había sido infiel, pero el 30% había "fantaseado al respecto". El 14% había participado en otra actividad sexual no tradicional (le ahorraré los detalles), mientras que el 21% había "fantaseado al respecto".[1] Obviamente, el mundo de las fantasías es una zona amortiguadora entre lo que es admisible y lo que no lo es.

En nuestra propia encuesta a 3,600 hombres, casi el 57% admitió tener "fantasías sexuales frecuentes e intensas" (de los encuestados cristianos el 54% respondió positivamente; de los encuestados no cristianos, el 64% respondió positivamente). Mi corazonada es que la frase "frecuentes e intensas" probablemente influenció que las respuestas fueran menos. Yo calcularía que muchísimo más del 57% de los hombres, probablemente el 90 ó 100%, ha tenido fantasías sexuales. Quizás algunos hombres no tienen lo que ellos consideran fantasías "frecuentes" o "intensas", pero sí fantasean hasta cierto grado u otro.

Por lo tanto, el secreto no es que los hombres tengan fantasías sexuales; esta es una noticia vieja (ver Mateo 5:27-28). Más bien, lo que es revelador es que más de la mitad de todos los hombres las tienen *frecuentemente e intensamente*. Esas palabras cambian esta discusión de ser acerca del "clima" (algo que sucede todos los días) a ser acerca de "tormentas" (algo que puede alterar el curso de la vida de una manera peligrosa). "Frecuentemente e intensamente" puede que se acerque a "obsesivamente" para algunos hombres, algo que influencia, incluso que domina, sus vidas.

LO QUE LAS FANTASÍAS SEXUALES SIGNIFICAN PARA LOS HOMBRES

Así como fue observado, las fantasías son omnipresentes. Al igual que el dinero, son indiferentes, ni buenas ni malas. Pero si menciona la palabra fantasías a la mayoría de las personas, uno obtendrá una respuesta negativa que insinúa que estos pensamientos son malvados de manera inherente.

Proverbios 28:19 dice: "Dios aborrece hasta la oración del que se niega a obedecer la ley". Nosotros pensamos de las fantasías como la comida de los soñadores, personas quienes sus vidas no están basadas en la realidad, que son para aquellos que prefieren pasar el día acostados sobre sus espaldas, buscando figuras en las nubes, en lugar de poner las manos en el arado. Y hay algo que decir para esa percepción. Es probable que las fantasías hayan estimulado más *des*trucción personal en este mundo que *cons*trucción.

Pero si eso es cierto, no es la culpa de una fantasía, es la culpa de aquel que le falta autocontrol sobre la misma. La persona que fantasea (sueña) con descubrir la cura para una enfermedad y pasa treinta años trabajando hasta que tiene éxito, es una persona a la cual su fantasía fue controlada por disciplina y valores. Pero la persona que fantasea con un encuentro sexual inmoral o infiel, es una persona que ha fallado en establecer parámetros alrededor de su vida de pensamientos. Las fantasías están disponibles 24 horas al día, los siete días a la semana, 365 días al año. La mente humana no conoce ningún límite en cuanto a lo que puede concebir. Depende de los individuos establecer los límites para los tipos de fantasías (y la intensidad de las mismas) que permitirán que su mente conciba, forme un concepto y lo lleve acabo. Como dice el dicho: "Uno no puede impedir que pájaros vuelen por encima de la cabeza, pero si puede impedir que hagan un nido en el cabello".

La palabra en español *fantasía* se deriva de una palabra griega que significa "mostrar" o "hacer visible". De sus morfemas de sustantivos y adjetivos que significan "imaginación" y "capacidad para hacer visible".[2] Es fácil ver la conexión entre estas raíces y nuestra comprensión moderna de fantasía, en la cual intentamos hacer visible o visualizar algo en nuestras mentes. Basado en la evolución de la palabra en inglés, *The Oxford English Dictionary* (El diccionario inglés de Oxford) dice que la *fantasía* es "el proceso o facultad de formar representaciones mentales de cosas que no están realmente presentes".[3]

Esas definiciones tratan con el "qué" pero no explican el "por qué". *The American Heritage Dictionary* (El diccionario American Heritage) contribuye a este punto: una fantasía es "un evento imaginado o secuencia de imágenes mentales, tales como un ensueño, *normalmente cumpliendo un deseo o necesidad sicológica*" (las itálicas son mías).[4]

Eso es útil. Tome por ejemplo, las ligas de deportes de fantasía, en donde más de 30 millones de estadounidenses (de los cuales el 80% son hombres) gastan $100 millones al año.[5] Estas ligas son una forma para que las personas sean dueñas de sus propios equipos deportivos para que compitan contra otros, al crear equipos de fantasía de equipos profesionales, con jugadores escogidos de listas reales. Las victorias y las derrotas se calculan con base en las estadísticas de los jugadores reales en una semana determinada.

Los deportes de fantasía es una fantasía *seria* en términos de números, pero también en términos de cumplir un "deseo o necesidad sicológica" de los participantes, es decir, estar involucrados, aun de manera distante, en el deporte profesional. Piense en los millones de atletas estudiantes que se invierten a sí mismos en los deportes de las ligas de las ciudades, luego la escuela preparatoria y después la universidad, sólo para que resulte que nunca lleguen a un nivel profesional. ¿Muere el anhelo de involucrarse en los deportes sólo porque no se pudieron ganar la vida haciendo eso? Por supuesto que no. Ellos, y millones de otros a quienes les encantan los deportes, la competencia, el apostar y la emoción empresarial de formar un equipo ganador, causan que se satisfagan sus necesidades a través de las ligas de deportes de fantasía.

¿Pero qué necesidad se está satisfaciendo en los hombres cuando ellos participan en fantasías sexuales "frecuentes e intensas"? Recuerde, las fantasías sexuales no son como las ligas de deportes de fantasía. En la segunda opción, existen un montón de actividades involucradas: el elegir jugadores, el apuntar estadísticas, el recorrer los sitios en la red para obtener pistas e información sobre los jugadores y el apostar, entre otras cosas. También se hace a través de la interacción real con otras personas. Pero por el otro lado, las fantasías sexuales involucran a un individuo jugando un juego solamente mental. Reconozco que muchos hombres estimulan sus fantasías por medio de visitar sitios en la red, ver películas pornográficas, visitar librerías adultas y demás. Sin embargo, las fantasías en sí se conforman por nada más que electrones incendiándose por los millones entre las células cerebrales. ¿Cuál deseo o necesidad satisface esto?

Con base en mi trabajo pasado y presente entre hombres con adicciones y problemas sexuales, yo creo que el deseo que los hombres están buscando realizar se reduce a una sola cosa: intimidad total.[6]

No estoy hablando de intimidad completa dentro del matrimonio, como para decir que las fantasías sexuales del esposo son por culpa de su esposa. El nivel actual de la intimidad de un hombre con su esposa ciertamente es un contribuyente a los juegos mentales en los que él elige participar. Sin embargo, al fin y al cabo, este deseo verdadero de intimidad es mucho más profundo y más en el pasado en la vida de un hombre. La palabra hebrea para "fantasías" es *reyq*, como se utiliza en Proverbios 12:11 y 28:19. En su origen, la palabra significaba algo que está vacío.[7] De esta manera, una fantasía es algo que está desprovisto de sustancia o realidad, una imaginación vacía no conectada a la realidad. Pero el concepto de vacío se puede extender. Yo creo que el grado en el que los hombres participan en fantasías sexuales frecuentes e intensas se correlaciona con sus sentimientos y experiencias de intimidad con otros en el mundo real. Eso significa que entre más vacía esté la reserva de intimidad de un hombre, más estará involucrado en fantasías sexuales. Entre más llena esté su reserva de intimidad, menos involucrado estará en fantasías sexuales. En otras palabras, entre más completo y satisfecho está el hombre en el terreno de la intimidad del mundo real, menos necesita buscar intimidad en el mundo de la fantasía. Entre más conectado está con la realidad de la mujer que él ha elegido para ser su esposa, menos será la conexión con el mundo de la fantasía de las mujeres que deben estar en zona prohibida física y emocionalmente.

El aspecto desalentador de nuestra búsqueda de intimidad es que nunca terminará. Vivimos en un mundo caído donde toda relación humana está marcada con una cicatriz de las heridas de debilidad, conflicto, insuficiencia y respuestas al temor. Las primeras personas de las cuales debimos haber obtenido seguridad, amor, lo íntegro e intimidad, de aquellos que necesitábamos que nos dijeran quiénes somos en este mundo, eran nuestros padres. Desgraciadamente, ellos mismos no eran personas íntegras. Quizás ni siquiera teníamos a ambos padres en nuestro hogar. O si ambos estaban ahí, quizás había entre ellos una falta evidente de amor, afecto e intimidad. Eran incapaces de transmitir a nosotros lo que ellos no poseían.

Desde una edad temprana, los niños aprenden a compensar a través de buscar la intimidad que de manera intuitiva saben que debe estar ahí. La imaginación y la fantasía sustituyen al mundo real, y los amigos imaginarios se vuelven compañeros cercanos. Tristemente, conforme los niños crecen, se refugian en prácticas tales como la masturbación, como una descarga de los sentimientos de distancia y separación. O consiente a las insinuaciones sexuales de un "amigo" mayor quien reconoce su vulnerabilidad emocional.

Sin embargo, la mayoría de las veces, ya para cuando los jóvenes maduran y se vuelven adultos, el proceso natural de separación de sus padres deja atrás muchos hilos sueltos y colgando. Así como las golondrinas han escuchado de Capistrano pero que sus alas deformes no las llevarán hasta allá, estos jóvenes adultos viven en el mundo imaginario de lo íntegro y de la intimidad la cual tiene sus raíces fundamentales en la cercanía física de su experiencia de nacimiento.

En su libro titulado *When Men Think Private Thoughts* (Cuando los hombres tienen pensamientos privados), Gordon MacDonald resume hermosamente la razón fundamental de conectar la inseguridad sexual de un hombre con las rupturas de intimidad en sus años de crecimiento.[8] Los niños jóvenes, más que las niñas jóvenes, tienen que desprenderse de manera significante cuando abandonan el calor y consuelo del pecho de su madre. Cuando comienzan a comprender que son más como el padre de la casa que la madre, ellos dan la espalda a lo que Dios quería que fuera el lugar más seguro que jamás habían conocido: la matriz y después los brazos, los ojos, los latidos del corazón y el pecho amoroso de sus madres. MacDonald escribe que la conclusión es que "es probable que un hombre viva toda su vida con estas sensibilidades y estos problemas grabados en el hueco más profundo de su mente".[9]

Si el padre de un niño está presente con el calor, los abrazos, los besos y la afirmación (es decir, la intimidad) para recibir al niño cuando deja a su madre, todo está bien. Pero eso rara vez, si es que alguna vez, sucede perfectamente, lo cual repite mi sentimiento anterior de que la búsqueda para la intimidad humana nunca se completa en esta vida. Algunos padres no tienen la capacidad para recibir a sus hijos con amor y afirmación. Algunos padres están lejos luchando en una guerra durante la encrucijada crucial, algunos están muertos, algunos son adictos al trabajo y ausentes del hogar, algunos están presentes físicamente pero ausentes emocionalmente, algunos han abandonado el hogar para seguir su propia búsqueda de intimidad y afirmación. Existe la misma cantidad de razones del por qué no se puede encontrar la intimidad al igual que existen hombres que la buscan.

Para resumir cómo este ciclo imperfecto conduce a la intimidad, MacDonald sugiere que "lo que la naturaleza o la costumbre o las circunstancias niega o prohíbe, es probable que la imaginación lo genere".[10] Puesto que a todo hombre (y toda mujer, en lo que a ellas se refiere) se le ha negado la experiencia de la intimidad completa a un nivel humano, todo hombre permitirá que su imaginación le sugiera maneras en las que puede ser encontrada. Si las fantasías son lo suficientemente fuertes, puede que él las lleve acabo, una capitulación que tal vez conduzca al adulterio u otros actos inmorales, como también la ruptura de un matrimonio. Si su dominio de sí mismo es lo suficientemente fuerte, puede que él limite su búsqueda de la intimidad solamente al mundo de su mente (como sugiere el resultado de las encuestas mencionadas anteriormente).

Existen otros factores que contribuyen a la atracción hacia la fantasía sexual: el deseo de tener un control total de una mujer, de satisfacer completamente a una mujer, de alterar un humor, de aliviar heridas pasadas, de sentirse como un hombre "real", etc. Pero la verdad es que un hombre verdadero no vive en un mundo de fantasía controlado por un deseo subconsciente y un manejo de lujuria. Un hombre real tiene la habilidad para controlarse; lo que hace y lo que piensa en hacer. No es un animal común con impulsos y deseos fundamentales que gobiernan sobre él, ni tampoco es una víctima encadenada a las antiguas maneras de hacerle frente al dolor y sentirse varonil. O puede elegir llevar acabo sus deseos en un mundo de fantasía o puede abordar la realidad de quien es él, lo que realmente teme y cómo restituir sus sentimientos inadecuados.

Es crítico que todo hombre se encargue de manera decidida de su vida de pensamientos porque, desde la perspectiva de Dios, aquello que es prohibido en la práctica también es prohibido en el pensamiento: "Ustedes han oído que se dijo: 'No cometas adulterio.' Pero yo les digo que cualquiera que mira a una mujer y la codicia ya ha cometido adulterio con ella en el corazón" (Mateo 5:27-28). Por lo tanto, el mundo de la fantasía sexual infringe los estándares de la pureza al igual que la salud mental. Lo que se necesita es una manera en las que los esposos puedan explorar la intimidad que no obtuvieron y aún buscan, *en el mundo real, no el mundo de la fantasía.*

DIRECCIONES NUEVAS

La encuesta del noticiero *Primetime Live* de ABC News reveló otra respuesta que me resisto a mencionar, pero que siento la necesidad de tratar. El 51% de los encuestados dijo que discute sus fantasías sexuales con su cónyuge. Dado el contenido de la encuesta en general, lo que esto quiere decir es que la mitad de las personas encuestadas discuten sus fantasías como una forma de echar salsa a su vida sexual, muy parecido a una pareja que vería una película pornográfica juntos para estimular su excitación. Efectivamente, el discutir una fantasía sexual es lo mismo: es descargar una película mental de la pantalla mental y divulgar los detalles a un cónyuge.

No creo que sea una práctica saludable el discutir las fantasías sexuales por esta razón. Pero si creo que las conversaciones entre un esposo y una esposa acerca de la frecuencia e intensidad de las fantasías sexuales pueden ser útiles. Es probable que pocas parejas compartan un nivel de intimidad que permitiría discusiones como estas desde un punto de vista terapéutico. Pero podrían. No existe ninguna razón por la que las parejas no puedan discutir y orar juntos acerca de lo que es *real.* Y la realidad es que muchos hombres dedican una porción de sus ciclos diarios mentales a imaginaciones vanas de una naturaleza sexual.

Yo he hablado con innumerables hombres a quienes no les gustaría nada más que ser liberados del bombardeo sin fin de fantasías sexuales que ellos consideran. Y lo pueden lograr cuando conecten la intimidad perdida de sus años de crecimiento con la búsqueda de "intimidad vía la fantasía" de sus años adultos.

El revelar y compartir este secreto tal vez requiera de una nueva dirección para los esposos y las esposas. Esto implicará intimidad, honestidad, sacrificio, compasión, gracia y misericordia. Justamente estas son las cosas que llevan a relaciones duraderas, profundas y ricas. Estas se pueden encontrar en una pareja conectada. Mantenga en mente que sea cual sea el problema que destruyó estas cosas originalmente, estas pueden ser desarrolladas y restauradas. De hecho, la fuente de la destrucción puede convertirse precisamente en la excusa para edificar esos rasgos positivos relacionales a niveles nuevos y más intensos.

CONEXIONES NUEVAS

La búsqueda de intimidad no es un camino recto y angosto. Habrá momentos en que el buscar este destino atesorado lo llevará a través de una carretera llena de baches. El reto es comprometerse, comprometerse *completamente* al viaje. Las fantasías sexuales pueden ser adictivas y si las hemos fomentado en buen grado por muchos años, puede que no cesen fácilmente. Pero creo que conforme nuestra reserva de intimidad está llena de amor, aceptación, perdón y gracia, elementos que las parejas debieran ofrecer el uno al otro, ya que Cristo se los ofrece (Efesios 4:32), el mundo de la fantasía perderá el combustible que lo sustenta.

Las fantasías sexuales son impulsadas por el hambre. No un hambre de aquello que el sexo afirma: el valor, lo atractivo, la importancia y el respeto, es decir, la intimidad. Cuando el apetito para la intimidad se satisfaga, las fantasías sexuales se volverán menos intensas y menos frecuentes. Obviamente, es imposible dar vuelta hacia atrás y convertirse en un niño de nuevo. Pero al renovar nuestras mentes con la Escritura (Romanos 12:2), al crecer en la afirmación de nuestro Padre Dios (Romano 8:14-17) y al compartir con nuestras esposas nuestros deseos más profundos de ser íntegros, nos podremos convertir en hombres mejores y *reales,* hombres que reemplazan el mundo de la fantasía con el mundo de la realidad y una conexión satisfactoria con una mujer.

Capítulo 23

LA PORNOGRAFÍA: UNA NORMA DE LA COMUNIDAD

Soy el conductor de un programa de radio de una hora y que recibe llamadas, titulado *New Life Live!* (¡Nueva vida en vivo!), en el cual intentamos ayudar a las personas que llaman con cualquier tipo de problema emocional, espiritual o de relación que tal vez los afecte. Todos los días contestamos un gran surtido de preguntas. Sin embargo, sin exagerar, podríamos llenar cada programa exclusivamente con las llamadas que recibimos acerca de los hombres y la pornografía. Esto ha saturado nuestra sociedad, incluso la comunidad cristiana.

Recientemente, una mujer llamó para decirnos que había descubierto a su esposo mirando pornografía en la Internet. Ella quería saber lo que debiera hacer. Le dije que le debiera decirle a él que asistiera al taller de *Every Man's Battle* (La batalla de cada hombre) (un programa intensivo de tres días para los hombres que batallan contra la integridad sexual)...o que se saliera de la casa. Aunque esto probablemente era una medida más drástica de lo que ella había anticipado, le expliqué que lo menos que él podía hacer era obtener ayuda para su problema. Entonces le pregunté cómo se sintió cuando descubrió las páginas de la red.

Como es de esperarse, su respuesta tenía varias capas. Ella se sentía como un pedazo de carne que había sido usado de la misma manera en que él estaba usando a las mujeres en la red. Se sentía desesperada, sabiendo que ella nunca estaría a la medida de todas las imágenes en la cabeza de él, de cuerpos perfectos y sus respectivas partes. Se sentía traicionada como si él hubiera estado con una mujer en persona, aunque en ese caso, por lo menos ella podría competir con una mujer en vivo en vez de las diosas virtuales que él estaba adorando. Ella sentía que todo su matrimonio era un fraude, sin sentido y muerto. Se sentía completamente descuidada, ignorada, sin valor y enferma.

Yo no creo que la mayoría de los hombres entienda como se siente una mujer cuando descubre que su esposo esta mirando pornografía.

LO QUE SABEMOS ACERCA DE LOS HOMBRES
Y LA PORNOGRAFÍA

Mientras que este libro se trata de secretos, la pornografía no es un secreto para nadie, ni tampoco es el hecho de que los hombres son sus consumidores principales. El grado en el cual la pornografía se ha vuelto un aspecto abierto de la cultura estadounidense moderna, según expresa el columnista Richard Corliss de la revista *Time*:

> La pornografía es un negocio grande: una industria que gana un estimado de $57 mil millones al año a nivel mundial, $20 mil millones sólo para películas para adultos en los E.U., donde se rentan alrededor de 800 millones cada año, según Paul Fishbein, el presidente fundador de Adult Video News (Noticias de películas para adultos). "Y no creo que sean 800 hombres rentando un millón de cintas cada cual", le dijo a CBS News. Fishbein, quiere decir que el fenómeno no puede ser simplemente una perversión de ciudades grandes y del ala izquierda: una gran cantidad de aquellos que rentan, aquellos consumidores de pornografía de los hoteles, tienen que ser de los países rojos. Y es por esto, que entre los gritos a favor de los valores tradicionales y en contra de la televisión atrevida, uno no ha visto a muchos oficiales de la ley u hombres de Dios forzando al viejo traficante de pornografía a caminar como un criminal. La pornografía no ofende a las normas contemporáneas de la comunidad. Es una norma contemporánea de la comunidad.[1]

Eso lo dice casi de la mejor manera en que se podría decir: la pornografía ya no es una ofensa a las normas de la comunidad, es una norma de la comunidad. Es especialmente la norma de la comunidad en el mundo de la Internet. Los millones de sitios pornográficos de la red que están disponibles al hacer clic con el ratón de la computadora, han hecho que un pequeño problema del año 1950 se convirtiera en uno de las amenazas más grandes, si no es que el más grande, a la integridad sexual y fidelidad entre los hombres.

Nuestras comunidades, las cuales unidas conforman nuestra cultura, permiten que la pornografía exista. Uno puede ir a la tienda del vecindario de renta de películas y encontrar películas pornográficas a sólo unas cuantas filas de *La pasión de Cristo* o de *Los diez mandamientos*. Uno puede conducir a ciertas partes de la ciudad y encontrar una librería para adultos a sólo una cuadra de la tiendita. Y si lo único que está buscando es un par de revistas de chicas, uno las puede comprar en la tiendita junto con la leche y el pan. Por supuesto que para la pornografía explícita, uno aún tiene que tomar el viaje al espectáculo sexual exclusivo para adultos, que se encuentra en la calle más adelante. (Aún existen algunas normas de la comunidad establecidas en cuanto a la pornografía, por ahora.)

El mundo de la Internet, por el otro lado, crea un ámbito ilimitado de pornografía. Ahí la norma es la disponibilidad máxima a todas las perversiones que existen o pueden ser creadas. Y como hemos visto en los últimos años, lo que sucede en línea casi inmediatamente se filtra en otras áreas de la tecnología moderna. A partir de que escribo esto, la pornografía ya es disponible para los iPods, los aparatos de MP3, teléfonos celulares y un surtido de otros apartados móviles.

Al mismo tiempo, la aceptación generalizada cultural de la pornografía es expuesta descaradamente en casi cada ciudad universitaria o colegial en toda América. Los estudiantes universitarios de la State University of New York en Buffalo pueden tomar un curso titulado "La pornografía de la red y la sociedad". Si uno está inscrito en "La antropología de lo inconsciente" en la Universidad de Nueva York, se requiere que uno lea y discuta las historietas japonesas de cómic triple X. Y en la Universidad de California en Berkeley se requiere que los estudiantes universitarios inscritos en "El cine y el acto sexual", vean partes de estrenos de Hollywood de sexo explícito (NC-17).[2]

Para ser justo, estas escuelas no necesariamente están promoviendo la pornografía en sus cursos. Sin embargo, ese es exactamente el punto: ellos están tratando la pornografía académicamente (libre de juicio moral), así como cualquier otra realidad de la sociedad tales como el racismo, la política, la guerra, la pobreza o el producto nacional bruto. Mientras que hace un par de décadas tal vez hubiera habido protestas en contra de tales cursos en el plan de estudios, hoy en día casi no registra ni un "blip" en el radar, porque la pornografía se ha vuelto una gran parte de la cultura corriente.

Eso es algo de lo que sabemos de la pornografía en general. Ya que sabemos que la mayoría de los consumidores de la pornografía son hombres, es justo entonces, extrapolar estas conclusiones al ámbito más amplio de los hombres y la pornografía. Por ejemplo, si sabemos que una cierta cantidad de camionetas se venden en los Estados Unidos cada año, no es exagerado presumir que la mayoría de estas son compradas y conducidas por hombres (90% en 1995).[3]

La misma relación entre el "producto" y el "consumidor" existe en el mundo de la pornografía. De hecho, la pornografía genera muchos más ingresos en Estados Unidos que las ventas de automóviles, y todas las estadísticas que salen de la industria citan a los hombres como los principales compradores y "usuarios".[4]

Y no son nada más los tipos cualquiera que se entregan a la pornografía y luchan contra ella. En una encuesta de la revista *Christianity Today*, que se publicó en diciembre del 2001, un 51% de los pastores dijo que la pornografía cibernética representa una tentación real y actual, mientras que un 37% dijo que en la actualidad esto era una lucha en su vida.[5]

En nuestra propia encuesta, el 40.1% de los hombres dijo que es "atraído a la pornografía en las películas, las revistas o en la red". El porcentaje general fue reducido porque la mayoría de los hombres que tomaron la encuesta eran cristianos, del cual el 39% contestó la pregunta positivamente. (Comparado con el 53.4% de los hombres no cristianos que contestaron de la misma manera.) Sin tener en cuenta eso, estas son cifras muy grandes creando problemas muy grandes para el desarrollo de la intimidad entre los hombres y las mujeres.

Una vez más, los caprichos de hacer encuestas probablemente influenciaron las respuestas que recolectamos. Específicamente, ¿cómo definimos a la *pornografía*? Lo cierto es que significa cosas diferentes para hombres diferentes, especialmente con su expansión a varios medios.

Un hombre del tribunal supremo de justicia, Potter Stewart, probablemente habló a nombre de todos los hombres en 1964, cuando escribió una opinión acerca de un caso que abordaba la obscenidad: "Hoy ya no intentaré más de definir los tipos de material que yo entiendo que son aceptados... pero lo conozco cuando lo veo".[6]

¿Esto aún parece cierto hoy en día? ¿Realmente sabemos cuándo hemos visto algún tipo de pornografía?

LO QUE LA PORNOGRAFÍA SIGNIFICA PARA LOS HOMBRES

La pornografía se define mejor en términos de lo que significa para un hombre. Y es ahí donde se halla el secreto detrás de esta fuerza irresistible y destructiva: los hombres, por lo menos para la mayoría de ellos, *odian* su participación en la pornografía.

Para las mujeres, ese hecho sonará extraño y contradictorio, la mayoría de las cuales no les atrae la pornografía. Cuando las mujeres descubren que los hombres en su vida se han involucrado con la pornografía, están enojadas y sienten repulsión. Sin embargo, lo que no saben es que los hombres mismos, por lo regular, sienten la misma repulsión y están enojados por su propia participación.

En lo esencial, el participar en la pornografía es lo mismo que ser parte de cualquier otro pecado. Y aquellos que tienen un compromiso de hacer el bien en lugar del mal, obviamente se enojan con ellos mismos cuando se rinden y cometen un pecado. Es igual con los hombres y la pornografía. Así como los perros son atraídos a su propio vómito (Proverbios 26:11), los hombres se disgustan cuando regresan a la pornografía.

La Biblia no habla acerca de la pornografía en el sentido moderno de la palabra. Menciona *porneia*, que se define como "inmoralidad sexual", como una costumbre (Marcos 7:21; Hechos 15:29; 1 Corintios 5:1), pero no hace la distinción específica de esto como imágenes sexuales escritos o ilustrados con los propósitos de la estimulación sexual. (La palabra *pornografía*, en realidad, proviene de la combinación de dos palabras griegas: *porneia* y *grapho*, la cual significa "escribir".) Sin embargo, la Biblia si habla en gran detalle acerca de aquello que la pornografía estimula y anima: la lujuria (Proverbios 6:25, Mateo 5:28; Colosenses 3:5).

El preguntar por qué los hombres son atraídos a la lujuria es hacer una pregunta que primero fue planteada en el Jardín del Edén. El primer hombre y su esposa disfrutaron de una intimidad y franqueza completa el uno con el otro, física, intelectual, espiritual y emocionalmente. No solamente disfrutaron ese estado el uno con el otro, sino que también disfrutaron de él con Dios. Ellos vivieron sin vestimenta el uno ante el otro y ante Dios: "En ese tiempo el hombre y la mujer estaban desnudos, pero ninguno de los dos sentía vergüenza" (Génesis 2:25). Sin embargo, después de haber desobedecido a Dios y haber pecado, su intimidad fue interrumpida. Su desnudez se volvió evidente el uno con el otro y se avergonzaron, como se demuestra cuando se escondieron de su Creador (Génesis 3:10-11). Cuando sucedió eso, no solamente fueron separados de Dios el hombre y su esposa, sino que también fueron separados el uno del otro.

Cuando Dios creó a la humanidad, los creó "hombre y mujer" (Génesis 1:27). Cuando el primer hombre y la primera mujer fueron unidos en matrimonio, se convirtieron en una sola carne, un humano completo. La ceremonia de matrimonio en la tradición judeocristiana es, en parte, una imagen de la unión de dos partes de la naturaleza "bipolar", según la constitución del hombre, hombre y mujer.[7] De esta manera, desde su separación tanto de Dios como de la mujer, el hombre ha estado en un estado continuo de añorar ser íntegro. Esa búsqueda de ser unido con una mujer es en un sentido básico, una búsqueda de sí mismo (como lo es su búsqueda de la comunión con Dios).

Cuando un hombre busca desnudar a una mujer, ya sea físicamente o en el caso de la pornografía, con sus ojos, es casi un deseo primitivo de los días del Edén, cuando la desnudez era "la norma de la comunidad", en el sentido más saludable. Desde que Dios vistió a nuestros antepasados desnudos con pieles de animales (Génesis 3:21), el hombre, quien era el visualmente orientado de los dos, ha estado buscando quitar lo que cubre a las mujeres. Obviamente, eso no justifica el pensamiento de hacerlo. Más bien, comprueba que una vez fuera del jardín, nuestro deseo de la intimidad y lo íntegro se volvió contaminado por un sentido egoísta de satisfacción de sí mismo que ahora está siempre presente. El hombre constantemente tiene que caminar la cuerda floja que existe entre el mirar y el codiciar. Y a causa del sentido que Dios dejó intacto desde el jardín, el hombre sabe de manera intuitiva la diferencia entre los dos, aunque la pornografía gradualmente erosiona tal discernimiento. Por esta razón, la pregunta que rodea la opinión del juez Stewart, ¿Sabemos lo que es cuando vemos la pornografía?, puede ser contestada con un "¡Sí!" resonante. Por su naturaleza fundamental, todo hombre sabe qué es pornográfico cuando lo mira.

La Biblia declara claramente que "no es bueno que el hombre esté solo" (Génesis 2:18). En otras palabras, es natural que un hombre busque a una mujer. Sin embargo, desde aquellos días más tempranos después del jardín, los hombres han sido engañados a pensar que ellos establecen su masculinidad al conquistar a una mujer sexualmente, ya sea físicamente a través de la violación o mentalmente en el acto de la masturbación facilitado por imágenes pornográficas. Considere la sabiduría del autor Gordon Dalbey acerca de esta decepción:

> La "filosofía de Playboy", por ejemplo, se enfoca en la Playmate "compañera de juego" tentadora. Las buenas noticias del evangelio de Playboy es que la mujer otorga la masculinidad al lector al excitarlo sexualmente con su postura de "seducción". Sin embargo, en realidad, el lector simplemente ha cedido su iniciativa masculina a la mujer y sus deseos. Él ha entregado su

espíritu masculino a la diosa y de esta manera lo ha perdido.

La buena noticia de Jesucristo, por otro lado, proclama que el Padre Dios otorga la masculinidad sobre el hombre que se humilla a sí mismo, en respuesta a la postura de Jesús en la cruz. Al ceder sus deseos naturales al Padre Dios, el creyente entrega su espíritu masculino a Él y de esta manera lo obtiene, es decir, *se vuelve sujeto a él, en vez de que él se vuelva sujeto a su espíritu masculino* [las itálicas son mías].

Nosotros, los hombres de hoy en día, debemos desacostumbrarnos a la noción popular, que abarca desde expresiones de revistas pornográficas hasta las animadoras de los partidos deportivos, que una mujer nos puede otorgar la masculinidad. La admiración y deseo de una mujer son una *consecuencia* de nuestra masculinidad auténtica, no la fuente de la misma. Así como el tipo de araña viuda negra, que atrae al macho a copular sólo para matarlo después, la mujer que descubre que puede manipular a un hombre a través de sus encantos sexuales le faltará al respeto a su masculinidad y, con el tiempo, lo destruirá.[8]

Es por medio de un padre terrenal que la voz del Padre celestial debe ser escuchada llamando a un joven fuera de la niñez para entrar a la masculinidad. Pero como se comentó en el capítulo anterior, eso rara vez sucede en la cultura sin padres y confundida en cuanto a géneros de hoy en día. Como resultado, tenemos a un mundo lleno de hombres buscando su masculinidad al intentar conquistar a las mujeres, física o mentalmente, quienes se convierten en objetos pornográficos de deseo.

Dalbey resume este punto: "Sin el padre terrenal para llamar a su hijo a entrar a la masculinidad, el niño crece buscando una identidad masculina en las mujeres, cuyas voces parecen llamarlo a la masculinidad por medio de la conquista sexual. Pero esta decepción ha sido reconocida por los hombres por miles de años, así como en el mito antiguo de las mujeres sirenas, que llamaban a los marineros solo para resultar en estrellar sus barcos en las rocas cuando los hombres respondían. La masculinidad no aumenta al conquistar a la mujer, sino sólo al conquistar al hombre (y no a otro hombre, como en la guerra), sino a uno mismo."[9]

La respuesta obvia a la idea de Dalbey es preguntar cómo, ¿cómo le hace un hombre para conquistarse a sí mismo y evitarse morir mientras intenta conquistar a una imagen pornográfica? El apóstol Pablo enfrentó el mismo dilema: "Se me hizo evidente que el mismo mandamiento [por ejemplo, no codiciar a las mujeres] que debía haberme dado vida me llevó a la muerte... No entiendo lo que me pasa, pues no hago lo que quiero, sino lo que aborrezco" (Romanos 7:10,15 adición mía). Después de una explicación adicional de su incapacidad para dominarse a sí mismo, él exclama, "¡Soy un pobre miserable! ¿Quién me librará de este cuerpo mortal? ¡Gracias a Dios por medio de Jesucristo nuestro Señor!" (vv. 24-25).

La única manera de poder recuperar nuestra masculinidad que perdimos en el Edén, de detener la idiotez de intentar de encontrar lo íntegro en algo que sólo puede traer el fracturar y la separación más grande, es al morir a quienes somos nosotros y al recibir una nueva vida de vuelta de nuestro Padre celestial.

Pablo describió con palabras el secreto que los hombres guardan acerca de la pornografía: "Lo que aborrezco". Las mujeres piensan que a los hombres les encanta la pornografía y lo buscan como resultado de un placer egoísta. No es así. Lo buscan como resultado de un sentido del dolor más profundo y deseo por lo íntegro. En el matrimonio, el enojo que estalla cuando la pornografía es descubierta, sirve sólo para alejar aún más a un hombre de la persona a la que se unió a sí mismo con la esperanza de buscar su otra mitad, esa parte de sí mismo de la cual fue separado en el Edén.

DIRECCIONES NUEVAS

En la misma columna de la revista *Time* a la que nos referimos anteriormente, Richard Corliss cita un hecho interesante:

En las habitaciones de los hoteles donde está disponible la pornografía, dos tercios de las compras de películas son para pornos; y el tiempo promedio que son vistas es de doce minutos. La imagen que convoca es de un hombre de negocios que viaja que quiere un poco de ejercicio sexual antes de dormirse, pero que está demasiado cansado, tímido o sin dinero para llamar a una prostituta. Le importa poco acerca de los detalles del diálogo o la dirección en escena que tal vez contenga la película. Él solo busca [placer momentáneo] y después apaga la televisión, y se va a la cama."[10]

Él probablemente tiene razón. Esas estadísticas reflejan la ocupación de cada noche de sus guerreros de la carretera corporativa en las habitaciones hoteleras de Estados Unidos. Su soledad en esos alojamientos oscuros es una imagen perfecta de la soledad del hombre después del pecado en el Edén, y luego en el mundo en general. El estar aislado de Dios y de la mujer, y así de su ser entero, el hombre busca un momento de placer en este mundo antes de cerrar sus ojos a otro día solitario.

Como hombres, debemos comenzar a ver la pornografía (y toda la inmoralidad sexual, real o imaginaria) por el espejismo destructivo que es: una ilusión, una falsificación, una sirena imaginaria atrayéndonos a un puerto falso en una tormenta emocional. Si no lo hacemos, aquí tenemos lo que podemos encontrar, con base en investigaciones actuales:

1. Aflicción marital, separación y divorcio
2. Satisfacción sexual disminuida
3. Intimidad sexual disminuida
4. Una forma de infidelidad ante los ojos de una mujer
5. Gastos de más y deudas
6. Seguridad laboral disminuida.[11]

La nueva dirección que debemos tomar es hacia Dios, así como lo hizo el apóstol Pablo. Es demasiado tarde para la mayoría de los hombres ser llamados a la masculinidad por sus propios padres, aunque espero que eso sucederá cuando sea posible (en la forma de arrepentimiento y al establecer vínculos nuevos de amor que sirvan para sostener y apoyar la percepción verdadera de un hombre de sí mismo como hombre). Si está ausente la sanidad de la relación de un padre e hijo, entonces el único recurso es establecer y profundizar la relación del Padre celestial e hijo.

La pornografía puede ser adictiva y destructiva. Cualquier hombre que está en peligro de sucumbir a su espiral descendente debe extender la mano para recibir ayuda.

CONEXIONES NUEVAS

Aunque la pornografía es quizás uno de los temas más difíciles de discutir para un esposo y una esposa (después de todo, el esposo está confesando que se ha estado acostando mentalmente con mujeres y cautivando a otras que no son su esposa), tales esfuerzos mutuos pueden llevar a los tipos más profundos de amor renovado. Entre más profundo sea el pecado que es confesado, más profundo es el amor que surge de las heridas donde el pecado ha dejado su marca.

Si es usted una mujer y su hombre quienes han luchado, están luchando o puede que hayan luchado con la pornografía, le urjo a no mirarlo como alguien que rompió sus votos, sino como alguien que está viviendo con un tipo de dolor que usted probablemente no siente. Recuerde, su secreto no es que sucumbe ante la pornografía, sino que él se odia a sí mismo por hacerlo. Usted es el regalo de Dios para él, y usted posee el poder para asegurarle a él que el amor puede cubrir multitud de pecados. Dentro de su amor ordenado por Dios, su búsqueda por la integridad humana puede comenzar y terminar.

Capítulo 24

¿DEBO TOMAR LA INICIATIVA... DE NUEVO?

No hay muchas maneras lindas para describir a Lisa, pero haré lo mejor que pueda para "decir la verdad con amor", como lo dice el apóstol Pablo. Ella era una mujer gruñona y obsesionada de sí misma que pensaba que merecía todo sin dar casi nada a cambio. Ella quería atención y dejó muy en claro que el deber de su esposo era de servirle, cuidarla y mimarla. En lo que a él se refiere, era un hombre decente en todos los sentidos, que no le estaba ocultando a ella ningún secreto oscuro, con la excepción quizás de qué tan frustrado estaba con la mujer con quien se dio cuenta que iba a pasar el resto de su vida. Ella no estaba satisfecha con la cantidad de dinero que él ganaba, con la ropa que vestía ni con la casa en la que vivían, y él se estaba volviendo más y más deprimido. Él estaba dando y dando y dando...y recibiendo nada a cambio, con la excepción de diez minutos de sexo sumiso cada sábado por la noche.

Tal vez "sumiso" es una forma generosa para describir su vida sexual. Lo único que Lisa hacía en ese encuentro semanal era estar presente. Ella no iniciaba nada ni respondía a nada. Era completamente pasiva al hacer el amor y no mostraba ninguna señal de placer. Aun cuando su esposo intentaba excitarla o complacerla, sus esfuerzos se encontraban con nada más que críticas.

Ya para el tercer año de su matrimonio, el comportamiento sexual de Lisa y su crítica activa finalmente se volvió demasiado para su esposo. Un día, él simplemente no volvió a casa después del trabajo. Rentó un departamento y entabló una demanda de divorcio. Su pasividad en la recámara no era el problema principal, pero definitivamente era sintomático. "Yo di y di y di hasta que no me quedaba nada", dijo él. "Si ella no podía corresponderme con tan sólo diez minutos a la semana al tratar de complacerme por todo lo que recibía de mí, entonces yo había terminado. Ella no podía salir lo suficiente de su propio mundo para participar en lo que debió haber sido un tiempo placentero para los dos. Cuando yo no regresé, ella actuó como si ni siquiera le importara."

LO QUE SABEMOS DE LA FRUSTRACIÓN DE LOS HOMBRES CON LA PASIVIDAD SEXUAL DE LAS MUJERES

A diferencia del esposo de Lisa, la preocupación número uno de la mayoría de los hombres no es el sexo pasivo, pero sí es algo importante. Contrario a la opinión popular (por lo menos entre las mujeres), la cosa principal que la mayoría de los hombres quiere en una mujer no es el sexo. Una encuesta a 1,052 hombres y mujeres, la cual se llevó acabo por Legar Marketing-Canadian Press, en enero del 2004, prueba esto y mucho más. Se les pidió a los participantes que eligieran los tres atributos que valoraban más en una pareja potencial (por eso es que los números se suman a más del 100%), y esto es como ellos respondieron:

Lo que las mujeres quieren más en un hombre:
- Una pareja fiel: 54%
- El respeto de independencia el uno del otro: 40%
- La capacidad para escuchar: 35%
- La atracción física: 13%
- Ser bueno en la cama: 6%

Lo que los hombres quieren más en una mujer:
- Una pareja fiel: 47%
- El respeto de independencia el uno del otro: 36%
- La inteligencia: 35%
- La atracción física: 26%
- Ser buena en la cama: 13%

(Una nota secundaria, pero alentadora de la encuesta anterior: el 90% de aquellos encuestados creen que es posible ser feliz con una sola persona por toda una vida.)[1]

Estos resultados de la encuesta no deberían sorprender a nadie: la fidelidad y la lealtad son los rasgos más deseados cuando uno busca y mantiene una pareja de vida. Pero para el propósito de este capítulo, es interesante que "el ser bueno en la cama" tenía el doble de importancia para los hombres que para las mujeres. Así como con todas las encuestas, es probable que existan tantas definiciones de "ser bueno en la cama" como los encuestados de esta pregunta. Sin embargo, cuando una encuesta tras otra señala en la misma dirección general con respecto a un tema, se puede decir con seguridad que una tendencia ha sido establecida. Y no hay duda que los hombres lo aprecian cuando sus esposas son "buenas en la cama". Para algunos, tal vez esto suene grosero o carnal, pero para otros, simplemente les parecerá verdad. No importa cual sea su perspectiva, la realidad está en las estadísticas: el cumplimiento en la recámara sí cuenta.

El autor y conferencista Patrick Morley le pidió a alrededor de 150 hombres en una clase semanal que él enseña, que le dijeran qué tan importante era el sexo para ellos. Las opciones que ofreció fueron: "El sexo *no* es importante para usted, el sexo es *poco* importante o es *muy* importante". Esta no fue una encuesta científica, sino de manos levantadas. Ni un sólo hombre indicó que el sexo "no era importante", y unos cuantos alzaron la mano para la respuesta "poco importante". Pero cuando Morley les preguntó acerca del "muy importante", las manos se alzaron de inmediato y se veían como olas de grano de color ámbar meciéndose en el viento. No menos del 95% de los hombres dijo que el sexo era "muy importante".[2]

Las mujeres que estén leyendo esos resultados dirán: "¿Y qué? ¿Cuál es la noticia nueva?" Esa respuesta indica un estereotipo (verdadero): el sexo es importante para los hombres. Sin embargo, a pesar de ser cierto, existe un problema serio con esa creencia, uno que se demostró por la encuesta inicial que yo cité. Si, el sexo es importante para los hombres. Pero no es *lo más* importante para los hombres. Además, el estereotipo sugiere que el acto físico del sexo es lo que más les interesa a los hombres, como dice el dicho: "Un, dos, tres y se acabo".

Pero existe más en los sentimientos de los hombres en cuanto al sexo que tan sólo el deseo de "hacerlo" tan seguido como sea posible. En nuestra investigación, descubrimos que el 38.9% de los 3,600 hombres encuestados "está frustrado de que las mujeres no sean más agresivas sexualmente". (Interesantemente, las respuestas de los cristianos y no cristianos variaron con menos del 2%.) Esto significa que más de un tercio de los hombres están poco satisfechos ("frustrados") acerca del *tipo* de relaciones sexuales que tienen, en lugar de la cantidad. Es probable que las esposas relacionen la palabra *frustrado* con la suposición de que sus esposos no están recibiendo suficiente sexo, haciendo que esto sea un asunto cuantitativo. Ante los ojos de ellas, ellos andan caminando como calentadores de agua que están a punto de estallar. Lo que tal vez sorprenda a estas mujeres es que a sus esposos les interesa la calidad del sexo, y no nada más la *cantidad*. Y ese es el secreto que discutiremos en este capítulo: sólo porque un esposo está teniendo relaciones sexuales no significa que está satisfecho.

LO QUE LA PASIVIDAD SEXUAL DE LAS MUJERES SIGNIFICA PARA LOS HOMBRES

Para ser más específico, muchos hombres están frustrados por la pasividad de sus esposas cuando se trata de hacer el amor. El estereotipo, lo que tal vez se le ocurra de inmediato a la esposa, es que su esposo espera que ella se vista y actúe como una chica de la página central de *Playboy*, después de un día agotador de trabajo o de encargarse del hogar y los hijos. Eso quizás sea cierto para algunos esposos, pero no es la expectativa de la mayoría. Hay algo más profundo sucediendo con el asunto de la pasividad.

Cuando se trata de tomar la iniciativa, las mujeres con frecuencia tienen otras cosas en mente, como es ilustrado por el chiste a continuación:

Una mujer está sentada en un bar disfrutando de un cóctel con sus amigas, después del trabajo, cuando entra un joven extraordinariamente alto y guapo y extremadamente sexy. Era tan impresionante, que la mujer no le podía quitar los ojos de encima. El joven se dio cuenta de su mirada muy atenta y caminó directo a ella. Antes de que pueda disculparse por haber sido tan maleducada por mirarlo tan fijamente, el joven le dice: "Haré cualquier cosa, absolutamente cualquier cosa que quieres que haga, por $100 dólares, con una condición".

La mujer pasmada, preguntó cuál era la condición. El joven respondió: "Me tienes que decir con sólo tres palabras lo que quieres que haga".

La mujer consideró su propuesta por sólo un momento antes de sacar cinco billetes de veinte dólares de su bolso, los cuales contó lentamente sobre la mesa. Entonces los recogió, y junto con un pedazo de papel que tenía su dirección anotada, los puso en la mano del joven. Lo miró a los ojos profundamente y dijo lentamente: "Limpia mi casa".[3]

Por una fracción de segundo, ese joven pensó que había encontrado a una mujer que tomaba la iniciativa, alguien que era capaz y estaba dispuesta a tomar la iniciativa en cuanto al sexo. Ella si que tomó la iniciativa, ¡solamente que tenía prioridades diferentes en ese momento!

Entonces, ¿cuáles son las prioridades de un hombre en cuanto a hacerle el amor a su esposa? ¿Qué quiere decir un hombre cuando dice que está frustrado porque su esposa es pasiva en la cama?

En 1981, el Dr. Kevin Leman escribió un libro llamado *Sex Begins in the Kitchen: Renewing Emotional and Physical Intimacy in Marriage* (El sexo comienza en la cocina: el renovar la intimidad emocional y física en el matrimonio). El punto de este título estaba dirigido principalmente hacia la necesidad de la esposa de hacer que el sexo sea la consumación de un proceso que comienza mucho antes. "La cocina" representa la parte de la vida de una esposa donde necesita el apoyo y la participación de su esposo, el tipo de juego amoroso doméstico que dura todo el día a través del cual un esposo le dice a su esposa: "Yo disfruto estar contigo todo el tiempo, no nada más en la recámara; agradezco y valoro todo lo que haces para crear un ambiente maravilloso en nuestro hogar y familia".

Yo creo que hay un libro corolario que está esperando ser escrito acerca del sexo desde la perspectiva del hombre: *El sexo termina en la oficina: Cómo hacer que su esposo se sienta indispensable*. Cuando una esposa *responde* sexualmente, ella demuestra su amor por su esposo. Y si existe *una cosa*, repito, una cosa, que un hombre necesita más que cualquier otra, es ser necesitado por su esposa. Piense en eso: sólo existe un área de la vida en la cual el esposo es la única persona que puede satisfacer las necesidades de su esposa, y eso es el sexo. Para todo lo demás, ella puede acudir al directorio telefónico de negocios: plomeros, carpinteros, lavadores de alfombras, jardineros. Pero cuando se trata de sexo, el esposo es lo único que una esposa tiene, y él lo sabe.

Cuando una esposa es pasiva en la recámara, ella le dice dos cosas a su esposo:

1. No necesito el sexo.

2. Ya que no necesito el sexo, no te necesito a ti.

Regresemos a El sexo termina en la oficina. Para una esposa, el sexo se trata de lo que ha sucedido de antemano: el tipo de humor en la que está, el tipo de día que tuvo, cómo la ha tratado su esposo, la cantidad de cosas que están hirviendo en su quemador mental, la condición de los hijos y más. La mayoría de estos asuntos, si no es que todos, son irrelevantes para el esposo en cuanto al sexo. Para él, el sexo se trata del sentimiento emocional que él experimenta después. Cuando él sabe que su esposa realmente necesita tener relaciones sexuales con él (como se demuestra por su postura de tomar la iniciativa en la recámara), se levanta por la mañana con un nuevo lustre en la armadura de su masculinidad. Se va al trabajo con un brillo que es inexplicable.

En su libro llamado *For Women Only* (Sólo para mujeres), Shaunti Feldhahn nos recuerda del comercial de Viagra que salió al aire en la televisión. Mientras un hombre camina por los pasillos de su oficina, sus colegas se dan cuenta que algo es distinto: ¿Traje nuevo? *No.* ¿Ha estado haciendo ejercicio? *Ya quisiera.* ¿Una promoción? *Algún día.* Lo que solamente él y nosotros sabemos es que tuvo una gran noche de sexo la noche anterior, gracias a la Viagra.[4] Dejando a un lado la atención al producto, el comercial casi le da al blanco. El impacto más grande del sexo en los hombres es la manera en que los hace sentir después, ya sea encima del mundo o debajo del mismo.

Cuando una esposa toma la iniciativa de hacer el amor, le da al esposo un sentimiento de que es necesitado y deseado. Hace que se sienta bien con respecto a la persona que es, porque ha comprobado su capacidad para satisfacer una necesidad para su esposa que sólo él puede satisfacer.

Si no se ha dado cuenta, ahora estamos hablando acerca de la parte emocional de la vida de un hombre en lugar de la parte física. Los hombres y las mujeres son semejantes en cuanto a que ellos tienen un lado físico y un lado emocional. Desgraciadamente, tenemos la tendencia a pensar las mujeres son las personas emocionales y que los hombres se inclinan solamente hacia los aspectos físicos. Y en general, probablemente eso es verdad. Pero no significa que las mujeres no tengan un lado físico (una necesidad de la liberación física que la consumación sexual provoca) o que los hombres no tengan un lado emocional (una necesidad de sentirse necesitados por sus esposas). En otras palabras, ambos tienen necesidades emocionales y físicas que se satisfacen al hacer el amor. Sin embargo, las necesidades emocionales entre los dos son diferentes. Las mujeres necesitan ser apreciadas por quienes son, mientras que los hombres necesitan ser necesitados por lo que pueden hacer.

El Dr. John Gray, el autor del libro clásico *Los hombres son de Marte, las mujeres son de Venus*, lo dice de esta manera: "Los hombres se motivan y se habilitan cuando se sienten necesitados. Cuando un hombre no se siente necesitado en una relación, gradualmente se vuelve pasivo y con menos energías; con cada día que pasa, tiene menos que aportar a la relación. Por otro lado, cuando se siente digno de confianza para hacer su mejor esfuerzo para satisfacer las necesidades de ella y apreciado por sus esfuerzos; él es habilitado y tiene más para dar".[5] La iniciativa de la esposa en cuanto a los asuntos sexuales es su forma de decir: "Necesito que me hagas el amor".

Cuando un esposo no se siente necesitado, continua Gray, "se aparta de las relaciones y la intimidad y se mantiene metido en su cueva. Se pregunta cuál es el propósito de todo esto, y por qué se debiera molestar. No sabe que le ha dejado de importar, porque no se siente necesitado. No se da cuenta que al encontrar a alguien que lo necesita, él se puede deshacer de su depresión y puede ser motivado otra vez".[6]

¿Cuántos hombres han iniciado una relación con una mujer más joven porque ella lo "necesitaba"? Obviamente, eso no justifica tal comportamiento, pero con frecuencia lo explica.

Gray añade perspicacia a esta idea: "El temor más profundo de un hombre es que él no es lo suficientemente bueno o que es incompetente. Compensa este temor al enfocarse en aumentar su poder y competencia".[7] ¿Cuántos hombres se han vuelto insensibles, incluso exigentes, hacia sus esposas en cuanto al sexo como un intento para reestablecer su competencia? Esa aptitud se deteriora conforme una esposa comunica a través del tiempo que su esposo es completamente inepto para satisfacer sus necesidades. Ella no logra comunicar que tiene necesidades sexuales o que desea que él satisfaga esas necesidades. Ella es pasiva en cuanto al hacer el amor, lo cual es una forma no verbal de decir: "No tengo ninguna necesidad que tu puedes satisfacer en nuestra recámara. Yo participaré para que se satisfagan tus necesidades físicas, pero eso es todo".

Piense acerca de los votos de matrimonio: ¡los esposos y las esposas se comprometen a limitar su actividad sexual a una sola persona por el resto de su vida! Eso es un compromiso que es fácil de hacer en el momento cuando las hormonas están tan activas como un salmón en un río en Alaska. Es un voto que significa: "Me comprometo a entregarme ti, y me comprometo a recibir de ti solamente, hasta que la muerte nos separe".

¿Pero qué sucede si ese dar y recibir decae a lo largo del tiempo? El Dr. Willard F. Harley Jr., autor de *His Needs, Her Needs* (Lo que él necesita, lo que ella necesita), describe la causa del esposo:

Si su religión o convicciones morales son fuertes, puede que él intente conformarse. Algunos esposos se aguantan y lo toleran, pero muchos no pueden. Encuentran sexo en otro lado...Un hombre no puede lograr la satisfacción sexual en su matrimonio si su esposa no está satisfecha sexualmente también. Mientras que he mantenido que los hombres necesitan sexo más que las mujeres, al menos que una mujer se una con su esposo en la experiencia sexual, su necesidad de sexo permanece sin satisfacerse. Por lo tanto, una mujer no le hace ningún favor a su esposo al sacrificar su cuerpo a sus avances sexuales. Él solo puede sentirse satisfecho sexualmente cuando se une con él en la experiencia de hacer el amor.[8]

Esta área de realmente necesitar sexo significativo es delicada, especialmente para los hombres. Es fácil para los hombres cruzar una línea fina cuando platican con sus esposas acerca de tomar la iniciativa en cuanto al hacer el amor. Sus expectativas pueden ser tanto saludables como poco realistas. Por un lado, pueden tener los deseos que he estado comentando: una necesidad legítima de ser necesitado por una esposa. Por el otro lado, si un catálogo de Victoria's Secret llegó ese día en el correo postal, ellos pueden cruzar esa línea y comenzar a codiciar algo que no es real: una imagen inventada y fantasiosa que ha sido retocada, está haciendo pucheros, está muy dotada y tiene un peinado perfecto, que se desplazará sigilosamente a la habitación y los llevará en un paseo de dos horas en una montaña rusa. No nada más es eso una broma, sino que es muy dañino y una falta de respeto increíble a la esposa de un hombre.

Para ser honesto, la mayoría de los hombres no quieren buscar ese tipo de mujer, al igual que no quieren ceder a la pornografía. Ellos no quieren "sexo ardiente" si esto significa que les remuerda la conciencia después. Y si es que un hombre alguna vez le paga a una mujer para obtener sexo, o cuando realmente lo haga, no se trata de sexo: se trata de la necesidad de ser necesitado. Es tan fuerte y profunda la necesidad de un hombre de ser necesitado por su esposa que se rebajaría a pagarle a alguien más para cumplir ese papel en lugar de ella.

Si es usted una esposa quien está leyendo esto, no interprete mal esta última declaración. No estoy diciendo que las esposas pasivas son la razón por la cual los esposos son infieles. Para nada. Sin embargo, existe más a la ecuación de las aventuras amorosas que tan sólo la situación de estereotipo de un esposo que está aburrido con su esposa sexualmente. La verdad es que cuando los hombres son infieles, no siempre se trata de un sexo más caliente, mejor, más alocado o más sexy. Se trata de la necesidad que los hombres tienen de ser necesitados por sus esposas. Y esa necesidad puede ser satisfecha por una esposa de 30, 40 ó 50 años que tenga la piel colgando y las cicatrices de muchos años de arduo trabajo, maternidad y amor leal. Cuando se trata del sexo que satisface, la esposa ideal de un esposo es la que toma la iniciativa en hacerle saber a su esposo que ella necesita que le haga el amor.

DIRECCIONES NUEVAS

Es frustrante cuando una esposa se niega a tomar la iniciativa en la recámara y espera que su hombre inicie el sexo bajo los términos de él. Para nosotros los hombres, interpretamos esto como que el sexo no es muy importante para nuestras esposas, lo cual, dado el hecho que *sí es* muy importante para nosotros, puede crear algunos encuentros muy poco satisfactorios. Debemos comprender que hay más de esta situación que lo que está en la superficie.

Ya hablamos acerca de las necesidades distintas que las mujeres y los hombres tienen cuando se relacionan con el sexo. Cualquier hombre que espera aumentar la pasión de su esposa en la cama debe darse cuenta que tiene que abordar el sexo con una consideración por sus deseos, no las de él, lo cual comúnmente significa prestar mucha atención a los asuntos que la mayoría de los hombres consideran que son *todo menos* sexuales. Así como sugiere el Dr. Leman, es crítico que nos aseguremos que estamos atendiendo a las necesidades de nuestras esposas a lo largo del día, no importa qué tan pequeñas parezcan.

Sin embargo, existe otro asunto que comúnmente se esconde debajo de la superficie de la pasividad de una mujer en la recámara. El Dr. David Schnarch, que escribe desde una perspectiva indudablemente secular y clínica, ha observado que puede ser que las mujeres con frecuencia se contengan en cuanto al hacer el amor a causa de normas tradicionales o religiosas o como resultado de un temor de hacer que sus esposos se sientan insuficientes. Ellas sienten que el sexo debería ser tierno, no agresivo.[9] Yo creo que esto tal vez sea cierto especialmente para las esposas cristianas comprometidas que han heredado una actitud puritana o incluso victoriana hacia el sexo.

Hebreos 13:4 dice que se debe mantener "la fidelidad conyugal", un entredicho que es bastante fácil de interpretar mal. Junte eso con las instrucciones de Pablo para las esposas de someterse a sus esposos (Efesios 5:22) y como resultado tiene a esposas que llevan con ellas a la cama una persona sumisa y apacible. Ellas creen que su papel es de responder, no de iniciar, de complacer en vez de ser complacidas.

El problema con esa perspectiva es que es un contraste completo con lo que observamos en el libro de Cantares, esa historia de amor enérgica del Antiguo Testamento en la cual, tanto la novia como también el novio toman la iniciativa en su amor el uno para el otro. En ese retrato hermoso de la pasión marital, la esposa habla con audacia de su amor por su esposo, incluso de la gran anatomía de él (5:10-16), así como también lo hace el esposo con su esposa (4:1-7; 6:4-9; 7:1-9). Ese libro por sí sólo es una justificación adecuada para que la mujer, guiada por la Biblia, comience la postura de tomar la iniciativa hacia el sexo en su matrimonio. Quizás también sea la "evidencia" que ella necesita que su esposo le muestre, le prueba que podría llevar a una liberación de pasión que antes se reprimía con el pretexto de ser pura espiritualmente.

Para las parejas cristianas, la Biblia no dice lo que es permitido y lo que no es permitido en la cama marital. El apóstol Pablo dice que los cuerpos de los esposos y las esposas no pertenecen a ellos mismos, sino a sus cónyuges, particularmente en términos de ser el medio para la satisfacción sexual (1 Corintios 7:3-4). En cuanto a todo lo sexual, los principios de honor y servidumbre prevalecen. O, como lo dice Harley: "Satisfaga las necesidades de su cónyuge como quisiera que su cónyuge satisfaga las suyas".[10]

CONEXIONES NUEVAS

Así como en todos los asuntos maritales, la comunicación es crítica cuando se trata de la satisfacción sexual. Las conversaciones íntimas y francas pueden comenzar a abrir camino y crear nuevas perspectivas de placer, y no solamente placer sexual, lo cual palidece en comparación a la gratificación de ser afirmado y de saber que todas las necesidades de su cónyuge están siendo satisfechas por usted.

El día cuando un hombre escucha a su esposa decir: "Necesito que me hagas el amor", es un día que estará grabado de manera imborrable en su memoria. Él considerará la declaración, no como una invitación a "que comiencen los juegos", sino como una afirmación de su papel y una realización de sus votos a ser la única fuente para su esposa de satisfacción sexual hasta que la muerte los separe. Obviamente, esa separación a causa de la muerte con el tiempo sucederá. Sin embargo, investigaciones ahora prueban que incluso el sexo puede ser un factor que contribuye a aplazar ese momento inminente para los hombres. Cuando las esposas toman más la iniciativa en cuanto al sexo, es probable que aumente el número de encuentros sexuales para sus esposos. Y según un estudio hecho por investigadores de la Universidad de Bristol y Queen's University of Belfast, los hombres que tienen tres o más orgasmos a la semana son 50% menos probables a morir de una enfermedad cardiaca coronaria.[11] Aunque el coautor del estudio advirtió que "es necesaria investigación adicional", los resultados preliminares proporcionan una causa justificada para que una esposa se meta en este papel. Pero es una buena meta para irse aproximando.

Quizás usted o su cónyuge tienen problemas que tienen que resolver. Recuerde, tómense su tiempo. El estar consciente de este secreto puede animar a las esposas a resolver cualquier inseguridad que tengan mientras se vuelven competentes y activas sexualmente con sus cónyuges. Y para los esposos, el saber que su esposa es ahora consciente de su deseo de que ella sea más enérgica, puede cambiar todo el ambiente en la recámara. En el proceso, ambos pueden aprender la lección más profunda que hace que la experiencia sea más gratificante en varios niveles. El sexo es un gran regalo de Dios, uno que merece el trabajo de cambiar de un papel pasivo a uno activo, y uno que desde luego merece el tiempo para aprender a cómo servir y complacer al otro.

Capítulo 25

POR QUÉ ES IMPORTANTE LA APARIENCIA

La primera vez que miré a mi esposa, pensé que era la mujer más hermosa que jamás había visto. Estaba atraído inútilmente a la belleza perfecta de su cara, sus ojos del color azul profundo del mar y dientes blancos relucientes. Misty era tan fenomenal, que cuando finalmente la contacté algunos meses después, me quedé pasmado al descubrir que era receptiva a mi iniciativa. No podía imaginar que una persona tan atractiva como ella estaría interesada en mí.

Cuando se embarazó de nuestro pequeño hijo, Solomon, asumió otro tipo de belleza, diferente, pero con el mismo resplandor. En las ocasiones que tuve que salir de viaje, cuando regresaba a la casa me asombraba cómo se veía aún más deslumbrante ahora que como yo recordaba que ella era hace algunos días.

Comencé a preguntarme a mí mismo si otros hombres se sentían de la misma manera con respecto a su esposa como yo me sentía con respecto a Misty. ¿Descubrirían ellos que la apariencia exterior de una mujer tenía la misma importancia en su relación actual como lo era en las etapas iniciales del cortejo? La encuesta que llevamos a cabo, proporcionó la respuesta que es obvia para muchos: los hombres definitivamente son atentos al atractivo físico de sus esposas.

LO QUE SABEMOS DE LOS HOMBRES Y LA APARIENCIA DE LAS MUJERES

La autora Shaunti Feldhahn ha recopilado algo de la información más reciente acerca de cómo los hombres se sienten acerca de la apariencia de su esposa. En su investigación, ella le preguntó a un vasto grupo de hombres si la siguiente declaración era verdadera o falsa: "Yo quiero que mi esposa o pareja se vea bien y se siente enérgica. No es tan importante que se vea justo como lo hizo el día que nos conocimos. Es más importante que haga el esfuerzo de cuidarse para mí ahora".

Si es usted una mujer quien está leyendo esto, ¿qué porcentaje de los hombres adivinaría usted que respondió "verdadera" y qué porcentaje dijo "falsa"?

Si es usted es un hombre quien está leyendo esto, ¿cómo hubiera respondido usted?

En la encuesta de Feldhahn, la respuesta fue lo que los encuestadores llamarían arrolladora: el 83% contestó "verdadera", mientras que el 17% contestó "falsa".

Reconozco que las preguntas binarias (el uno o el otro) de las encuestas no toman en consideración la expresión de cualquier respuesta de área gris como, por ejemplo: "Yo amo a mi esposa sin tener en cuenta su apariencia". Por otro lado, esos son valiosos, porque obligan a los encuestados a elegir a pesar de cualquier circunstancia de mediación. Y cuando son obligados a elegir, el 83% de los hombres en la encuesta esencialmente dijo: "Si, definitivamente quiero que mi esposa se vea bien y haga un esfuerzo de presentar su mejor lado para mí y nuestro matrimonio".

En su respuesta a una situación hipotética que Feldhahn les presentó, el 70% de los encuestados masculinos dijo que les molestaría *emocionalmente* si sus esposas se dejaran llevar y ya no dedicaran energía a verse bien y mantenerse en forma.[1] No pase por alto la palabra *emocionalmente* en esta situación. Esto no es nada más un asunto de que los esposos se frustran si sus esposas no se ven guapas o sexy. Aparentemente, los hombres que respondieron a esta encuesta, se sentirían lastimados en algún nivel profundo por la falta de cuidado de sí mismas por parte de sus esposas y su apariencia.

En nuestra propia encuesta, la pregunta fue más general, pero con el mismo punto: "Los hombres le colocan un alto nivel de valor a la apariencia física de las mujeres". De los 3,600 encuestados, el 64% respondió de manera afirmativa (el 52% dijo "con frecuencia", mientras que el 12% dijo "siempre").

De ambas encuestas, podemos deducir con seguridad esto: la apariencia física de una esposa o pareja femenina es un asunto significativo para la gran mayoría de los hombres. Lo que también sabemos es que los hombres tal vez expresen estos sentimientos en una encuesta anónima, pero rara vez están dispuestos a expresarlos a sus esposas. La mayoría de los hombres preferiría brincar en un palo al atravesar un campo abandonado de minas que plantear el tema directamente con sus esposas acerca de la apariencia de ellas.

LO QUE LA APARIENCIA DE LAS MUJERES SIGNIFICA PARA LOS HOMBRES

Durante su transmisión de nueve años, *Seinfeld* era conocido como "un programa acerca de nada", pero todos los que lo miraban, sabían que era todo menos lo que decían. Los escritores del programa, Jerry Seinfeld y Larry David, tenían sus dedos directamente en el pulso de la cultura estadounidense, especialmente cuando se trataba de las relaciones. Por ejemplo, dos episodios trataron con franqueza el tema de la "ética de vestir" para los hombres y las mujeres.

El primero se llamaba "El compromiso". Después de que George le pidió impulsivamente a Susan que se casara con él, comenzaron a vivir juntos. Aunque aún no estaban casados, George comenzó de inmediato a sentir que se asfixiaba por la presencia de otra persona (una mujer), y sus esfuerzos por cambiarlo. Una tarde, mientras se alistaban para salir, Susan miró a George y, sin vacilar ni un momento, dijo: "¿Vas a usar *esa* camisa?" Uno podía escuchar a los hombres por toda la nación gruñir con empatía hacia George. Han estado en esa situación y han escuchado lo mismo.

El segundo episodio involucraba a Jerry y su nueva novia, Christie, quien le provocó el interés al usar el mismo vestido cada vez que salían. Él comenzó a obsesionarse en cuanto a eso, expresando su curiosidad a todos menos a Christie. "En el nombre de Dios, ¿qué está sucediendo aquí?", se preguntó. "¿Está vistiendo lo mismo una y otra vez? ¿O tiene un guardarropa lleno de estos [vestidos], como Superman? Tengo que resolver este misterio." Cuando finalmente tuvo el valor para preguntar, ella le colgó el teléfono y el misterio se quedó sin resolver.[2]

Aunque los dos episodios no se relacionaban para nada, el punto fue claro como el agua: aun cuando tanto a hombres como a mujeres les importa la apariencia de su pareja, las mujeres son las únicas que tienen "permiso" para plantear el tema. Y si utilizamos a *Seinfeld* como un barómetro preciso de las normas culturales, los hombres se intimidan con respecto a comentar acerca de la apariencia de una mujer en cualquier forma que no sea un cumplido abierto.

Como resultado, los hombres que están frustrados con la apariencia de su esposa, se encuentran entre la espada y la pared: no están contentos, pero no se sienten con la libertad para tratar la fuente de su infelicidad. Puede que un esposo no está hablando acerca de la apariencia de su esposa, pero si está pensando al respecto (esto probablemente es una sorpresa para muchas mujeres). Si una mujer quiere saber lo que él está pensando, o si le importa lo que está sintiendo, ella necesita hacer que sea seguro para que él lo pueda compartir. En particular, ella no debe permitir que un comentario muy poco elogioso se convierta en una gran explosión.

Existe una conclusión cultural que dice que las mujeres son las expertas en cuanto a la belleza, lo que es atractivo y la apariencia. Los hombres tal vez tienen las revistas GQ y *Esquire*, pero las mujeres tienen decenas de revistas de lujo que se dedican a hacer que su vida sea más atractiva con ropa, maquillaje, habilidades en las relaciones, la autoafirmación, el condicionamiento físico, la dieta, y una gran cantidad de otros métodos de autosuperación. El estereotipo cultural dice que los hombres son tontos en cuanto a la apariencia: su idea de asearse es cambiarse de playeras. Las esposas y las novias sustituyen a sus madres, asumiendo el rol para evitar que ellos sean una vergüenza ante el público.

Mientras que eso tal vez sea el estereotipo, en la mayoría de los casos, eso no es cierto. Esto no significa que es así en la vida real sólo porque cada tercer hombre de la televisión es del tipo Al Bundy, patán que compara estar de moda con una falta de masculinidad. De hecho, más hombres de los que se les da el reconocimiento saben lo que parece ser aceptable y bueno y quieren cumplir con ese criterio. El hombre metrosexual lo lleva a un nivel más e intenta verse lo más chic y genial posible. A decir verdad, se está volviendo más difícil encontrar hombres que avergonzarían a sus mujeres como errores de la moda en acción.

Después de haber dicho eso, permítame añadir un estudio de un caso real que le da crédito al estereotipo: Mi asistente es una mujer joven, soltera y atractiva que está disponible para salir con hombres jóvenes y respetables. En una conferencia para solteros donde yo estaba como conferencista, ella conoció a un joven que, al parecer, tenía mucho a su favor. Yo lo conocí y me pareció ser un muy buen hombre, por lo que pude determinar de una conversación de cinco minutos. Cuando Julie me dijo que le pidió que saliera con él, yo estaba emocionado por ella. Ella esperaba con ansias su tiempo juntos.

Unos días después, tuvieron su cita y le pregunté a Julie que tal había estado. Ella pasó un buen rato, pero estaba un poco curiosa en cuanto al sentido de moda del joven. La cita fue para cenar, y Julie se vistió bien para el restaurante que visitarían. Pero por alguna razón, su pareja pasó por ella vistiendo una playera y un pantalón de mezclilla, la playera decía "¡Haz que se haga!" Todos nosotros sabemos que uno tiene sólo una oportunidad para dar una primera impresión...y la suya definitivamente pudo haber sido mejor.

Mientras que existen algunos hombres que aún están metidos en la moda de "haz que se haga", muchos han avanzado y saben como presentarse a sí mismos de la manera más lista que les es posible. El resultado opuesto es que ellos también esperan que sus esposas se esfuercen para mantener las normas que provocó su atracción en primer lugar. Pero, ¿qué sucede cuando no lo hacen? ¿Qué sucede cuando una mujer se vuelve una fuente de vergüenza para su hombre, ya sea públicamente al tener peso de más, incluso obesa, y que no está en forma; o en privado al andar por la casa, sin maquillaje, en sus zapatillas, su sudadera y con un envase de helado, desperdiciando el tiempo en la barra de la cocina?

El problema es que los hombres tienen miedo de abordar el tema. Ellos piensan: "¿Quién soy yo para plantear el asunto de su apariencia?" "Lo he hecho antes y ahora tengo un muñón donde antes tenía una mano. Yo creo que dejaré a mi perro fuera de esa pelea".

Aún si los hombres cobran fuerzas para plantear la duda de la apariencia de sus esposas de una manera *sensible* (que no siempre sucede así para nada), ellos con frecuencia reciben una o más de estas respuestas:

- "Tus prioridades están fuera de orden. ¿No es más importante quién soy por dentro que mi apariencia exterior?"
- "Yo pienso que me deberías amar por quien soy, no por quien quieres que sea."
- "Me estás juzgando al criticar mi apariencia, y no me agrada."
- "Cuando tu bajes de peso y te comportes de una manera más aceptable, entonces puedes venir conmigo y hablar acerca de mi apariencia."

¡Ay! Caigo una vez, pero dos no. Algunos hombres se merecen estas respuestas defensivas por la manera que plantean el tema o al no sacarse la paja de su propio ojo antes de intentar quitar la basurita del ojo de su esposa. Pero algunas veces lo hacen bien, al plantear el tema de la apariencia con motivos correctos y métodos amorosos, pero aún así se queman. Como resultado, ellos se retraen y comienzan a alimentar los fuegos de resentimiento o al menos aumentan al doble su tiempo de oración al pedirle a Dios sabiduría y gracia para saber cómo manejar la situación.

Para los hombres, el punto esencial es este: en cuanto a la apariencia se refiere, muchos no hubieran propuesto matrimonio a la mujer con la que se encuentran casados después de cinco, diez o quince años de casados. Y esto crea un problema obvio y serio en cualquier relación.

Hay dos tipos de belleza por los cuales un hombre es atraído a una mujer durante el cortejo: la física y la no física (espiritual y emocional). Obviamente, no hay manera de asignar porcentajes a estas dos áreas, pero por el bien de tener una discusión, digamos que cada área representa un 50% de la razón por la cual un hombre es atraído a una mujer. Ella se presenta a sí misma lo más bella posible en su búsqueda de una pareja, y él responde de manera positiva a sus esfuerzos. Asimismo, ella se está comportando de la mejor manera en cuanto a su personalidad, lo cual hace que él responda también de la misma manera.

Entonces, ¿qué sucede cuando después de años de matrimonio, la mitad de la razón por la que se casó con ella ha desaparecido? Reconozco que los votos de matrimonio no dicen nada acerca de "guardar las apariencias". Pero para un hombre es una parte insinuada del trato, puesto que representa una gran parte de la razón por la cual entró al matrimonio desde el inicio. (Nota: Yo podría hacer el mismo argumento de parte de la esposa que se encuentra casada con alguien que en su exterior se parece poco al caballero gallardo que la cautivó años atrás: "¿¡Tu quién eres y que hiciste con mi esposo?!". No obstante, este es un libro acerca de los secretos que los hombres guardan, así que la discusión obviamente es parcial.)

Los hombres no están mintiendo cuando responden de manera positiva en las encuestas a las preguntas acerca de la apariencia de sus esposas. Están diciendo algo sobre papel que comúnmente no sienten la libertad para decirlo en persona. Es un secreto que guardan, e incluso es uno serio. Los hombres quisieran que sus esposas prestaran la atención adecuada a su apariencia física: la dieta, el peso, la ropa, el maquillaje, el ejercicio, todo completo. No están diciendo que esto es lo más importante, pero la mayoría de ellos están diciendo que si es importante.

Cuando trabajé con mujeres y sus problemas de peso a través del proyecto Lose it for Life (Perderlo por la vida), descubrí una justificación interesante que algunas mujeres utilizan para mantener sus kilos de más. Muchas veces, he escuchado a mujeres expresar la necesidad de ser amadas por su esposo "por lo que son" y no por como se ven. Ellas se aferran a su sobrepeso como una prueba del amor de su esposo. Me fascina este razonamiento, escuchar a una mujer decir que se está haciendo poco atractiva a propósito para poner a prueba el amor de su esposo.

Existen dos problemas con esto. En primera, un esposo quiere ser seducido por su esposa. Él quiere que ella sea una diosa, conforme le muestra su deseo por él una y otra vez. Ya sea justo o no, una mujer que tiene mucho sobrepeso y está descuidada probablemente batallará con hacer eso en esta cultura. En segunda, la realidad es que esas mujeres no serían las mismas si perdieran el peso extra. Si fueran a perder cincuenta libras, ellas harían cosas distintas, pensarían pensamientos distintos, responderían distinto a comentarios y serían tratadas de manera distinta. Finalmente, el convertirse en algo que no es lo mejor que uno puede ser, es una mala manera de poner a prueba el amor de su pareja. También es una mala excusa para poner en peligro su salud y futuro.

DIRECCIONES NUEVAS

Esto no es ningún secreto: nosotros los hombres somos criaturas visuales. Lavamos y enceramos nuestros automóviles, cuidamos nuestro césped y organizamos nuestras herramientas porque la apariencia nos importa. Y la apariencia de las esposas importa de la misma manera. No es por razones orgullosas o posesivas, sino por razones orgánicas: Nosotros no entendemos cuando alguien está dispuesto a permitir que su apariencia se deteriore. (Repito, hay muchos hombres que son las excepciones a esta regla, permitiendo que su físico y apariencia se deteriore a lo largo del tiempo. Eso no niega la regla de la "apariencia"; simplemente significa que esos hombres están viviendo con sus consciencias culpables por las personas en las que se han permitido convertir.)

Sin embargo, debemos darnos cuenta que las mujeres comúnmente tienen diferentes normas y razones para verse bien, especialmente en el contexto del matrimonio. El autor y hombre de negocios Patrick Morley, ha notado cinco motivaciones diferentes de las que una mujer elige cuando determina qué nivel de compromiso quiere hacer en cuanto a su apariencia:

1. Su esposo
2. Sus compañeras
3. Otros hombres (el trabajo, la iglesia, las situaciones cívicas, los deportes)
4. Ella misma
5. Nadie (ella no invierte nada de esfuerzo en su apariencia para nadie)[3]

Para una esposa, la fuente principal de la motivación (en el reino humano) para verse bien debiera ser su esposo, ya que pasa más tiempo con él que con alguien más. Si ella mantiene una inversión comprometida en verse bien para él, ella se verá bien en todos los demás lugares también.

Pero es posible que nosotros inconscientemente sofocamos esa motivación con algo que todos los hombres somos naturalmente propensos a hacer: *comparar*. En Cantares, el hombre dice acerca de su prometida, "Como el lirio entre los espinos, así es mi amada entre las doncellas" (2:2, Versión Biblia de las Américas). Por más carnal que quizás suene, nosotros los hombres somos compradores que comparan. De hecho, no podemos dejar de comparar. Visualmente estudiamos todo, comparando y clasificando subconscientemente: casas, barcos, automóviles, trabajos, relojes, herramientas, educación, ingresos. Eso no es malo o pecaminoso; simplemente es lo que los hombres hacen.

Sin embargo, se puede volver pecaminoso si la envidia, los celos o la ambición vanidosa se apoderan. Y con respecto al asunto de la apariencia de nuestras esposas, se puede volver un problema enorme al instante, si nos permitimos comparar abiertamente la belleza de nuestra esposa con otras mujeres. Obviamente, podemos halagar a nuestra pareja al recordarles qué tan destacadas se ven en contraste con otras mujeres. Pero como una herramienta de motivación para una esposa que está rezagada en este departamento, la comparación es increíblemente perjudicial e hiriente y ni siquiera se debería considerar. (Póngase en su lugar por tan sólo un momento y comprenderá el por qué.)

Entonces, ¿qué puede hacer si su esposa ha abandonado cualquier semejanza de preocupación por su apariencia o qué se supone que usted debe hacer cuando los motivadores que Morley hizo notar están colocados de otra manera y usted repentinamente ha sido rebajado al número dos, tres o cuatro en la lista? En otras palabras, ¿qué sucede cuando una esposa que trabaja, invierte mucha energía en su apariencia para su empleo, pero después vive como un saco triste en el hogar? Aun cuando ella y su esposo están haciendo sus quehaceres en sábado, para ella es ropa descuidada de ejercicio, nada de maquillaje y cabello sin peinar. Pero al llegar el lunes por la mañana, ella es una ilustración de moda cuando va de salida al trabajo.

Puede ser que esta sea la situación que usted enfrenta en su hogar. Tal vez ha intentado soltar una indirecta tras otra para inspirar a su esposa a que le importe más su apariencia, no solamente en la oficina sino también en el hogar, para usted. Y es posible que haya lidiado con sentimientos de ser rebajado. Al saber que todos se esmeran por aquello que les es más importante, quizás usted ha concluido que puede haber algo o tal vez alguien en el trabajo que se ha vuelto más importante que usted. Sin embargo, antes de que piense con más profundidad en esos pensamientos, asegúrese que usted y su esposa han conectado por completo en este asunto. Hable con ella directamente. Basta de pistas sutiles, basta de declaraciones ambiguas. Puesto que este es un tema que rara vez se plantea, esto probablemente será difícil, por las razones que ya comentamos. Pero como con casi cada asunto marital que cubrimos en este libro, la comunicación abierta con el tiempo puede transformar una situación oscura a una brillante.

Sin embargo, esté prevenido: si tenemos la esperanza de expresar el deseo que nuestras esposas se vean mejor, podemos esperar que la situación gire al revés, y así debe ser. Nosotros contenemos una doble moral si esperamos que nuestras esposas se vean lo mejor posible, pero hemos permitido que nuestros propios físicos y apariencias se queden en el camino. El autor y el rabino Shmuley Boteach se atreve a sugerir que los esposos tienen un poco de la culpa de que sus esposas pierdan el interés en su apariencia.

"En primera, existe algo un poco hipócrita en la controversia contemporánea de los esposos que sólo su esposa debe parecer sexy cuando ellos pueden tener un sin fin de pliegues de grasa de ballena colgando de sus estómagos. Lo siento, hombres, pero así como ustedes no quieren estar casados con la Tía Jemima, ella no quiere estar casada con el niño de masa Pillsbury. Usted se queja que es desafiante hacer el amor con el globo de Goodyear, pero puede que no sea la experiencia más placentera tampoco tener al hombre Michelin encima de uno."[4] Si nosotros los esposos queremos hablar acerca de la apariencia, tenemos que estar abiertos a los ataques.

CONEXIONES NUEVAS

Una perspicacia clave para cualquier mujer es la desconexión que cité anteriormente en este capítulo: a los hombres les importa mucho la apariencia de su esposa, pero vacilan en plantear el tema al no saber cómo responderá ella. ¿Cuál es la solución? Hágale saber a su esposo que la discusión de la apariencia es terreno seguro, que usted está dispuesta a formar parte de la conversación y de la solución, si es necesario.

Las esposas se interesarán en saber que cuando Feldhahn le preguntó a 400 hombres que cuántos de ellos estarían dispuestos a invertir esfuerzo, dinero o tiempo en ayudar a sus esposas a mejorar su apariencia, un enorme 97% dijo que estaba dispuesto a hacer un esfuerzo "razonable" (31%) o significante (66%). Las partes esenciales de ese empeño son cosas como encontrar más dinero para ropa o membresías al gimnasio o pasar tiempo cuidando a los hijos para que la esposa pueda invertir tiempo en su apariencia y bienestar físico. Y no obstante, una vez más, los números hablan por sí solos en términos de la seriedad de los hombres en cuanto a este tema.

Otra manera de conectar en cuanto al tema de la apariencia es que la esposa le pida a su esposo que le platique qué fue lo que lo atrajo de ella cuando estaban saliendo. ¿Qué tenía su ropa, su cabello, su estilo o su apariencia física que lo atrajo? Nadie está sugiriendo que una mujer de 45 años pudiera o incluso debiera intentar parecerse a cuando tenía 20 años. Esa no es la meta. En vez de eso, el objetivo es recuperar un sentido de cuidado y compromiso. No es que los cuerpos de las mujeres no debieran cambiar después de tener hijos o que su cabello nunca debiera tener puntos grises. Obviamente, esas son expectativas poco saludables y poco realistas. El problema es que esas etapas de vida comúnmente causan que a las mujeres les deje de importar el cómo se ven.

Los hombres más maduros se emocionan más por una esposa de 45 que está comprometida, dedicada, es atractiva, disciplinada, enérgica y sabia a causa de la experiencia, que por una modelo retocada de 20 años en una revista. El sentido de cuidado y respeto de sí misma que una mujer ejerce cuando ella esta intentando capturar el corazón de su esposo a la edad de 20 es lo que cautivará su corazón de nuevo a la edad de 45 y más allá.

A los hombres les importa la apariencia por razones que son diferentes a las que la mayoría de las mujeres piensa. No se trata por completo del sexo. Se trata del respeto a sí mismo, el compromiso y el ser un buen administrador de una vida que es un regalo de Dios.

Para que una mujer no abandone este capítulo sintiéndose desesperada e incapaz, hay algo que parece anular el enfoque de un hombre en la apariencia de una mujer: una conexión espiritual y emocional profunda, rica e íntima entre los dos. Yo fui testigo de esto de primera fila, apenas el año pasado. Misty y yo asistimos a lo que se le podría llamar un "campamento de sexo" para adultos. Yo estaba a punto de comenzar a escribir un libro acerca de este tema, y queríamos estar seguros que no nos estábamos perdiendo de algo que otras parejas tenían. Así que fuimos al desierto con otras 30 parejas que estaban ahí por muchas razones diferentes. Algunos no habían tenido relaciones sexuales en más de un año, y algunos estaban teniendo relaciones sexuales muy buenas y querían que fueran aún mejores.

Las esposas de muchas de estas parejas eran mujeres que se veían promedio, no guapísimas ni reinas de belleza, sino mujeres bien vestidas que prestaban atención a cómo se veían. Durante el curso del taller de cuatro días, Misty y yo llegamos a conocer muy bien a las otras parejas. Cuando los hombres estaban conmigo por separado, pude escucharlos hablar acerca de sus esposas. Y para gran sorpresa mía, cada uno habló como si estuviera casado con la mujer más hermosa y sexy en todo el planeta. Estos esposos hablaron de su amor y pasión por sus respectivas esposas, y su admiración simplemente rebosaba en cada sesión de plática. Durante esos cuatro días, conforme las parejas se conectaban en niveles nuevos y más profundos, la admiración de los hombres por sus esposas se volvió aún más fuerte.

Como resultado de escuchar a sus esposos hablar, yo comencé a ver a las mujeres de una manera distinta. Comencé a ver una belleza en ellas que jamás hubiera notado al cruzarme con ellas en un aeropuerto o centro comercial. Comencé a ver por qué cada hombre estaba tan enamorado de su esposa. Aun cuando estas mujeres tenían una belleza promedio, sus esposos eran atraídos a ellas en varios niveles. Lo que yo escuché eran hombres reales describiendo su amor por sus esposas con base en mucho más que tan sólo la apariencia física.

Salí del taller con un nuevo aprecio, no tan sólo por las múltiples dimensiones de la belleza de mi propia esposa, sino también por la profundidad del amor demostrado por esa muestra representativa al azar de los hombres estadounidenses. Yo creo que cualquier mujer que no es capaz de reproducir la apariencia física que tenía hace diez, veinte o treinta años aún se puede convertir en la mujer más bella del mundo para su esposo, si explora los niveles diferentes de belleza que están disponibles para ella. E igual de alentador es el hecho que los hombres realmente pueden mirar debajo de la superficie en su búsqueda de la belleza.

CONCLUSIÓN

DE SECRETOS A SOLUCIONES

Después de haber leído este libro, usted ha deducido que soy cristiano. Pero espero que no haya concluido que mi fe es una parte pequeña de mi vida a causa de la escasez de versículos de la Biblia en el libro y mi estilo de escritura sin polémica. Esa conclusión estaría mal. Toda mi vida y mis trabajos vocacionales se basan en una fe firme en Jesucristo como el Hijo de Dios y el Salvador de la humanidad.

Entonces, ¿cuál es la razón por el enfoque de baja intensidad en cuanto a la fe en este libro? Hay dos razones: la primera, los secretos son realidades humanas, no cristianas. Antes que cualquier hombre se convierta en un cristiano, primero es un humano. Es por eso que encuestamos tanto a cristianos como a no cristianos en la investigación en la que se basa este libro, y es por eso que no nos sorprendimos al descubrir que en la gran mayoría de los casos, los hombres cristianos y no cristianos guardan secretos parecidos.

La segunda razón es que el libro fue intencionado para ser un espejo. Reconozco que en las secciones "Direcciones nuevas" y "Conexiones nuevas" de cada capítulo, me puse el sombrero de consejero y repartí algunas recomendaciones y algunos consejos. Pero aún así, los consejos por lo regular se aplicaban de igual manera a aquellos que eran evangélicos en cuanto a la vida y aquellos que eran evangélicos en cuanto a la fe. Mi meta al escribir este libro es elevar el nivel de discusión entre los hombres y sus parejas femeninas, principalmente esposas, pero también novias, madres o hermanas acerca de los secretos que los hombres guardan. Aquello que se mantiene en oscuridad no se puede platicar y lo que no se puede platicar no puede recibir ayuda.

Después de haber discutido secretos, quiero concluir este libro al tratar algunas de sus soluciones, y para hacer eso tengo que acudir a la Biblia. Ya sea que uno crea, como yo, que la Biblia es una guía fiable a la fe y la práctica para toda la vida, o que es una colección de enseñanzas sabias de hombres sabios a lo largo de las épocas, pero no necesariamente verdad de Dios, existe valor en lo que dice acerca de los secretos y las soluciones. Como un hombre que se ha encontrado con muchas dificultades en su vida (en algunas yo tuve que ver, muchas no), puedo atestiguar que la verdad y la sabiduría de la Escritura siempre han permanecido como guías válidas para todo lo que he enfrentado. La consejería y terapia que he recibido variaron grandemente; la Biblia no ha variado.

LO QUE DIOS QUIERE

Una de las historias mejores conocidas en la Biblia es la del adulterio del rey David con Betsabé y sus planes para que muriera su esposo, Urías, uno de los hombres militares más fieles. (La historia completa es relatada en 2 Samuel 11-12.) Al parecer, David luchó contra las mentiras y la decepción la mayor parte de su vida. Su carrera pública comenzó notablemente cuando hizo frente de manera valiente al gigante filisteo Goliat y lo mató con un sólo tiro en la cabeza. Era aún un adolescente cuando esto sucedió y fue lanzado a la atención del público como un "héroe de guerra". Sin que el público lo supiera, poco antes de este evento, David también había sido ungido como el nuevo rey de Israel que, a su debido tiempo, sería el sucesor del Saúl, deshonrado quien sería retirado del trono por no obedecer las leyes de Dios.

Cuando Saúl comenzó a comprender que su sucesor era un adolescente que ya había logrado ganarse el corazón del pueblo por medio de su valentía, se volvió loco de celos, y pasó varios años siguientes tratando de asesinar a David. En vez de permanecer seguro en las promesas de Dios y su protección, David cayó en una vida de inseguridad, tratando de convencer al paranoico y mentalmente inestable Saúl que él estaba perdiendo su tiempo persiguiéndolo por todo el desierto judío. Cuando eso no funcionó, él comenzó a vivir una vida de decepción para poder ganarse la protección de otros, utilizó mentiras y un orgullo exagerado para protegerse a sí mismo de Saúl. El drama de esta historia es tan profundo como cualquier otra cosa en la historia antigua.

Cuando Saúl finalmente fue asesinado en una batalla, David se convirtió en el rey, a los 30 años de edad. Al parecer, él aprendió algunas lecciones valiosas durante su adolescencia y sus veintitantos años; pero sus tendencias hacia la decepción aún lo atormentaban. Él incluso escribió acerca de esto de una manera ambigua en el Salmo 139, donde habla de cómo Dios conoce cada movimiento que hace en la vida, que no hay forma de escapar de la presencia de Dios.

Estas tendencias lo agobiaron cuando vio a Betsabé, la esposa hermosa de Urías, y la quería para él. Esto no fue un simple caso de lujuria común y corriente. Los ejércitos de David estaban en una guerra, y él debía estar con ellos. En lugar de eso, estaba en su casa, en el palacio. Utilizando sus privilegios de poder de rey, él llamó a Betsabé y cometió adulterio con ella (David también estaba casado en ese tiempo). Cuando Betsabé se embarazó, David conspiró (de nuevo, utilizando mentiras y la decepción) para matar a su esposo. En reconocimiento a él, después de que Urías muriera, David llevó a Betsabé a su palacio e hizo que fuera una de sus esposas, para que ella y su hijo fueran mantenidos.

Sin embargo, aquí estaba David el mentiroso, el rey de Judea, viviendo con los secretos de ser un conspirador egoísta, un adúltero y un cómplice de un acto de asesinato. *Y vivió con estos secretos por casi un año.* Para el público, parecía que Urías había muerto en batalla (lo fue, a causa del plan de David), y que David se había casado con su viuda y concibieron un hijo, aparentemente una sucesión natural de eventos.

Pero luego las cosas salieron mal. Por nueve o más meses, David vivió con los secretos que estaban grabados en su conciencia. Después de que naciera su hijo, un profeta llamado Natán llegó y le reprochó por sus hechos en todo el asunto indigno. Dios había revelado a Natán los detalles de los pecados de David *y Natán expuso a la luz lo que David había mantenido en la oscuridad por casi un año.* El resultado fue que en su vida, David pasó de secretos a soluciones.

Sin embargo, estas soluciones no pasaron sin dificultades. David pudo morir por ser un adúltero, pero fue perdonado. En lugar de eso, la vida de su hijo recién nacido fue llevada a causa de una enfermedad, y los pecados de David fueron expuestos a la nación. También se le dijo por parte de Dios, a través del profeta, que vendría calamidad sobre él en sus años restantes como rey, lo cual sucedió:

Pues bien, así dice el Señor: "Yo haré que el desastre que mereces surja de tu propia familia, y ante tus propios ojos tomaré a tus mujeres y se las daré a otro, el cual se acostará con ellas en pleno día. Lo que tú hiciste a escondidas, yo lo haré a plena luz, a la vista de todo Israel" (2 Samuel 12:11-12).

En cuanto Natán terminó de hablar, David le dijo al profeta: "He pecado contra el Señor". David estaba aprendiendo otra vez que el ocultar secretos a Dios no era una empresa lucrativa. Justo cuando él pensó que se estaba calmando la borrasca en su vida, sus secretos fueron hechos públicos. Pero él hizo lo correcto. Se adueñó de sus pecados y se arrepintió de ellos. Incluso los hizo público por el bien de la posteridad. Escribió el Salmo 32 (el ocultar secretos de Dios resulta en una vida de tortura; la confesión resulta en bendición), el Salmo 51 (un salmo de confesión y absolución, desgarrador en su honestidad) y el Salmo 139 (ni se le ocurra intentar ir a algún lugar donde Dios no está y hacer algo malo).

En el caso de David, sabemos que Dios estaba a favor de: la honestidad, la franqueza, la revelación, la confesión, el arrepentimiento, la disciplina y la restauración. ¿Aún hoy en día está Dios a favor de esas cosas?

El difunto John Wimber fue el fundador de la asociación de iglesias conocida como Vineyard Christian Fellowships (Sociedades cristianas de la viña), que ahora tienen una numeración de más de 600 congregaciones en los Estados Unidos. Wimber fue controversial en la cultura evangélica a causa de apoyar la sanidad y los dones del Espíritu como una parte de la vida diaria de un cristiano. No importando lo que digan de él, Wimber hacía lo que decía bíblicamente e intentó permanecer abierto a escuchar la dirección de Dios de momento a momento.

Por ejemplo, él relató públicamente y de manera impresa que cuando estaba en un vuelo aéreo, miró por casualidad al otro lado del pasillo y vio algo que nunca antes había visto. El hombre sentado al otro lado e él tenía la palabra *ADULTERIO* escrita en su frente. Por supuesto que no físicamente, pero más vale que hubiera estado escrita. Wimber lo vio tan claramente como si alguien hubiera tomado un marcador de punta gruesa y escrito de forma permanente sobre la piel del hombre. Además, el nombre de una mujer que él no conocía se le vino a la mente de Wimber y concluyó que era el nombre de la mujer con la que el hombre estaba cometiendo adulterio.

Así que, al estilo tipo Natán, Wimber se inclinó al otro lado del pasillo y le preguntó suavemente al hombre (él supuso que la mujer sentada junto al hombre era su esposa): "¿El nombre tal significa algo para usted?". Cuando el hombre quedó pálido, Wimber concluyó tres cosas: el hombre en realidad era un adúltero; el nombre era la mujer con la que estaba pecando; y, con base en el temor en la cara del hombre, la mujer junto a él era su esposa. John y el hombre fueron a una parte privada del avión donde John le dijo claramente que Dios lo había enviado para decirle al hombre que necesitaba arrepentirse de este pecado o esperar el castigo de Dios. El hombre confesó sus pecados y aceptó a Cristo como su Salvador. Él llamó a su esposa, le confesó y ella se hizo cristiana también. Todo esto sucedió a 35,000 pies de altura mientras sobrevolábamos sobre el territorio central de Estados Unidos.

Aparentemente, dos milenios y medio después de que Dios quiso que los pecados secretos de David fueran revelados, Dios aún quiere eso hoy en día.

Me imagino que el hombre con quien habló John Wimber tuvo la misma reacción como la que el apóstol Pablo describió en 1 Corintios 14:24-25:

Pero si uno que no cree o uno que no entiende entra cuando todos están profetizando, se sentirá reprendido y juzgado por todos, y los secretos de su corazón quedarán al descubierto. Así que se postrará ante Dios y lo adorará, exclamando: "¡Realmente Dios está entre ustedes!".

Es fácil interpretar mal pasajes como este, sacarlos del contexto más amplio de lo que es Dios. Uno podría pensar que Dios sólo está buscando atraparnos haciendo algo malo y que nos quiere exponer como pecadores obscenos y encubridores que somos. Al concluir eso sería no captar el punto. Lo que Dios quiere es esto: que cada hombre viva con un corazón puro, libre de estorbos de la culpabilidad y la vergüenza. Dios nos creó y sabe cómo funcionamos mejor. Los hombres no pueden vivir en una realización máxima con secretos oscuros en su corazón, de la misma manera que un Ferrari no puede ganar una carrera con una taza de azúcar en el tanque de gasolina. Dios es amor, y Él nos ama. No quiere que tratemos con secretos para avergonzarnos sino para vernos madurar antes de envejecer, para vernos vivir una vida abundante. Él nos creó para que disfrutemos. Muchos de nosotros pasamos por la vida coleccionando secretos oscuros como erizos en nuestros calcetines mientras caminamos por un campo. Comúnmente, no nos damos cuenta hasta después, pero en algún momento necesitan ser eliminados.

LO QUE DIOS HACE

Así como cada padre siente una necesidad natural de saber lo que está sucediendo en su casa, así también Dios quiere saber qué está sucediendo en la suya. Es el trabajo de un padre y del Padre también. ¿Qué es la casa de Dios?

Del Señor es la tierra y todo cuanto hay en ella, el mundo y cuantos lo habitan (Salmo 24:1).

Eso significa que nosotros, y todos los secretos de nuestro corazón, somos de Dios. Es asunto suyo saberlos todos. Lea estos pasajes de la Biblia que hablan acerca de lo que Dios sabe, incluyendo aquellas cosas que pensamos que sólo nosotros sabemos:

Si hubiéramos olvidado el nombre de nuestro Dios, o tendido nuestras manos a un dios extraño, ¿acaso Dios no lo habría descubierto, ya que él conoce los más íntimos secretos? (Salmo 44:20-21).

Señor, tú me examinas, tú me conoces. Sabes cuándo me siento y cuándo me levanto; aun a la distancia me lees el pensamiento (Salmo 139:1-2).

Yo, el Señor, sondeo el corazón y examino los pensamientos, para darle a cada uno según sus acciones y según el fruto de sus obras (Jeremías 17:10).

En este siguiente pasaje, me he tomado la libertad de reacomodar los versículos para mostrar cómo nosotros consideramos nuestra vida y después cómo Dios las considera. Nosotros vemos nuestra vida como de setenta u ochenta años, pero para Dios, mil años es como un día. Nosotros vemos nuestra vida como una serie lineal de eventos, pero Dios la ve como un sólo evento: pasado, presente y futuro. Todo lo que hemos hecho, lo que estamos haciendo y lo que haremos está revelado "a la luz de su presencia":

Algunos llegamos hasta los setenta años, quizás alcancemos hasta los ochenta, si las fuerzas nos acompañan. Tantos años de vida, sin embargo, sólo traen pesadas cargas y calamidades: pronto pasan, y con ellos pasamos nosotros.

Mil años, para ti, son como el día de ayer, que ya pasó; son como unas cuantas horas de la noche.

Ante ti has puesto nuestras iniquidades; a la luz de tu presencia, nuestros pecados secretos (Salmo 90:10, 4, 8).

Cuando oren, no sean como los hipócritas, porque a ellos les encanta orar de pie en las sinagogas y en las esquinas de las plazas para que la gente los vea. Les aseguro que ya han obtenido toda su recompensa. Pero tú, cuando te pongas a orar, entra en tu cuarto, cierra la puerta y ora a tu Padre, que está en lo secreto. Así tu Padre, que ve lo que se hace en secreto, te recompensará (Mateo 6:5-6).

Lo que todos esos versículos quieren decir es que Dios cuida de nosotros como un padre cuida de sus hijos. Él conoce el equipaje con el que cargamos en nuestros corazones, ya sea pecaminoso o no, y nos quiere librar de él. Repito, así como un padre se sentaría con su hijo que tiene carga y le diría: "Puedo ver que algo te está molestando, ¿quisieras contarme lo que sucede?", así también Dios quiere decirnos lo mismo. Simplemente eso es lo que Dios hace.

DE SECRETOS A SOLUCIONES

Algunos secretos son pecados: el adulterio, las mentiras, el engaño, el asesinar; algunos no lo son: la inferioridad, el temor, la inseguridad, la insuficiencia, y de más. Los secretos que son pecados serán llevados a la luz, y los secretos que no lo son deberían ser llevados a la luz. ¿Por qué?

Los secretos que son pecados actúan como abismos morales entre nosotros y Dios, y entre nosotros y los demás. Todo hombre sabe que esto es verdad. Es imposible relacionarse con Dios cuando estamos ocultando pecados secretos en nuestro corazón. La solución de Dios para los secretos que son pecados es la cruz de Jesucristo. La Biblia dice que Dios envió a su Hijo al mundo para morir por nuestros pecados para que nosotros no tuviéramos que morir. Pero para poder librar nuestro corazón de pecados secretos, estos necesitan ser confesados a Dios para que podamos recibir su perdón (y para aquellos que quizás hemos herido a causa de nuestros pecados, donde sea apropiado). Estos secretos serán revelados. Nosotros podemos revelarlos ahora o Dios los revelará después, cuando el perdón ya no es una opción:

Así sucederá el día en que, por medio de Jesucristo, Dios juzgará los secretos de toda persona, como lo declara mi evangelio (Romanos 2:16).

Los secretos que no son pecados son abismos de otro tipo, abismos emocionales que se interponen entre nosotros y nosotros mismos y entre nosotros y otras personas. No podemos convertirnos en los hombres que Dios nos diseñó a ser cuando estamos separados de nuestros seres verdaderos a causa del temor, la duda, los sentimientos de insuficiencia y el temor. Ni tampoco podemos ser completamente honestos e íntimos con otras personas. La solución de Dios para los secretos que no son pecados es el carácter de Cristo. El problema básico del hombre es su falta de un modelo, una plantilla la cual seguir en la vida. Todos nosotros fuimos criados por plantillas imperfectas, nuestros padres eran hombres que hasta cierto nivel u otro, estaban privados de la gloria de Dios (Romanos 3:23). Entonces, ¿cómo podríamos posiblemente crecer completos? Nosotros salimos como un engranaje a punto que fue cortado en un torno que en sí no tenía especificaciones. Por lo tanto, tenemos que observar a Cristo para mirar cómo se supone que un hombre entero debe ser. Y la Biblia dice claramente que Él es el modelo:

Porque a los que Dios conoció de antemano, también los predestinó a ser transformados según la imagen de su Hijo, para que él sea el primogénito entre muchos hermanos (Romanos 8:29).

La intención de Dios es que Cristo sea la solución para los secretos de cada hombre. Su cruz es el remedio para los secretos que son pecados, y su carácter es la respuesta para nuestros secretos que no los son.

El tratar con los secretos en el corazón de un hombre es un proceso de toda la vida. Incluso, cuando recibimos el perdón de Dios por pecados que se cometieron en el pasado, mañana habrá pecados nuevos. Y se requiere de tiempo para aprender a vivir una vida libre de secretos. Yo he leído que el control de los elefantes adultos comienza cuando están jóvenes. Los vigilantes encadenan a los elefantes bebés a un poste en la tierra en el que no son lo suficientemente fuertes para sacar. Ya para cuando los elefantes son maduros, cuando fácilmente podrían sacar el poste de la tierra, se han convencido que no se puede mover el poste.

Un secreto en el corazón de un hombre es como ese poste. Aun cuando es eliminado, o nos dicen que no nos tenemos que someter a él, se requiere de tiempo para desprenderse. Pero sí puede suceder. Desgraciadamente, no somos tan buenos para perdonarnos a nosotros mismos como Dios lo es.

Mi esperanza para cada hombre y mujer que lea este libro es que aprovechen, de manera individual o como pareja, la intimidad que proviene de compartir secretos. Jesús les contó secretos a sus discípulos que no le contó al público en general, y los unió como una banda de hermanos:

"A ustedes se les ha concedido que conozcan los secretos del reino de Dios", les contestó; "pero a los demás se les habla por medio de parábolas para que aunque miren, no vean; aunque oigan, no entiendan" (Lucas 8:10).

Cuando los hombres revelan sus secretos los unos a los otros, o un esposo comparte sus secretos con su esposa, se crea un vínculo que es una confianza sagrada:

La gente chismosa revela los secretos; la gente confiable es discreta (Proverbios 11:13).

Que Dios le conceda libertad, decencia, valor y gracia conforme usted avance en su vida de secretos a soluciones.

APÉNDICE

ENCUESTA DE "LA SATISFACCIÓN DE LA VIDA DE LOS HOMBRES"

		Número de respuestas	Proporción de la respuesta
1. ¿Está usted casado?			
Si		1982	55%
No		1616	45%
	Total	3598	100%

		Número de respuestas	Proporción de la respuesta
2. ¿Cuántos años tiene?			
30-35		526	15%
36-40		467	13%
41-45		515	14%
46-50		681	19%
51-55		803	22%
56-60		606	17%
	Total	3598	100%

		Número de respuestas	Proporción de la respuesta
3. ¿Es usted cristiano?			
Si		2649	74%
No		949	26%
	Total	3598	100%

		Número de respuestas	Proporción de la respuesta
4. Los hombres están desilusionados por lo que han logrado en sus carreras.			
Nunca		46	1%
Rara vez		211	6%
Algunas veces		2379	66%
Con frecuencia		919	26%
Siempre		43	1%
	Total	3598	100%

	Número de respuestas	Proporción de la respuesta

5. Los hombres están preocupados por los problemas físicos o de salud que podrían causar una muerte prematura.

	Número de respuestas	Proporción de la respuesta
Nunca	29	1%
Rara vez	415	12%
Algunas veces	1915	53%
Con frecuencia	1135	32%
Siempre	104	3%
Total	3598	100%

6. Los hombres se aburren con la idea de la iglesia y las actividades de la iglesia.

	Número de respuestas	Proporción de la respuesta
Nunca	84	2%
Rara vez	377	10%
Algunas veces	1910	53%
Con frecuencia	1049	29%
Siempre	178	5%
Total	3598	100%

7. Los hombres necesitan ser mucho más respetados por las mujeres.

	Número de respuestas	Proporción de la respuesta
Nunca	65	2%
Rara vez	467	13%
Algunas veces	1885	52%
Con frecuencia	896	25%
Siempre	285	8%
Total	3598	100%

8. Los hombres desean haberse casado con alguien que no es su esposa.

	Número de respuestas	Proporción de la respuesta
Nunca	217	6%
Rara vez	754	21%
Algunas veces	2113	59%
Con frecuencia	463	13%
Siempre	51	1%
Total	3598	100%

9. Los hombres están llenos de temor acerca de la seguridad financiera con familias crecientes o en el momento del retiro.

	Número de respuestas	Proporción de la respuesta
Nunca	24	1%
Rara vez	97	3%
Algunas veces	1019	28%
Con frecuencia	1912	53%
Siempre	546	15%
Total	3598	100%

10. Los hombres tienen fantasías sexuales frecuentes e intensas.

	Número de respuestas	Proporción de la respuesta
Nunca	17	0%
Rara vez	155	4%
Algunas veces	1386	39%
Con frecuencia	1492	41%
Siempre	548	15%
Total	3598	100%

11. Los hombres se sienten frustrados al tratar de comunicarse con las mujeres.

	Número de respuestas	Proporción de la respuesta
Nunca	28	1%
Rara vez	174	5%
Algunas veces	1694	47%
Con frecuencia	1405	39%
Siempre	297	8%
Total	3598	100%

12. A los hombres les es difícil hablar de sus sentimientos.

	Número de respuestas	Proporción de la respuesta
Nunca	24	1%
Rara vez	147	4%
Algunas veces	1531	43%
Con frecuencia	1634	45%
Siempre	262	7%
Total	3598	100%

13. Los hombres tienen un ego frágil en la recámara.

		Número de respuestas	Proporción de la respuesta
Nunca		67	2%
Rara vez		421	12%
Algunas veces		1917	53%
Confrecuencia		999	28%
Siempre		194	5%
	Total	3598	100%

14. Los hombres están frustrados de que las mujeres no sean más agresivas sexualmente.

		Número de respuestas	Proporción de la respuesta
Nunca		46	1%
Rara vez		313	9%
Algunas veces		1838	51%
Con frecuencia		1121	31%
Siempre		280	8%
	Total	3598	100%

15. Los hombres desearían tener más tiempo privado alejados de su familia.

		Número de respuestas	Proporción de la respuesta
Nunca		83	2%
Rara vez		584	16%
Algunas veces		2143	60%
Con frecuencia		667	19%
Siempre		121	3%
	Total	3598	100%

16. Los hombres sienten que no están a la altura de las mujeres espiritualmente hablando.

		Número de respuestas	Proporción de la respuesta
Nunca		203	6%
Rara vez		919	26%
Algunas veces		1908	53%
Con frecuencia		515	14%
Siempre		53	1%
	Total	3598	100%

	Número de respuestas	Proporción de la respuesta

17. Los hombres se incomodan con la noción de un compromiso total.

	Número de respuestas	Proporción de la respuesta
Nunca	138	4%
Rara vez	699	19%
Algunas veces	2086	58%
Con frecuencia	600	17%
Siempre	75	2%
Total	3598	100%

18. Los hombres se sienten amenazados por el hecho de que sus esposas ganen más dinero que ellos.

	Número de respuestas	Proporción de la respuesta
Nunca	208	6%
Rara vez	702	20%
Algunas veces	1813	50%
Con frecuencia	769	21%
Siempre	106	3%
Total	3598	100%

19. Los hombres se sienten intimidados por mujeres exitosas.

	Número de respuestas	Proporción de la respuesta
Nunca	213	6%
Rara vez	681	19%
Algunas veces	1938	54%
Con frecuencia	692	19%
Siempre	74	2%
Total	3598	100%

20. Los hombres le temen a relaciones cercanas y autoreveladoras con otros hombres.

	Número de respuestas	Proporción de la respuesta
Nunca	93	3%
Rara vez	510	14%
Algunas veces	1669	46%
Con frecuencia	1139	32%
Siempre	187	5%
Total	3598	100%

21. Los hombres tienen un temor profundo de no vivir de acuerdo a las expectativas de los padres.

	Número de respuestas	Proporción de la respuesta
Nunca	136	4%
Rara vez	701	19%
Algunas veces	1852	51%
Con frecuencia	771	21%
Siempre	138	4%
Total	3598	100%

22. Los hombres le colocan un alto nivel de valor a la apariencia física de las mujeres.

	Número de respuestas	Proporción de la respuesta
Nunca	29	1%
Rara vez	128	4%
Algunas veces	1136	32%
Con frecuencia	1881	52%
Siempre	424	12%
Total	3598	100%

23. Los hombres necesitan sentirse más intensamente adorados y queridos por sus esposas.

	Número de respuestas	Proporción de la respuesta
Nunca	58	2%
Rara vez	365	10%
Algunas veces	1902	53%
Con frecuencia	1051	29%
Siempre	222	6%
Total	3598	100%

24. Los hombres se aburren o se impacientan con su papel como padre.

	Número de respuestas	Proporción de la respuesta
Nunca	203	6%
Rara vez	981	27%
Algunas veces	2027	56%
Con frecuencia	348	10%
Siempre	39	1%
Total	3598	100%

25. Los hombres son atraídos a la pornografía en las películas, las revistas o en la red.

	Número de respuestas	Proporción de la respuesta
Nunca	72	2%
Rara vez	370	10%
Algunas veces	1711	48%
Con frecuencia	1188	33%
Siempre	257	7%
Total	3598	100%

26. Los hombres están desilusionados por la falta de romance y emoción en sus vidas.

	Número de respuestas	Proporción de la respuesta
Nunca	50	1%
Rara vez	381	11%
Algunas veces	2110	59%
Con frecuencia	928	26%
Siempre	129	4%
Total	3598	100%

27. Los hombres se sienten incapaces de satisfacer las necesidades de las mujeres (emocionales, espirituales o sexuales).

	Número de respuestas	Proporción de la respuesta
Nunca	82	2%
Rara vez	548	15%
Algunas veces	2144	60%
Con frecuencia	739	21%
Siempre	85	2%
Total	3598	100%

28. Los hombres se sienten incómodos por ser los líderes espirituales de la familia.

	Número de respuestas	Proporción de la respuesta
Nunca	180	5%
Rara vez	754	21%
Algunas veces	2014	56%
Con frecuencia	585	16%
Siempre	65	2%
Total	3598	100%

ENCUESTA NACIONAL A 3600 HOMBRES

Número de encuestas realizadas
3,600   Total de hombres
2,651   Hombres cristianos
949   Otros hombres

1. Los hombres están llenos de temor acerca de la seguridad financiera ahora y en el momento del retiro.
   68.3%   Total de hombres
   69.1%   Hombres cristianos
   66.2%   Otros hombres

2. Los hombres le colocan un alto nivel de valor a la apariencia física de las mujeres.
   64.0%   Total de hombres
   63.1%   Hombres cristianos
   66.9%   Otros hombres

3. Los hombres tienen fantasías sexuales frecuentes e intensas.
   56.7%   Total de hombres
   54.1%   Hombres cristianos
   64.2%   Otros hombres

4. A los hombres les es difícil hablar de sus sentimientos.
   52.7%   Total de hombres
   53.5%   Hombres cristianos
   50.4%   Otros hombres

5. Los hombres se sienten frustrados al tratar de comunicarse con las mujeres.
   47.3%   Total de hombres
   46.1%   Hombres cristianos
   50.6%   Otros hombres

6. Los hombres son atraídos a la pornografía en las películas, las revistas o en la red.
   40.1%   Total de hombres
   39.0%   Hombres cristianos
   46.6%   Otros hombres

7. Los hombres están frustrados de que las mujeres no sean más agresivas sexualmente.
   38.9%   Total de hombres
   38.6%   Hombres cristianos
   40.0%   Otros hombres

8. Los hombres le temen a relaciones cercanas y autoreveladoras con otros hombres.
   36.8%   Total de hombres
   37.3%   Hombres cristianos
   35.6%   Otros hombres

9. Los hombres necesitan sentirse más intensamente adorados y queridos por sus esposas.
   35.4%   Total de hombres
   36.9%   Hombres cristianos
   31.1%   Otros hombres

10. Los hombres están preocupados por los problemas físicos o de salud que podrían causar una muerte prematura.
    34.4%   Total de hombres
    35.9%   Hombres cristianos
    30.2%   Otros hombres

11. Los hombres se aburren con la idea de la iglesia y las actividades de la iglesia.
    34.1%   Total de hombres
    27.9%   Hombres cristianos
    51.3%   Otros hombres

12. Los hombres tienen un ego frágil en la recámara.
    33.1%   Total de hombres
    33.3%   Hombres cristianos
    32.6%   Otros hombres

13. Los hombres necesitan ser mucho más respetados por las mujeres.
    32.8%   Total de hombres
    34.3%   Hombres cristianos
    28.7%   Otros hombres

14. Los hombres están desilusionados por la falta de romance y emoción en sus vidas.
    29.4%   Total de hombres
    30.6%   Hombres cristianos
    26.9%   Otros hombres

15. Los hombres están desilusionados por lo que han logrado en sus carreras.
    26.7%   Total de hombres
    27.1%   Hombres cristianos
    25.6%   Otros hombres

16. Los hombres tienen un temor profundo de no vivir de acuerdo a las expectativas de los padres.
    25.3%   Total de hombres
    26.1%   Hombres cristianos
    22.9%   Otros hombres

17. Los hombres se sienten amenazados por el hecho de que sus esposas ganen más dinero que ellos.
    24.3%   Total de hombres
    24.6%   Hombres cristianos
    23.6%   Otros hombres

18. Los hombres se sienten incapaces de satisfacer las necesidades de las mujeres.
22.9%   Total de hombres
23.7%   Hombres cristianos
18.5%   Otros hombres

19. Los hombres desearían tener más tiempo privado alejados de su familia.
21.9%   Total de hombres
21.1%   Hombres cristianos
24.0%   Otros hombres

20. Los hombres se sienten intimidados por mujeres exitosas.
21.3%   Total de hombres
21.1%   Hombres cristianos
21.8%   Otros hombres

21. Los hombres se incomodan con la noción de un compromiso total.
18.8%   Total de hombres
17.5%   Hombres cristianos
22.2%   Otros hombres

22. Los hombres se sienten incómodos por ser los líderes espirituales de la familia.
18.1%   Total de hombres
18.0%   Hombres cristianos
16.2%   Otros hombres

23. Los hombres sienten que no están a la altura de las mujeres espiritualmente hablando.
15.8%   Total de hombres
17.1%   Hombres cristianos
12.1%   Otros hombres

24. Los hombres desean haberse casado con alguien que no es su esposa.
14.3%   Total de hombres
12.9%   Hombres cristianos
18.1%   Otros hombres

25. Los hombres se aburren o se impacientan con su papel como padre.
10.8%   Total de hombres
9.7%   Hombres cristianos
12.3%   Otros hombres

NOTAS

INTRODUCCIÓN
1. David McCasland, *Oswald Chambers: Abandoned to God- The Life Story of the Author of My Utmost for His Highest* (Grand Rapids: Discovery House Publishers, 1993), 177.

CAPÍTULO 1
1. http://moneycentral.msn.com/content/savinganddebt/p102297.asp.
2. Alan Eisenstock, "Home Court", capítulo 1 en *Ten on Sunday: The Secret Life of Men* (New York: Atria Books, 2003).
3. http://www.Kiplinger.com/personalfinance/apnews/XmlStoryResult.php?storyid=153744.
4. http://www.aetna.com/presscenter/kit/plan_your_health/retirement_exec_summary. html.
5. http://www.ml.com/index.asp?id=7695_7696_8149_46028_46503_46635.

CAPÍTULO 2
1. Bob Buford, prólogo para *Stuck in Halftime* (Grand Rapids, Zondervan Publishing House, 2001), 9.
2. Robert Morison, Tamara Erickson, Ken Dychtwald, "Managing Middlescence", *Harvard Business Review*, marzo, 2006. Para un buen resumen del artículo ver: http://pubs.acs.org/chemjobs/employer/chemhr/MarApr06/midcareer.html.
3. Buford, 39. Este libro es el tercero de Buford con respecto al tema de pasar del éxito a la importancia, los otros dos son: *Halftime, Changing Your Game Plan from Success to Significance* (Zondervan, 1994) y *Game Plan: Winning Strategies for the Second Half of Your Life* (Zondervan, 1997).
4. Eisenstock, *Ten on Sunday* 89-90.
5. *The Family Man*, dirigido por Brett Ratner (Hollywood: Universal Pictures, 2000).

CAPÍTULO 3
1. Susan Schmidt y James V. Grimaldi, "The Fast Rise and Steep Fall of Jack Abramoff: How a Well-Connected Lobbyist Became the Center of a Far-Reaching Corruption Scandal", *The Washington Post*, 29 de diciembre del 2005, A01(N).
2. Gordon MacDonald, *When Men Think Private Thoughts: Exploring the Issues That Captivate the Minds of Men* (Nashville: Thomas Nelson, 1996, 1997), 59-60.
3. Patrick A. Means, *Men's Secret Wars* (Grand Rapids,: Revell Books, 1996, 1999), 53-54.
4. MacDonald, *When Men Think Private Thoughts,* 69-71, 73-74.
5. Leanne Payne, *Crisis in Masculinity* (Grand Rapids: Baker Books, 1985, 1995), 79.
6. Leanne Payne, *Restoring the Christian Soul: Overcoming Barriers to Completion in Christ Through Healing Prayer* (Grand Rapids.: Baker Books, 1991), 31.
7. Means, *Men's Secret Wars* 60-61.
8. Ibid., 59-60.

CAPÍTULO 4
1. http://magazines.ivillage.com/redbook/sex/happy/articles/0,,284445_669656-5,00.html.
2. Ibid.
3. http://www.infoplease.com/ipa/A0193820.html.
4. http://www.infoplease.com/ipa/A0763170.html.
5. http://www.cnn.com/2004/US/Careers/10/22/equal.pay/.
6. Pat Regnier y Amanda Gengler, "Men, Women...and Money," Money, abril del 2006,

http://money.cnn.com/2006/03/10/pf/marriage_short_moneymag_0604/index.htm.

7. Christy Casamassima, "Battle of the Bucks," *Psychology Today*, marzo / abril de 1995, http://www.psychologytoday.com/articles/pto-1356.html.

8. Anne E. Winkler, "Earnings of Husbands and Wives in Dual-Earner Families," *Monthly Labor Review* 121, no. 4 (1998), http://www.bls.gov/opub/mlr/1998/04/art4exc.htm.

9. http://magazines.ivillage.com/redbook/sex/happy/articles/0,,284445_669656-5,00.html.

10. Ibid., Casamassima.

CAPÍTULO 5

1. http://archives.cnn.com/2001/CAREER/trends/08/30/ilo.study/.

2. http://www.nclnet.org/stress/summary.htm.

3. http://www.breakingtravelnews.com/article/20051209021145135.

4. Patrick Morley, *Understanding Your Man in the Mirror* (Grand Rapids: Zondervan, 1998), 68-79.

5. Scott Haltzman, *The Secrets of Happily Married Men: Eight Ways to Win Your Wife's Heart Forever* (San Francisco: Jossey-Bass, 2006), 118.

6. Sam Keen, *Fire in the Belly: On Being a Man* (New York: Bantam Books, 1991), 244-245.

CAPÍTULO 6

1. http://www.fatherhood.org/fatherfacts_t10.asp.

2. Weldon Hardenbrook, "Where's Dad? A Call for Fathers with the Spirit of Elijah," capítulo 23 en John Piper y Wayne Grudem, eds., *Recovering Biblical Manhood and Womanhood: A Response to Evangelical Feminism* (Wheaton, Ill.: Crossway Books, 1991), 392.

CAPÍTULO 7

1. MacDonald, 42-43.

2. David C. Bentall, *The Company You Keep: The Transforming Power of Male Friendship* (Minneapolis: Augsburg Books, 2004), 56.

3. H. Norman Wright, *The Key to Your Man's Heart* (Ventura, Calif.: Regal, 2004), 45-51.

4. Bentall, 58-59.

5. Ibid., 62.

6. Emerson Eggerichs, *Love & Respect* (Nashville: Integrity; Colorado Springs, Colo.: Focus on the Family, 2004), 141.

7. Larry Crabb, "He Was There and He Was Silent," capítulo 7 en *The Silence of Adam: Becoming Men of Courage in a World of Chaos* (Grand Rapids: Zondervan, 1995).

8. Bentall, 57.

CAPÍTULO 8

1. Esta cita la he escuchado varias veces a lo largo de los años, pero aún no he logrado descubrir su origen. Ya sea auténtica o no, es una gran historia. Fue citada en *Today in the Word*, noviembre de 1996, 27.

2. Crabb, 160.

3. Morley, 118-119.

4. Warren Farell, *Why Men Are the Way They Are* (New York, Berkley Books, 1986), 6-7.

5. Gail Sheehy, *Understanding Men's Passages: Discovering the New Map of Men's Lives* (New York: Ballentine Books, 1998, 1999), 169.

6. MacDonald, 10-11.

7. Bentall, 7.

8. Ibid., 171.

9. Crabb, 165.
10. Bentall, 177.

CAPÍTULO 9

1. http://en.wikipedia.org/wiki/Life_expectancy.
2. http://www.cdc.gov/nchs/data/hus/hus05.pdf#073.
3. http://www.cdc.gov/nchs/data/hus/hus05.pdf#063.
4. http://www.jf2.ox.ac.uk/bandolier/band112/b112-6.html.
5. Barbara Starfiled, M.D., "Is US Health Really the Best in the World?", *Journal of the American Medical Association*, 284 (2000): 483-485.
6. Ibid.
7. http://www.kaiseredu.org/topics_im.asp?imID=1&parentid=61&id=358.
8. http://www.prostatecancerfoundations.org/site(c.itIWK2OSG/b.189965/k.743F/FAQs_About_Prostate_Cancer.htm.

CAPÍTULO 10

1. Heidi H. Sung et al., "Definition of Adventure Travel: Conceptual Framework for Empirical Application from the Providers' Perspective" (ponencia presentada en la Conferencia anual de educadores de la sociedad de viaje y turismo (*1996 Annual Society of Travel and Tourism Educators Conference*) de 1996, Ottawa, Canada, octubre de 1996), http://www.hotel-online.com/Neo/Trends/AsiaPacific Journal/AdventureTravel.html.
2. Christina Heyniger, "Industry Demands Credible Adventure Travel Research," *Adventure Travel News* (junio del 2005), http://www.adventuretravel.biz/research_atn_0605.asp.
3. Ibid.
4. John Eldredge, *Wild at Heart: Discovering the Secret of a Man's Soul* (Nashville: Thomas Nelson, 2001), 7.
5. http://www.dedelen.com/2004/12/lord-of-bored.html.
6. Zig Ziglar, *Better than Good: Creating a Life You Can't Wait to Live* (Nashville: Integrity Publishers, 2005).
7. Ibid., 166-167.
8. Sam Keen, *Fire in the Belly: On Being a Man* (New York: Bantam Books, 1991).

CAPÍTULO 11

1. *The State of Our Unions 2002: The Social Health of Marriage in America* (Piscataway, N.J.: Rutgers, 2002), 3. Ver http://marriage.rutgers.edu.
2. Ibid., 19-20.
3. Ibid., 20.
4. Ibid., 7.
5. Farell, 150.
6. Scout M. Stanley, "What Is It with Men and Commitment, Anyway?" (discurso de tónica de la sexta conferencia anual de matrimonios inteligentes (*6th Annual Smart Marriages Conference*), Washington, D.C., julio del 9 al 16, 2002), http://www.smartmarriages.com/stanley.men.anyway.html.
7. http://www.romanceopedia.com/E-TheCommitment.html.

CAPÍTULO 12

1. Del sitio de la Internet *Church for Men* de David Murrow, http://www.churchformen.com/allmen.php.
2. The Barna Group, "Commitment to Christianity Depends on How It Is Measured," 8 de

noviembre del 2005, http://www.barna.org/FlexPage.aspx?Page=BarnaUpdate&BarnaUpda
teID=203.

3. David Murrow, *Why Men Hate Going to Church* (Nashville: Thomas Nelson, 2005), 228.

4. "I Still Haven't Found What I'm Looking for," de U2, *The Joshua Tree*. ©1987
Chappell Music/US (ASCAP).

5. Pero nada menos que un teólogo respetado que Eugene Peterson, autor de la traducción de
la Biblia *The Message*, cree que Bono está cumpliendo con el papel de un profeta moderno de
hoy en día (ver http://www.atu2.com/news/article.src?ID=4232).

6. Murrow, 228.

7. http://www.newcanaansociety.org. David Bloom, reportero para el noticiero NBC, quien
murió mientras cubría la marcha de las fuerzas americanas en Bagdad, formaba parte de la
New Canaan Society. Existen pocas historias del amor y dolor de los hombres el uno por el
otro más conmovedoras que aquella que fue reportada por uno de los líderes de la Sociedad
acerca de la muerte de Bloom. (http://www.newcanaansociety.org/index.php?id=180).

8. Ibid.

9. Charles Colson con Anne Morse, "Soothing Ourselves to Death," *Christianity Today*, abril
del 2006, 116.

10. Por ejemplo, Leon J. Podles, *The Church Impotent: The Feminization of Christianity* (Dallas,
Texas: Spence Publishing Company, 1999).

11. Murrow, 23-24.

12. Tim Stafford, "Good Morning, Evangelicals!" *Christianity Today*, noviembre del 2005, 41.

13. Steve Sonderman, *How To Build a LIfe-Changing Men's Ministry: Brініging the Fire Home to
Your Church* (Minneapolis: Bethany House, 1996), 215-216.

14. http://www.touchstonemag.com/archives/article.php?id=16-05-024-v.

15. Murrow, 14.

CAPÍTULO 13

1. "The Demographic Characteristics of the Linguistic and Religious Groups in
Switzerland," por Werner Haug y Phillipe Warner de la oficina estadística federal (*Federal
Statistical Office*), Neuchatel, Suiza. Esto aparece en el volumen 2 de *Population Studies* No. 31,
un libro titulado *The Demographic Characteristics of Nacional Minorities in Certain European Status*,
editado por Tener Haug y otros, publicado por el consejo de dirección general III de Europa
(*Council of Europe Directorate General III*), Social Cohesion, Strasbourg, enero del 2000. Ver:
http://www.touchstonemag.com/docs/issues/16.5docs/16-5pg24.html.

2. Robbie Lowe (párroco en la Iglesia de Inglaterra), "The Truth about Men & Church," un
artículo que resume las implicaciones del estudio suizo, disponible en
http://www.touchstonemag.com/docs/issues/16.5docs/16-5pg24.html.

3. Ibid.

4. Keen, 226.

5. Willard F. Harley Jr., *His Needs, Her Needs: Building an Affair-Proof Marriage* (Grand Rapids:
Revell Books, 1986, 1994, 2001), 146.

6. Jim Conway, *Men in Midlife Crisis* (Colorado Springs: Cook Communications, 1978, 1997),
266-267.

7. Keen, 223-224.

8. Bentall, 114.

9. Thomas J. Peters y Robert H. Waterman Jr., *In Search of Excellence* (New York: Warner
Books, 1982).

10. Keen, 185.

CAPÍTULO 14

1. http://www.abcnews.go.com/sections/us/DailyNews/church_poll020301.html.
2. Crabb, 97.
3. Notas textuales sobre Génesis 3:16 en *The Expositor's Bible Commentary* (Grand Rapids: Zondervan, 1979).
4. http://www.medicinenet.com/script/main/art.asp?articlekey=35176.

CAPÍTULO 15

1. Shaunti Feldhahn, *For Women Only: What You Need to Know About the Inner Lives of Men* (Sisters, Ore.: Multnomah Publishers, 2004). 178-180.
2. Ibid.
3. http://magazines.ivillage.com/redbook/print/0,,289119,00.html.
4. http://www.thehomeschoolmagazine.com/reviews/reviews.php?rid=144.
5. Wright, 58.
6. Lou Cannon, "Why Reagan Was the 'Great Communicator,'" *USA Today*, 6 de junio del 2004, http://www.usatoday.com/news/opinion/editorials/2004-06-06-cannon_x.htm.
7. Haltzman, 163-164.
8. Ibid., 172.
9. Barbara De Angelis, *Secrets About Men Every Woman Should Know* (New York: Dell Publishing, 1990), 286-307.
10. Morley, 140.

CAPÍTULO 16

1. Gary Chapman, *The Five Love Languages, Men's Edition: How to Express Heartfelt Commitment to Your Mate* (Chicago: Northfield Publishing, 1992, 1995, 2004), 41.
2. Eggerichs, 57.
3. Morley, 124.
4. Gary y Barbar Rosberg, *The 5 Love Needs of Men & Women* (Wheaton, Ill.: Tyndale House Publishers, 2000), 147-148.
5. Chapman, 42-43.
6. John Gray, *Men Are from Mars, Women Are from Venus: The Classic Guide to Understanding the Opposite Sex* (New York: HarperCollins Publishers, 1992), 148.

CAPÍTULO 17

1. Feldhahn, 21-23.
2. Eggerichs, 58. (Ver los resultados en Feldhahn, p. 25.)
3. En Tito 2:4, Pablo dice que las ancianas deben "aconsejar a las jóvenes a amar a sus esposos y a sus hijos". Pero aquí él utiliza una palabra griega diferente para amor a la palabra que utiliza en Efesios, cuando le dice a los esposos que amen a sus esposas. Ahí, la palabra es *agapao*, la palabra clásica para el amor expiatorio e incondicional. En Tito, la palabra raíz es *pielo* la cual significa amor fraternal. En ese pasaje, Pablo se refiere a que las mujeres más jóvenes sean leales a sus esposos e hijos, que estén orientadas domésticamente en su fidelidad hacia Dios para que nadie "hable mal de la palabra de Dios" (v. 5).
4. Eggerichs, 68-69.
5. Ibid., 17-18.
6. Ibid., 60.
7. Harley, 155-156.

CAPÍTULO 18

1. MacDonald, 129-130.
2. http://lawgeek.typepad.com/lawgeek/2006/02/index.html.
3. http://www.ssc.wisc.edu/nsfh/.
4. http://www.physorg.com/news11319.html%20%20main%20link%20to%20study. El estudio "What's Love Got to Do With It? Equality, Equity, Commitment and Women's Marital Quality," apareció en Social Forces (marzo del 2006), una publicación académica respetada de sociología (el acceso en línea está limitado a bibliotecas académicas que se suscriben).
5. *Network*, dirigido por Sidney Lumet (Hollywood: Metro-Goldwyn-Mayer, 1976).
6. Gray, 146-150.

CAPÍTULO 19

1. Sylvia Ann Hewlett, *Creating a Life: What Every Woman Needs to Know about Having a Baby and a Career* (New York: Miramax Books, 2004).
2. http://www.management-issues.com/display_page.asp?section=research&id=714.
3. El estudio se resume en: http://www.thisislondon.co.uk/londoncuts/articles/ 16934878?source=Daily%20Mail. El estudio completo se encuentra en:http://www.science-direct.com/science?_ob=ArticleURL&_udi=B6V9F-4F1GRC0-1&_coverDate=05%2F3 1%2F2005&_alid=403510400&_rdoc=1&_fmt=&_orig=search&_qd=1&_cdi=5897&_ sort=d&view=c&_acct=C000050221&_version=1&_urlVersion=0&_userid=10&md5=d3 935d2031f6acd9fd8d073d5388e614.
4. http://www.umich.edu/news/index.html?Releases/2004/Dec04/r120804.
5. Richard Morin, "Major Changes in Black Family Structure," *Washington Post*, 25 de marzo de 1997, A15(N).
6. Eldredge, 151-152.

CAPÍTULO 20

1. http://catholica.pontifications.net/?p=1058. Ver también http://www.natcath.com/NCR_ Online/archives/062102/062102e.htm.
2. http://www.faithworks.com/archives/stay_married.htm.
3. http://www.marriagesavers.com/MarriageSaversOverview.htm.
4. Ibid.
5. http://www.marriagesavers.com/Marriage%20Savers%20Proven%20Strategies%202004. htm.
6. http://www.utahmarriage.org/index.cfm?id=MORE13.
7. Zig Ziglar, *Courtship After Marriage: Romance Can Last a Lifetime* (Nashville: Thomas Nelson, 2001), 11.
8. http://www.americanvalues.org/html/r-unhappy_ii.html. Ver también Karen S. Peterson, "Unhappily Wed? Put Off Getting That Divorce: Study Finds That Waiting, Working It Out Can Pay Off," *USA Today*, 11 de Julio del 2002, 1D, http://www.usatoday.com/usatonline/20020711/4263891s.htm.
9. Estas conclusiones fueron resumidas por Mike McManus de Marriage Savers del libro escrito por Linda Waite y Maggie Gallagher, *The Case for Marriage: Why Married People Are Happier, Healthier, and Better Off Financially* (New York: Broadway, 2001). Ver http://www.marriagesavers.com/public/the_case_for_marriage.htm.
10. http://catholica.pontifications.net/?p=1058.
11. http://www.utahmarriage.org/index.cfm?id=INDEX01.
12. Aun después de leer este capítulo, cualquier hombre (o mujer) que aún esté considerando la posibilidad de que se casó con la persona equivocada debería leer el folleto del Dr. Brent A. Barlow, *Crossroads: Why Divorce Is Often Not the Best Option*. Está en línea en http://www.

utahmarriage.org/index.cfm?id=MORE13.

13. http://en.thinkexist.com/quotes/tom_mullen/.

14. http://www.smartmarriages.com/continued.html.

15. Thornton Wilder, *The Skin of Our Teeth: A Play* (New York: Harper Perennial Modern Classics, 2003).

CAPÍTULO 21

1. Alon Gratch. *If Men Could Talk...Translating the Secret Language of Men* (Boston, New York, and London: Little, Brown, and Company, 2001), 95-96.

2. Alex Berenson, "Sales of Impotence Drugs Fall, Defying Expectations," *The New York Times,* 4 de diciembre del 2005.

CAPÍTULO 22

1. Gary Langer et al, "A Peek Beneath the Sheets," ABC News *Primetime Live* Poll: American Sex Survey, http://www.abcnews.com, 21 de octubre del 2004.

2. John Ayto, *Dictionary of Word Origins* (New York: Arcade Publishing, 1990), 219.

3. *The Oxford English Dictionary*, 2d ed., s.v. "fantasy".

4. *The American Heritage Dictionary of the English Language*, 4th ed., s.v. "fantasy".

5. http://www.wikipedial.com.

6. New Life Ministries (http://www.newlife.com). Stephen Arterburn, Fred Stoeker y Mike Yorkey, *Every Man's Battle* (Colorado Springs: WaterBrook Press, 2000).

7. Francis Brown, Samuel R. Driver y Charles A. Briggs, eds., *A Hebrew and English Lexicon of the Old Testament* (Oxford: Clarendon Press, 1952).

8. MacDonald, capítulos 3-4.

9. Ibid., 35.

10. Ibid., 53.

CAPÍTULO 23

1. Richard Corliss, "That Old Feeling: When Porno Was Chic," http://www.time.com, 29 de marzo del 2005.

2. Lisa Takeuchi Cullen, "Sex in the Syllabus," *Time*, 26 de marzo del 2006, http://www.time.com/time/archive/preview/0,10987,1176976,00.html.

3. Nancy Ten Kate, "Keep on Trucking: Americans Are Indulging Their Love for Vehicles with Carrying Capacity," *American Demographics*, marzo de 1996. Ver http://www.findarticles.com/p/articles/mi_m4021/is_n3_v18/ai_18056289.

4. Para una colección grande de estadísticas en cuanto a la difusión e impacto de la pornografía, especialmente la pornografía en la Internet, visite http://www.protectkids.com/danger/stats.htm#broken.

5. *Christianity Today* Leadership Survey, diciembre del 2001.

6. Jacobellis v. Ohio, 378 U.S. 184,197 (1964) http://library.findlaw.com/2003/May/15/132747.html#edn1.

7. Payne, *Crisis in Masculinity*, 17.

8. Gordon Dalbey, *Healing the Masculine Soul* (Nashville: W Publishing Group, 1988, 2003), 80-81.

9. Ibid.

10. Ibid., Corliss.

11. Testimonio de Jill Manning, M.S., *The Impact of Internet Pornography on Marriage and the Family,* "Hearing on Pornography's Impact on Marriage and the Family," (11/10/05), 13-20, http://new.heritage.org/Research/Family/loader.cfm?url=/commonspot/security/getfile.cfm&PageID=85273.

CAPÍTULO 24

1. Cathryn Conroy, "What Women Want Most in a Man," Leger Marketing-Canadian Press poll, Netscape.com, 10 de febrero del 2004, http://channels.netscape.com/love/package. jsp?name=love/fun/womenwant/womenwant.
2. Morley, 133.
3. http://jmm.aaa.net.au/articles/5202.htm.
4. Feldhahn, 97.
5. Gray, 41.
6. Ibid., 45.
7. Ibid., 56.
8. Harley, 50-52.
9. David Schnarch, *Passionate Marriage: Sex, Love, and Intimacy in Emotionally Committed Relationships.* (New York: W. W. Norton & Co., 1997).
10. Harley, 60.
11. Basado en un estudio de diez años a 2,500 hombres de entre 45 y 59 años de edad. Kelly McCarthy, "Want Yet Another Reason to Have Sex?" *Psychology Today*, marzo-abril del 2001, http://www.psychologytoday.com/articles/pto-20010301-000015.html.

CAPÍTULO 25

1. Shaunti Feldhahn, "The Truth About the Way You Look," en *For Women Only: What You Need to Know About the Inner Lives of Men* (Sisters, Ore.: Multnomah Publishers, 2004).
2. http://www.seinfeldscripts.com.
3. Morley, 176.
4. Shmuley Boteach, "Are Husbands to Blame for Their Wives Becoming Fat?" http://www.worldnetdaily.com, 4 de diciembre del 2003.
5. Feldhahn, 173.